JEANINE MEYER

O Guia Essencial do HTML5

Usando jogos para aprender HTML5 e JavaScript

Tradução
Kleber Rodrigo de Carvalho

Do original:
The Essential Guide to HTML5
Using Games to Learn HTML5 and JavaScript

Original English language edition published by Apress, Inc.; 2560 Ninth Street, Suite 219, Berkeley, CA 94710 USA. Copyright © 2010 by Apress, Inc.. Portuguese-language edition for Brazil Copyright © 2011 by Editora Ciência Moderna. All rights reserved.

Nenhuma parte deste livro poderá ser reproduzida, transmitida e gravada, por qualquer meio eletrônico, mecânico, por fotocópia e outros, sem a prévia autorização, por escrito, da Editora.

Editor: Paulo André P. Marques
Supervisão Editorial: Aline Vieira Marques
Copidesque: Luciana Nogueira
Diagramação: Júlio Cesar Baptista
Capa: Carlos Arthur Candal (baseada no original)
Tradução: Kleber Rodrigo de Carvalho
Assistente Editorial: Vanessa Motta

Várias **Marcas Registradas** aparecem no decorrer deste livro. Mais do que simplesmente listar esses nomes e informar quem possui seus direitos de exploração, ou ainda imprimir os logotipos das mesmas, o editor declara estar utilizando tais nomes apenas para fins editoriais, em benefício exclusivo do dono da Marca Registrada, sem intenção de infringir as regras de sua utilização.

FICHA CATALOGRÁFICA

MEYER, Jeanine.
O Guia Essencial do HTML5
Usando Jogos para Aprender HTML5 e JavaScript
Rio de Janeiro: Editora Ciência Moderna Ltda., 2011

1. Informática. Linguagem de Programação.
I — Título

ISBN: 978-85-399-0115-9   CDD   001.642
                                            005.133

Editora Ciência Moderna Ltda.
R. Alice Figueiredo, 46 – Riachuelo
Rio de Janeiro, RJ – Brasil   CEP: 20.950-150
Tel: (21) 2201-6662/ Fax: (21) 2201-6896
LCM@LCM.COM.BR
WWW.LCM.COM.BR

*A Daniel, Aviva, Anne, Esther e Joseph,
que ainda permanecem em nossas vidas,
e para os mais novos membros da família:
Allison, Liam, e Grant.*

Sumário em um Relance

Sobre a Autora XIII

Sobre a Revisora Técnica XV

Agradecimentos XVII

Introdução XIX

Capítulo 1: *O Básico* 1

Capítulo 2: *Jogo de Dados* 27

Capítulo 3: *Bola Saltitante* 79

Capítulo 4: *Bala de Canhão e Estilingue* 115

Capítulo 5: *O Jogo da Memória (ou Jogo da Concentração)* ... 159

Capítulo 6: *Jogo de Perguntas* 195

Capítulo 7: *Labirintos* 233

Capítulo 8: *Pedra, Papel, Tesoura* 281

Capítulo 9: *Jogo da Forca* 317

Capítulo 10: *Jogo do 21* 349

Índice 381

Sumário

Sobre a Autora XIII

Sobre a Revisora Técnica XV

Agradecimentos XVII

Introdução XIX

    Para quem este livro foi escrito? XX
    Como este livro está estruturado? XX
    Convenções usadas neste livro XXI
    Convenções do projeto XXI

Capítulo 1: *O Básico* 1
    Introdução 1
    Requisitos Críticos 4
    Os Recursos do HTML5, CSS e do JavaScript 5
        Conceitos Básicos de Tags e a Estrutura da HTML 5
            Usando Folhas de Estilos em Cascatas (CSS) 11
        Programação JavaScript 14
    Construindo o Aplicativo e Fazendo Suas Modificações 16
    Testando e Fazendo o Upload do Aplicativo 24
    Resumo 24

Capítulo 2: *Jogo de Dados* 27
   Introdução 27
   Requisitos Críticos 30
   Recursos do HTML5, CSS e do JavaScript 32
      Processamento Pseudoaleatório e Expressões Matemáticas 32
      Variáveis e Declarações de Atribuição 33
      Funções Definidas pelo Programador 36
      Declarações Condicionais: if e switch 37
      Desenhando Sobre o Canvas 41
         Exibindo Saída de Textos Utilizando um Formulário 53
   Construindo o Aplicativo e Fazendo suas Modificações 54
      Lançando um Único Dado 57
      Lançando Dois Dados 63
      O Jogo de Dados Completo 68
         Fazendo as Suas Modificações 74
   Testando e Fazendo o Upload do Aplicativo 76
   Resumo 77

Capítulo 3: *Bola Saltitante* 79
   Introdução 79
   Requisitos Críticos 82
   Recursos do HTML5, CSS e do JavaScript 83
      Desenhando uma Bola, uma Imagem e um Gradiente 84
         Configurando um Evento Temporizador 93
         Calculando uma Nova Posição e Detectando de Colisões 96
         Validação 98
         Recarregamento de Páginas do HTML 100
   Construindo o Aplicativo e Fazendo suas Modificações 100
   Testando e Fazendo o Upload do Aplicativo 112
   Resumo 112

Capítulo 4: *Bala de Canhão e Estilingue* 115
   Introdução 115
   Requisitos Críticos 120
   Recursos do HTML5, CSS e do JavaScript 121
      Arrays e Objetos Definidos pelo Programador 121
      Rotações e Translações para Desenhar 124
      Desenhando Segmentos de Linhas 129
      Eventos do Mouse para Puxar o Estilingue 131
      Modificando a Lista de Itens Exibidos Usando Junção de Arrays .. 134
      Distância entre Pontos 135
   Construindo o Aplicativo e Fazendo suas Modificações 135
      Bala de Canhão: com Canhão, Ângulo e Velocidade 141
      Estilingue: Usando um Mouse para Definir Parâmetros de Voo 148
   Testando e Fazendo Upload do Aplicativo 157
   Resumo 158

Capítulo 5: *O Jogo da Memória (ou Jogo da Concentração)* 159
   Introdução 159
   Requisitos Críticos 165
   Recursos do HTML5, CSS e do JavaScript 166
      Representando Cartas 167
      Usando Date para Temporização 169
      Fornecendo uma Pausa 170
      Desenhando Textos 171
      Desenhando Polígonos 174
      Embaralhando Cartas 175
      Implementando o Clicar de uma Carta 176
      Evitando Determinados Tipo de Fraudes 178
   Construindo o Aplicativo e Fazendo suas Modificações 179
   Testando e Fazendo o Upload do Aplicativo 193
   Resumo 194

Capítulo 6: *Jogo de Perguntas* 195
    Introdução 195
    Requisitos Críticos 203
    Recursos do HTML5, CSS e do JavaScript 204
        Armazenar e Recuperar Informações Dentro de Arrays 204
        Criando HTML Durante a Execução do Programa 208
        Alterando Elementos ao Modificar CSS Usando Código
        do JavaScript 211
        Feedback de Textos Utilizando Formulário e Elementos
        de Entrada 213
        Apresentando um Vídeo 214
    Construindo o Aplicativo e Fazendo suas Modificações 218
    Testando e Fazendo o Upload do Aplicativo 231
    Resumo 232

Capítulo 7: *Labirintos* 233
    Introdução 233
    Requisitos Críticos 241
    Recurso do HTML5, CSS e do JavaScript 242
        Representação de Paredes e do Token 242
        Eventos do Mouse para Construir e Posicionar uma Parede 243
        Detectando as Teclas de Direção 244
        Detecção de Colisões: o Símbolo e Qualquer Parede 246
        Usando Armazenamento Local 250
        Codificando Dados para Armazenamento Local 258
        Botões de Rádio 260
    Construindo o Aplicativo e Fazendo suas Modificações 261
        Criando o Segundo Aplicativo do Labirinto 270
    Testando e Fazendo o Upload do Aplicativo 278
    Resumo 279

Capítulo 8: *Pedra, Papel, Tesoura* 281
    Introdução 281
    Requisitos Críticos 285
    Recursos do HTML5, CSS e do JavaScript 287
        Fornecendo Botões Gráficos para o Jogador 287
        Gerando o Movimento do Computador 293
            Exibindo Resultado com Uso de Animação 299
            Processamento de Áudio e de DOM 303
        Dando a Partida 306
    Construindo o Aplicativo e Fazendo suas Modificações 306
    Testando e Fazendo o Upload do Aplicativo 314
    Resumo 315

Capítulo 9: *Jogo da Forca* 317
    Introdução 317
    Requisitos Críticos 326
    Recursos do HTML5, CSS e do JavaScript 327
        Armazenando uma Lista de Palavras como um Array
        Definido dentro de um Arquivo de Script Externo 327
        Gerando e Posicionando Marcação HTML, depois Fazendo com
        que a Marcação seja Botões, e depois Desabilitando Botões 328
        Criando Desenhos Progressivos sobre Canvas 332
        Mantendo o estado do jogo e determinando vitória ou perda 335
        Verificando uma Sugestão e Revelando Letras dentro da Palavra
        Secreta Definindo textContent 336
    Criando o Aplicativo e Fazendo suas Modificações 337
    Testando e Fazendo o Upload para o Aplicativo 347
    Resumo 347

Capítulo 10: *Jogo do 21* 349
    Introdução 349
    Requisitos Críticos 356

Os Recursos do HTML5, CSS e do JavaScript 357
   Fonte para Imagens das Faces das Cartas e Configurando
   os Objetos Image 357
   Criando o Objeto Definido pelo Programador para as Cartas 359
   Distribuindo as Cartas 360
   Embaralhando o Maço de Cartas 364
   Capturando Pressões de Teclas 365
   Usando Tipos de Elementos Header e Footer 367
Construindo o Aplicativo e Fazendo suas Modificações 368
Testando e Fazendo o Upload do Aplicativo 378
Resumo 379

Índice 381

Sobre a Autora

JEANINE MEYER é uma Professora em tempo integral do Purchase College/Universidade estadual de Nova York. Ela leciona cursos de matemática e ciência de computação e novas mídias, bem como aulas de matemática para estudantes do curso de ciências humanas. O site Web para as suas atividades acadêmicas é http://faculty.purchase.edu/jeanine.meyer. Antes de chegar à academia, ela foi Membro da Equipe de Pesquisas e Gerente da IBM Research, trabalhando com robótica e pesquisa de produção e posteriormente consultora dos programas de concessão educacional da IBM.

Para Jeanine, programar é tanto um hobby como uma vocação. Todos os dias ela joga quebra-cabeças computacionais online (jogos de definição, kakuru, hashi, hitori e, frequentemente, tetris), e cria palavras cruzadas e ken ken para jornais (à mão e com tintas; é mais fácil deste modo). Adora cozinhar assados, comer, jardinagem, viajar, pequenos passeios e caminhar. Tem o maior prazer em ouvir sua mãe tocar piano e ocasionalmente toca flauta. Ela é uma voluntária ativa para causas e candidatos progressivos.

Sobre a Revisora Técnica

CHERIDAN KERR está envolvida com Desenvolvimento Web e Projetos desde 1997, quando começou a trabalhar com uma equipe de pesquisa para o Bug do Milênio Y2K. Foi aí que ela aprendeu sobre Internet e imediatamente se apaixonou pelo tema. Em sua carreira, é responsável por sites web desde o início do ano 2000 em tarefas como Weight Watchers Austrália e Quicken.com.au, e ela trabalhou como Gerente da Creative Services do Yahoo!7 na Austrália com clientes tais como Toyota, 20th Century Fox, e Ford. Atualmente ela está trabalhando como Chefe do Departamento Digital para uma agência de propaganda da Austrália.

Agradecimentos

Tenho muita consideração pelos meus alunos e colegas do Purchase College/ Universidade do estado de Nova York pela inspiração, estímulo, e apoio.

Obrigado à equipe da Friends of ED: Ben Renow-Clarke, que me encorajou mesmo antes de eu ter aceitado totalmente a ideia de escrever este livro; a Debra Kelly, que é uma excelente gerente de projetos — que eu precisava; a Cheridan Kerr, revisora técnica, que forneceu sugestões importantes; ao gerente de artes e a muitos outros cujos nomes não me recordo.

E por último, obrigado a você, querido leitor. Estou confiante de que você vai poder construir com estas ideias na criação de maravilhosos sites da Web.

Introdução

Tem havido um entusiasmo constante a respeito das novas capacidades do HTML5, e mesmo sugestões de que nenhuma outra tecnologia ou produto são necessários para produzir sites Web de modo dinâmico, atraente e interativo. Pode ser que isso seja um pouco de exagero, mas é verdade que os novos recursos são excitantes. Agora é possível, usando apenas HTML5, Folhas de Estilos em Cascata, e JavaScript, para desenhar linhas, arcos, círculos e formas ovais na tela, e especificar eventos e tratamento de eventos para produzir animação e responder às ações do usuário. Você pode incluir vídeo e áudio em seu web site utilizando controles padrão, ou incluir o vídeo ou o áudio dentro do seu aplicativo exatamente quando necessário. Você pode criar formulários que validam a entrada e fornecem feedback imediato para os usuários. Você pode usar um recurso similar a cookies para armazenar informações no computador do cliente. E você pode usar os novos elementos, tais como header e footer, para ajudar a estruturar os seus documentos.

Este livro se baseia nas minhas práticas de ensino e escritos do passado. Mergulhar nos recursos de uma tecnologia ou nos conceitos gerais de programação é melhor quando existe a necessidade. Jogos, especialmente os familiares e os simples, fornecem a necessidade e desse modo a motivação e boa parte das explicações. Ao aprender uma linguagem de programação nova, a minha primeira providência foi programar o jogo dos dados. Se eu puder construir uma simulação de balística com animação, tal como o jogo do estilingue, e fazer com que um vídeo ou um clipe de áudio toquem quando ocorrer uma condição específica, serei uma pessoa feliz. Se eu puder construir o meu próprio labirinto de paredes, desenhar uma figura com varetas para o Jogo da Forca, e armazenar informações no computador do jogador, ficarei extasiada. E é isso que fazemos neste livro. À medida que você vê como se constroem estes jogos simples, você constrói também a sua experiência.

A meta deste livro, desenvolvida com considerável ajuda da equipe da Friends of ED e da revisora técnica, é prepará-lo para produzir os seus próprios sites web, incluindo jogos e outros aplicativos dinâmicos, com uma ligeira introdução aos pontos essenciais do HTML5 e à programação.

- No momento em que este livro estava sendo escrito, nem todos os navegadores suportavam todos os recursos do HTML5. Os aplicativos foram testados usando Chrome, FireFox, e Safari.

Para quem este livro foi escrito?

Este livro se destina às pessoas que querem aprender como o HTML 5 poder ajudar a construir sites web dinâmicos e excitantes. Ele foi escrito para você, se você souber alguma coisa de programação e quiser ver o que o HTML 5 traz à mesa. Foi escrito também para você que não tem nenhuma experiência em programação ou qualquer outra coisa. Talvez você seja um web designer ou proprietário de algum site web e queira saber como fazer as coisas acontecerem nos bastidores. Com este livro, queremos apresentar os novos recursos do HTML5 e desmistificar a arte da programação. Programar é uma arte, e criar jogos agradáveis e outros aplicativos requer talento verdadeiro. Entretanto, se você puder juntar palavras para formar sentenças e sentenças para formar parágrafos, e tiver algum senso de lógica, poderá programar.

Como este livro está estruturado?

O livro consiste de 10 capítulos, cada um organizado em torno de um jogo familiar ou aplicativo similar. Há uma considerável redundância entre os capítulos de modo que você pode pular alguns deles, se quiser, embora os jogos se tornem mais complexos. Cada capítulo começa listando os recursos técnicos que serão abordados e descrevendo o aplicativo. Olhamos primeiro os requisitos críticos de um modo geral: o que precisaremos para implementar o aplicativo, independente de qualquer tecnologia específica. Depois, focaremos os recursos do HTML5, CSS, JavaScript, ou a metodologia geral da programação que satisfaça os requisitos. Finalmente, examinaremos a implementação do aplicativo com detalhes. Eu quebro o código linha a linha dentro de uma tabela, com comentários perto de cada linha. Nos casos em que múltiplas versões de um jogo são descritas, somente as novas linhas de código são registradas. Isso não foi feito para privá-lo da informação, mas para encorajá-lo a ver o que é similar, o que é diferente, e como você pode construir aplicativos em etapas. Cada capítulo inclui sugestões de como fazer as suas próprias modificações, e de como testar e fazer o upload do aplicativo para um site web. O sumário no final de cada capítulo destaca o que você aprendeu e o que você encontrará adiante.

Convenções usadas neste livro

Os aplicativos deste livro são todos eles documentos HTML. O JavaScript está dentro de um elemento script, que está dentro do elemento head, e a CSS está dentro do elemento style que por sua vez está dentro do elemento head. O elemento body contém o html estático, incluindo alguns elementos de canvas. Diversos exemplos dependem de arquivos de imagens externas, e um exemplo requer arquivos de vídeo externos e outros arquivos de áudio externos.

Convenções do projeto

Para manter este livro tão claro e fácil quanto possível, as seguintes convenções de texto foram usadas integralmente:

- Palavras ou conceitos importantes normalmente são destacados em itálico quando aparecem pela primeira vez.
- O código é apresentado em fonte de largura fixa.
- O código completo para cada aplicativo é apresentado dentro de tabelas com a coluna da esquerda contendo cada declaração e a coluna da direita contendo um comentário explicativo.
- Pseudocódigo é escrito com fonte em itálico com largura fixa.
- Algumas vezes o código não cabe em uma linha única do livro. Quando isso acontece, eu uso uma seta como esta: ↪.

Portanto, com as formalidades fora do caminho, vamos dar início.

Capítulo 1

O Básico

Neste capítulo, vamos abordar:

- a estrutura básica de um documento HTML
- o html, cabeçalho, título, script, estilo, corpo, img e elementos a
- um exemplo de Folha de Estilos em Cascata (CSS).
- um exemplo do Código JavaScript, utilizando Data e `document.write`.

Introdução

A Linguagem de Marcação de Hipertextos (HTML) é a linguagem para entrega de conteúdos na Web. A HTML não é propriedade de ninguém, mas é o resultado de pessoas que trabalham em muitos países e em muitas organizações para definir os aspectos da linguagem. Um documento HTML é um documento texto que pode ser produzido utilizando qualquer editor de textos. Documentos HTML contêm elementos rodeados de tags – texto que é iniciado com um símbolo < e termina com o símbolo >. Um exemplo de tag é `<img src=»home.gif»/>`. Esta tag particular irá exibir a imagem contida no arquivo `home.gif`. Estas tags são a marcação. É através da utilização de tags que hyperlinks, imagens, e outras mídias são inclusas na páginas da Web.

O HTML básico pode incluir diretivas para formatação em uma linguagem chamada Folhas de Estilos em Cascada (CSS) e programas para interação em uma linguagem chamada JavaScript. Navegadores, tais como Firefox e Chrome, interpretam o HTML junto com qualquer CSS e JavaScript para produzir aquilo que experimentamos quando visitamos um site web. O HTML abrange o conteúdo do site web, com tags que fornecem informações sobre a natureza e a estrutura do conteúdo bem como referências a imagens e a outras mídias. A CSS especifica a formatação. O mesmo conteúdo pode ser formatado de maneiras diferentes. JavaScript é uma linguagem de programação utilizada para tornar o site web dinâmico e interativo. Em todos, com exceção dos pequenos grupos de trabalho, pessoas diversas podem ser responsáveis pelo HTML, CSS e JavaScript, porém é sempre uma boa ideia ter um conhecimento básico de como estas ferramentas diferentes trabalham conjuntamente. Se você já estiver familiarizado como os conceitos básicos de HTML e de como a CSS e o JavaScript podem ser adicionados no conjunto, poderá pular para o próximo capítulo. No entanto, pode valer a pena dar uma olhada no conteúdo deste capítulo, para se certificar de que você está em condições de compulsar sobre tudo antes de dar início aos primeiros exemplos centrais.

A última versão do HTML (e de seus associados CSS e JavaScript) é a HTML5. Ele está causando considerável excitação por causa dos recursos tais como canvas (telas) para exibição de imagens e de animação; suporte para vídeo e áudio; e novas tags para definição de elementos comuns do documento tais como cabeçalho, seção e rodapé. Você pode criar um site web sofisticado e altamente interativo com o novo HTML5. Da mesma maneira que este documento, nem todos os navegadores aceitam todos os recursos, mas você pode começar a aprender HTML5, CSS e JavaScript agora. Aprendendo JavaScript, você conhecerá os conceitos gerais de programação que lhe serão benéficos, se quiser aprender qualquer outra linguagem de programação ou se for trabalhar com programadores como parte de uma equipe.

A metologia que utilizei neste livro consiste em explicar conceitos de HTML5, CSS e JavaScript dentro do conceito de exemplos específicos, sendo a maioria dos jogos familiares. Durante o percurso, utilizo pequenos exemplos para demonstrar recursos específicos. Felizmente, isto irá ajudá-lo tanto a entender o que você quer fazer quanto a apreciar o modo de fazê-lo. Você entenderá para onde estamos indo à medida que explico os conceitos e detalhes.

A tarefa para este capítulo será criar uma página web de links para outros sites web. Desta maneira, você irá entender os conceitos básicos da estrutura de um documento HTML, com uma pequena quantidade de códigos CSS e de códigos JavaScript. Para este e outros exemplos, por favor, pense em como tornar o projeto compreensível para você. A página poderia ser uma lista de seus próprios projetos, sites favoritos, ou sites sobre um tópico em particular. Para cada site, você verá um texto e um hyperlink. O segundo exemplo inclui algumas formatações adicionais na forma de caixas ao redor do texto, figuras, e o dia e a hora de uma data. As Figura 1-1 e Figura 1-2 mostram os diferentes exemplos que criei.

My games

The Dice game presents the game called craps.

The Cannonball is a ballistics simulation. A ball appears to move on the screen in an arc. The program determines when it hits the ground or the target. The player can adjust the speed and the angle.

The Slingshot simulates shooting a slingshot. A ball moves on the screen, with the angle and speed depending on how far the player has pulled back on the slingshot using the mouse.

The Concentration/memory game presents a set of plain rectangles you can think of as the backs of cards. The player clicks on first one and then another and pictures are revealed. If the two pictures represent a match, the two cards are removed. Otherwise, the backs are displayed. The game continues until all matches are made. The time elapsed is calculated and displayed.

The Quiz game presents the player with 4 boxes holding names of countries and 4 boxes holding names of capital cities. These are selected randomly from a larger list. The player clicks to indicate matches and the boxes moved to make the guessed boxes be together. The program displays whether or not the player is correct.

The Maze program is a multi-stage game. The player builds a maze by using the mouse to build walls. The player then can move a token through the maze. The player also can save the maze on the local computer using a name chosen by the player and retrieve it later, even after closing the browser or even turning off the computer.

Figura 1-1. *Uma lista com registros de jogos.*

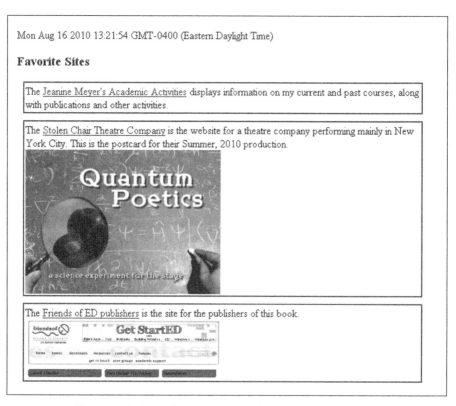

Figura 1-2. *Sites favoritos, com formatação adicional.*

Quando você recarrega a página dos Sites Favoritos, a data e a hora serão alterados para data e hora corrente para o seu computador.

Requisitos Críticos

Os requisitos para a lista de aplicativos de links são os requisitos mais importantes para construir uma página Web contendo texto, links, e imagens. Para o exemplo mostrado na Figura 1-1, cada entrada aparece como um parágrafo. No exemplo mostrado na Figura 1-2, como contraste, cada entrada possui uma caixa ao redor dela. O segundo exemplo também inclui imagens e um modo de obter a data, o dia e a hora. Aplicativos posteriores exigirão maior discussão, mas para este exemplo, vamos direto a como implementá-lo utilizando HTML, CSS e JavaScript.

Os Recursos do HTML5, CSS e do JavaScript

Como foi observado, documentos HTML são textos, portanto, como é que podemos especificar links, figuras, formatação e códigos? A resposta está na marcação, que são as tags. Junto com a HTML que define o conteúdo, você normalmente vai encontrar estilos da CSS, que podem ser especificados tanto dentro do documento HTML como em um documento externo. Vamos começar dando uma olhada em como você pode construir tags simples em HTML, e como você pode adicionar CSS e JavaScript intralineares, todos dentro do mesmo documento.

Conceitos Básicos de Tags e a Estrutura da HTML

Um elemento HTML começa com uma tag de inicialização, a qual é seguida pelo conteúdo do elemento e de uma tag de finalização. A tag de finalização inclui um símbolo / seguido pelo tipo do elemento, por exemplo, /head. Os elementos podem ser aninhados dentro de elementos. Um documento padrão HTML se parece assim:

```
<html>
    <head>
        <title>Um exemplo muito simples
        </title>
    </head>
    <body>
        Isto vai aparecer como está.
    </body>
</html>
```

Observe que foram indentadas as tags aninhadas para torná-las mais óbvias, mas a HTML propriamente dita ignora esta indentação (ou espaço em branco, como é conhecida), e você não precisa adicioná-la em seus próprios arquivos. De fato, para a maioria dos exemplos deste livro eu não estarei indentando o meu código.

Este documento consiste de um elemento html, indicado pela tag inicial <html> e terminando com a tag de fechamento: </html>.

Documentos HTML normalmente possuem um elemento de cabeçalho e um corpo, como este também possui. Este elemento do cabeçalho contém um elemento, o título. O título HTML mostra diferentes lugares em diferentes navegadores. A Figura 1-3 mostra o título, "Um Exemplo Muito Simples" na parte superior esquerda da tela e também em uma guia do Firefox.

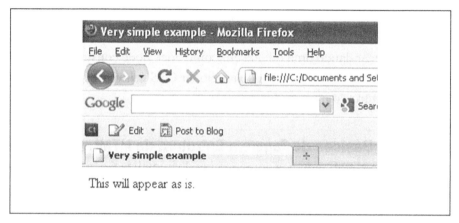

Figura 1-3. *O Título HTML em dois locais dentro do Firefox.*

Na maioria dos casos, você irá criar alguma coisa dentro do corpo da página web que você irá imaginar como um título, mas esse não será o título HTML! A Figura 1-3 também mostra o corpo da página web: o curto pedaço de texto. Observe que as palavras html, cabeçalho, título e corpo não aparecem. As tags "disseram" ao navegador como exibir o documento HTML.

Podemos fazer muito mais com o texto, mas vamos continuar para ver como fazer o aparecimento de imagens. Isto exige um elemento img. Ao contrário dos elementos html, head e body que utilizam tags de inicialização e de finalização, o elemento img utiliza apenas uma tag. Ela é chamada de tag singleton. Seu tipo de elemento é img (não image) e você insere todas as informações dentro da própria tag usando aquilo a que denominamos atributos. Que informação? O item mais importante é o nome do arquivo que contém a imagem. A tag <img src="frog.jpg"/> diz ao navegador para procurar um arquivo chamado 'frog' e o tipo do arquivo é jpg. Neste caso, o navegador procura no mesmo diretório ou pasta do arquivo HTML. Você pode também se referir a arquivos de imagens de outros lugares, e nós vamos mostrar isso mais tarde. A sigla src significa source (fonte ou ori-

O Básico   7

gem). Ela é chamada de atributo do elemento. A barra (/) antes do sinal > indica que esta é uma tag singleton. Existem atributos comuns para diferentes tipos de elementos, mas a maioria dos tipos de elementos possui atributos adicionais. Um outro atributo para os elementos img é o atributo width.

```
<img src="frog.jpg" width="200"/>
```

Ele especifica que a imagem deverá ser exibida com uma largura de 200 pixels. A altura será qualquer uma que seja necessária para manter a imagem com a sua proporção do aspecto original. Se você quiser larguras e alturas específicas, mesmo que a imagem possa sofrer distorção, especifique tanto os atributos width como height.

Sugestão: *Você verá exemplos (talvez até mesmo alguns de minha autoria) nos quais a barra é omitida e que funcionam muito bem, mas a boa prática manda incluí-lo. Do mesmo modo, você verá exemplos em que não aparecem aspas ao redor do nome do arquivo. A HTML é mais indulgente em termos de sintaxe (pontuação) do que a maioria dos outros sistemas de programação. Finalmente, você verá documentos HTML que começam com uma tag muito criativa do tipo !DOCTYPE e faz com que a tag HTML inclua outras informações. Neste ponto, nós não precisamos disto; portanto, vamos manter as coisas tão simples quanto possível (mas não mais simples, para citar Einstein).*

Produzir hyperlinks é como produzir imagens. O tipo do elemento para um hyperlink é 'a' e o atributo importante é href.

```
<a href="http://faculty.purchase.edu/jeanine.meyer">Jeanine Meyer's Academic Activities </a>
```

Como você pode ver, este elemento possui uma tag de inicialização e de finalização. O conteúdo do elemento, haja o que houver dentro das duas tags – neste caso, Jeanine Meyer's Academic Activities –, é o que é mostrado em azul e sublinhado. A tag de inicialização começa com a. Um modo de lembrar isto é pensar nela como o elemento mais importante dentro da linguagem HTML, é por isso que se utiliza a primeira letra do alfabeto. Você também pode pensar em uma âncora (anchor), que normalmente é o significado da letra a, mas isso não é muito significativo para mim.

O atributo href (que significa referência para o hypertexto) especifica para que site web vai o navegador quando o hyperlink é clicado. Observe que este é um endereço Web completo (chamado de URL, Localizador de Recursos Universais).

Nós podemos combinar um elemento hyperlink com um elemento img para produzir uma figura na tela na qual o usuário pode clicar. Lembre-se de que elementos podem ser aninhados dentro de outros elementos. Em vez de colocar um texto depois da tag inicial <a>, coloque uma tag <img>:

```
<a href="http://faculty.purchase.edu/jeanine">
<img src="jhome.gif" width="100" />
</a>
```

Vamos juntar todos estes exemplos agora:

```
<html>
<head>
<title>Segundo exemplo </title>
</head>
<body>
Isto vai aparecer como está.
<img src="frog.jpg"/>
<img src="frog.jpg" width="200"/>
<a href=http://faculty.purchase.edu/jeanine.meyer>Jeanine Meyer's Academic
Activities </a>
<a href=http://faculty.purchase.edu/jeanine.meyer><img src="jhome.gif"/></a>
</body>
</html>
```

Eu criei o arquivo HTML, salvei-o como second.html, e depois o abri com o navegador Chrome. A Figura 1-4 mostra o que é exibido.

O Básico   9

Figura 1-4. *Exemplo com imagens e hyperlinks.*

Isto produz o texto; a imagem com suas largura e altura originais; a imagem com a largura fixada em 200 pixels e altura proporcional; um hyperlink que irá levá-lo para minha página web (Prometo!); e um outro link que utiliza uma imagem que também irá levá-lo para minha página web. Contudo, isso não é tudo que eu tinha em mente. Queria que estes elementos ficassem bem distribuídos pela página.

Isto demonstra alguma coisa que você precisa se lembrar: o HTML ignora quebras de linhas e outros espaços em branco. Se você quiser uma quebra de linha, terá de especificá-la. Um modo é utilizar a tag singleton br. Mais tarde mostrarei outras maneiras. Dê uma olhada no seguinte código modificado. Observe que as tags <br/> não precisam estar na mesma linha.

```
<head>
<title>Segundo exemplo </title>
<body>
Isto vai aparecer como está. <br/>
<img src="frog.jpg"/>
<br/>
<img src="frog.jpg" width="200"/>
<br/>
<a href=http://faculty.purchase.edu/jeanine.meyer>Jeanine Meyer's Academic
Activities </a>
<br/>
<a href=http://faculty.purchase.edu/jeanine.meyer><img src="jhome.gif"/></a>
</body>
</html>
```

A Figura 1-5 mostra o que este código produz.

Figura 1-5. *Textos, imagens, e links com as quebras de linhas.*

Existem muitos tipos de elementos HTML: os elementos de cabeçalhos h1 a h6 produzem textos de diferentes tamanhos; existem vários elementos para listas e tabelas, e outros para formulários. CSS, como veremos dentro de instantes, é também utilizada para formatação. Você pode selecionar diferentes fontes, cores de segundo plano, e cores do texto, e controlar o layout do documento. Uma boa prática é colocar a formatação em CSS, a interatividade em JavaScript, e manter o HTML para o conteúdo. O HTML5 fornece novos elementos estruturais, tais como article, section, footer e header, e isso torna ainda mais fácil colocar a formatação em CSS. Fazer isso permite a você modificar a formatação e as interações. A Formatação, incluindo o layout do documento, é um tópico amplo. Neste livro, vamos aprender apenas o básico.

Usando Folhas de Estilos em Cascatas (CSS)

CSS é uma linguagem especial utilizada apenas para formatação. Um estilo é essencialmente uma regra que especifica como um elemento particular será formatado. Isto significa que você pode colocar informações de estilo em uma variedade de lugares: um arquivo em separado, um elemento style localizado dentro do elemento head, ou um estilo dentro do documento HTML, talvez dentro do elemento que você deseja formatar de um modo particular. As cascatas de informação em estilo correm para baixo, exceto se um estilo diferente for especificado. Dito de outra maneira, o estilo mais próximo do elemento é aquele que está sendo usado. Por exemplo, você poderia usar as fontes da sua companhia oficial como aquelas que são listadas na seção de estilos dentro do elemento head para fluir na maior parte do texto, mas incluir uma especificação dentro do elemento local para definir o estilo de uma parte do texto em particular. Como esse estilo está mais próximo do elemento, é ele que deve ser usado.

O formato básico inclui um indicador o qual será formatado seguido por uma ou mais diretivas. No aplicativo deste capítulo (disponível no site www.friendsofed.com/downloads.html), irei especificar a formatação para os elementos do tipo section, isto é, uma borda ou uma caixa ao redor de cada item, margens, espaçamentos (padding), e alinhamento, e uma cor de fundo branca. O documento HTML completo da Listagem 1-1 é uma mescla (alguns diriam uma bagunça!) de recursos. Os elementos body e p (parágrafo) fazem parte da versão original do HTML. O elemento section é um dos novos tipos de elementos adicionados ao HTML5. O elemento section precisa de formatação, ao contrário de body e p, os quais possuem uma formatação default que o corpo e cada elemento p irá iniciar em uma nova linha. A CSS pode modificar a formatação de velhos e novos tipos de elementos. Note que a cor do fundo do texto dentro da seção é diferente da cor do fundo do texto fora da seção.

Nos códigos da Listagem 1-1, eu especifico estilos para o elemento body (existe apenas um) e o elemento section. Se eu tivesse mais de um elemento section, os estilos teriam de ser aplicados a cada um deles. O estilo para o corpo especifica uma cor de fundo e uma cor do texto. A CSS aceita um grupo de 16 cores através de nomes, incluindo preto, branco, vermelho, azul, verde, ciano e cor-de-rosa. Você pode também especificar cor usando códigos hexadecimais RGB (vermelho, verde, azul), mas você precisará usar um dos programas gráficos, tais como o Adobe Photoshop, Corel Paint Shop Pro, ou Adobe Flash Professional para criar os valores RGB, ou você pode experimentar. Eu utilizei o Paint Shop Pro para determinar os valores RGB para o verde na figura da cabeça do sapo e o utilizei para a borda também.

As diretivas text-align são exatamento como parecem: elas indicam se o material deve ser centralizado ou alinhado à esquerda. A font-size define o tamanho do texto em pixels. As bordas são complexas e parecem não ter consistência dentro dos navegadores. Aqui eu especifiquei uma borda sólida verde de 4 pixels. A especificação width para section indica que o navegador deve usar 85% da janela, seja ele qual for. A especificação para p define a largura do parágrafo em 250 pixels. O espaçamento (padding) se refere aos espaços entre o texto e as bordas da seção. A margem é o espaçamento entre a seção e os arredores.

Listagem 1-1. *Um Documento HTML Completo com Estilos*
```
<html>
<head>
<title>CSS example </title>
<style>
body {
   background-color:tan;
   color: #EE015;
   text-align:center;
   font-size:22px;
}
section {
   width:85%;
   border:4px #00FF63 solid;
   text-align:left;
   padding:5px;
   margin:10px;
   background-color: white;
}

p {
```

```
        width: 250px;
}
</style>
</head>
<body>
O segundo plano aqui é castanho-amarelado, e o texto é o valor RGB totalmente
    arbitrário #EE015. <br/>
<section>. Dentro da seção, a cor de fundo é branca. Há texto com↪
    marcação HTML adicional, seguido por um parágrafo com texto. Depois, fora da↪
    seção haverá um texto, seguido por uma imagem, mais texto e depois um↪
    hyperlink. <p> A cor da borda da seção corresponde à cor da ↪
    imagem do sapo. </p></section>
<br/>
Como você deve ter notado, eu gosto de origami. A próxima imagem representa a cabeça
    do sapo.<br/>
<img src="frogface.gif"/> <br/> Se você quiser aprender a dobrá-la, vá para

<a href=http://faculty.purchase.edu/jeanine.meyer/origami>a. Página de Origami ↪
    da Família Meyer<img src="crane.png" width="100"/></a>

</body>
</html>
```

Isto produz a tela mostrada na Figura 1-6.

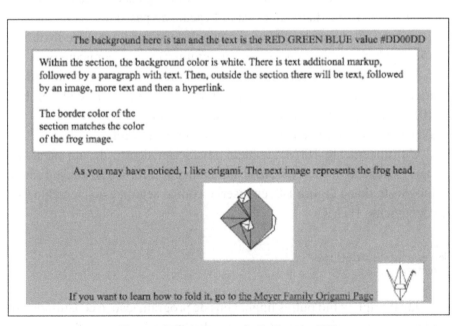

Figura 1-6. *Amostra de Estilos da CSS.*

> **Sugestão:** *Não se preocupe se você não entendeu tudo de imediato – você irá encontrar muita ajuda na Web. Em particular, consulte o site oficial para HTML5 no endereço http://dev.w3.org/html5/spec/Overview.html.*

Há muitas coisas que você pode fazer com a CSS. Você pode usá-la para especificar a formatação para tipos de elementos, como mostrado anteriormente; você pode especificar que os elementos fazem parte de uma classe; e você pode identificar elementos individuais utilizando o atributo id. No Capítulo 6, nós criamos um Jogo de Perguntas (quiz), em que eu utilizo CSS para posicionar elementos específicos dentro da janela e depois o JavaScript para movê-los ao redor.

Programação JavaScript

JavaScript é uma linguagem de programação com recursos embutidos para acessar partes de um documento HTML, incluindo estilos dentro do elemento CSS. Ela é chamada de linguagem de script para distingui-la das linguagens compiladas, tais como C++. As linguagens compiladas são traduzidas todas de imediato, antes da utilização, ao passo que as linguagens de script são interpretadas linha a linha pelos navegadores. Este texto não supõe nenhuma experiência em programação ou conhecimento de JavaScript, mas pode ajudar a consulta em outros livros, tais como Getting Started with JavaScript, escrito por Terry McNavage (Friends of ED, 2010), ou fontes online tais como http://en.wikipedia.org/wiki/JavaScript. Cada navegador possui sua própria versão de JavaScript.

Um documento HTML contém JavaScript dentro de um elemento script, localizado no elemento head. Para mostrar informação de data e hora como mostrado na Figura 1-2, eu inseri o código seguinte no elemento head do documento HTML:

```
<script>
document.write(Date());
</script>
```

JavaScript, como outras linguagens de programação, é constituída por declarações de vários tipos. Nos capítulos posteriores, vou lhes mostrar declarações de atribuições, declarações compostas tais como declarações if, switch e for, e declarações que criam aquilo que chamamos de funções definidas pelo programador. Uma função é uma ou mais declarações que trabalham juntas dentro de um bloco e podem ser chamadas a qualquer momento que você precisar dessa funcionalidade. As funções de salvamento escrevem o mesmo código repetidas vezes. JavaScript fornece muitas funções embutidas. Certas funções estão associadas a objetos (falaremos mais sobre isto posteriormente) aos quais chamaremos de métodos. O código

```
document.write("hello");
```

é uma declaração JavaScript que invoca o método write do objeto do documento com o argumento "hello". Um argumento é uma informação adicional passada para uma função ou um método. As declarações terminam com ponto-e-vírgula. Este fragmento de código irá escrever a sequência literal de caracteres h, e, l, l, o como parte do documento HTML.

O método document.write escreve qualquer coisa dentro do parênteses, portanto eu quis que a informação escrita fosse alterada à medida que a data e a hora fossem alteradas. Para isso, precisei de uma maneira de acessar a data e hora correntes; portanto, utilizei a função embutida Date do JavaScript. Esta função produz um objeto com data e hora. Mais tarde, você verá como usar objetos Date para medir o tempo que um jogador leva para completar um jogo. Por enquanto, tudo o que eu quero mostrar é a informação corrente de data e hora, e isso é exatamente o que o código

```
document.write(Date());
```

faz. Usando a linguagem formal de programação: este código chama (invoca) o método write do objeto document, um pedaço embutido de código. O período (.) indica que o write a ser invocado é um método associado ao documento produzido pelo arquivo HTML. Portanto, alguma coisa é escrita como parte do documento HTML. O que é escrito? Qualquer coisa que esteja entre a abertura e o fechamento dos parênteses. E o que é isso? Isso é o resultado da chamada da função embutida Date. A função Date recebe a informação guardada por um computador local e a entrega para o método write. Date exige também o uso de parênteses, e é por isso que você vai vê-los tanto. O método write exibe a informação de data e hora como parte do documento HTML, como mostrado na Figura 1-2. O modo como estas construções estão combinadas é típico das linguagens de programação. A declaração termina com um ponto e vírgula. Por que não um período? Um período possui outras utilidades em JavaScript, tais como indicar métodos e também para pontos decimais em números.

As linguagens naturais, tal como o Inglês e as linguagens de programação têm muito em comum: tipos diferentes de declarações; pontuação usando determinados símbolos; e uma gramática para o posicionamento correto dos elementos. Em programação, nós utilizamos o termo notação em vez de pontuação, e sintaxe em vez de gramática. Tanto as linguagens de programação como as linguagens naturais também permitem que você construa declarações complexas das partes em separado. Todavia, existe uma diferença fundamental: Como eu digo aos meus alunos, as chances são muitas do que eu falo em classe não estar gramaticalmente correto, mas eles ainda me entendem. Mas quando você está conversando com um computador através de uma linguagem de programação, o seu código deve estar perfeito com relação às regras gramaticais da linguagem para conseguir o que você deseja. A boa notícia é que ao contrário de uma plateia humana, os computadores não mostram impaciência ou qualquer outra emoção humana, portanto, você pode levar o tempo que precisar para fazer as coisas certas. Existem também algumas notícias desagradáveis as quais você pode levar algum tempo para apreciar: se você comete um erro de gramática – denominado erro de sintaxe – em HTML, CSS ou JavaScript, o navegador tenta ainda mostrar alguma coisa. Cabe a você descobrir qual é e onde está o problema, quando não obter os resultados que queria em seu trabalho.

Construindo o Aplicativo e Fazendo Suas Modificações

Você constrói um documento HTML usando um editor de textos e visualiza/testa/brinca com o documento utilizando um navegador. Embora você possa usar qualquer editor de textos para escrever os códigos HTML, eu sugiro TextPad para PCs e TextWrangler para Macs. Existem versões shareware que os tornam relativamente baratos. Não utilize um programa processador de palavras, os quais podem inserir caracteres não textuais. Notepad também funciona, embora o TextPad possua alguns benefícios tal como a codificação de cores que eu irei demonstrar. Para usar o editor, você deve abri-lo e digitar os códigos. A Figura 1-7 mostra como a tela do TextPad se parece.

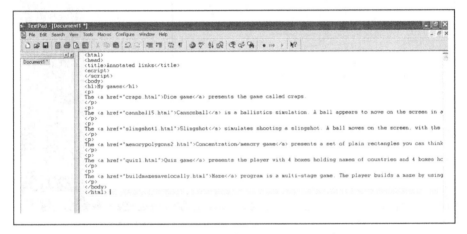

Figura 1-7. *Inicializando o TextPad*

Você vai querer salvar o seu trabalho com frequência, e, mais importante, salvá-lo como arquivo do tipo .html. No TextPad, clique em **File** ➤ **Save As** e depois modifique **Save as type** para HTML, como é mostrado na Figura 1-8.

18 O Guia Essencial do HTML5

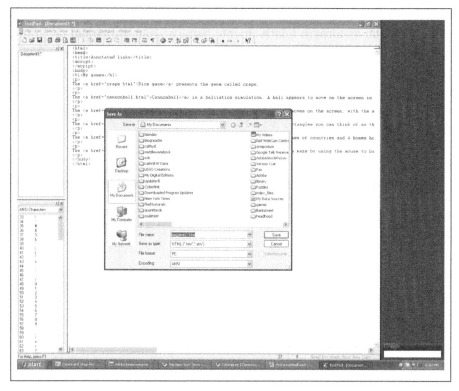

Figura 1-8. *Salvando um arquivo do tipo HTML.*

Observe que eu dei um nome ao arquivo e que posso modificar a pasta de My Documents para qualquer coisa que desejar. Depois de salvar o arquivo, clique em Configure ➤ Word Wrap (para tornar visíveis as linhas longas da tela), a janela aparece como mostrado na Figura 1-9.

Os códigos de cores, os quais você verá somente depois de salvar o arquivo como HTML, exibem tags e aspas. Isso pode ser valioso na busca de erros.

O Básico   19

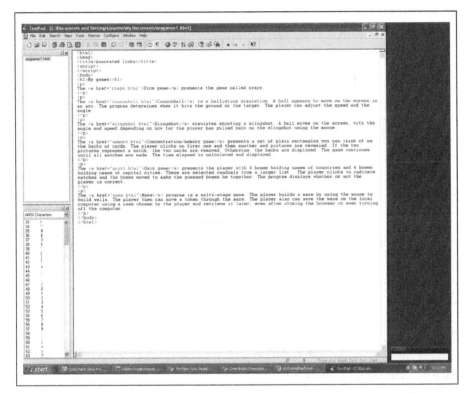

Figura 1-9. *Depois de salvar o arquivo como HTML e invocar o word wrap.*

Agora, vamos mergulhar nos códigos HTML, primeiro para a lista de links registrados e depois para os sites favoritos. O código utiliza os recursos descritos na seção anterior. A Tabela 1-1 mostra os códigos completos para este aplicativo: parágrafos de texto com links para diferentes arquivos, todos localizados na mesma pasta.

Tabela 1-1. O Código para os Links Registrados em "Meus Jogos"

Código	Explicação
<html>	Abrindo uma tag html
<head>	Abrindo a tag head
<title>Annotated links</title>	Abrindo a tag title, o texto do título e fechando a tag title
<body>	Abrindo a tag body

20   O Guia Essencial do HTML5

Código	Explicação
`<h1>My games</h1>`	Abrindo a tag h1, o texto e depois fechando a tag h1. Isto irá fazer "My games" aparecer dentro de uma fonte grande. A fonte real será a default.
`<p>`	Abrindo p para uma tag de parágrafo
The `<a href="craps.html">Dice game</a>` presents the game called craps.	Texto com um elemento a. A abertura de uma tag possui o atributo href definido para o valor craps.html. Supostamente este arquivo se encontra na mesma pasta que o arquivo HTML. Os conteúdos do elemento a — tudo aquilo que estiver entre `<a>` e `</a>` — será mostrado, primeiro em azul e depois em cor malva uma vez clicado, e sublinhado.
`</p>`	Fechando a tag p
`<p>`	Abrindo a tag p
The `<a href="cannonball.html">Cannonball</a>` is a ballistics simulation. A ball appears to move on the screen in an arc. The program determines when the ball hits the ground or the target. The player can adjust the speed and the angle.	Veja o caso anterior. O elemento aqui se refere ao arquivo cannonball.html e o texto exibido é Cannonball.
`</p>`	Fechando a tag p
`<p>`	Abrindo a tag p
The `<a href="slingshot.html">Slingshot</a>` simulates shooting a slingshot. A ball moves on the screen, with the angle and speed depending on how far the player has pulled back on the slingshot using the mouse.	Ver anteriormente. Este parágrafo contém o hyperlink para slingshot.html.
`</p>`	Fechando a tag p
`<p>`	Abrindo a tag p
The `<a href="memory.html">Concentration/memory game</a>` presents a set of plain rectangles you can think of as the backs of cards. The player clicks on first one and then another and pictures are revealed. If the two pictures represent a match, the two cards are removed. Otherwise, the backs are displayed. The game continues until all matches are made. The time elapsed is calculated and displayed.	Ver anteriormente. Este parágrafo contém o hyperlink para memory.html.
`</p>`	Fechando a p
`<p>`	Abrindo a tag p

O Básico   21

Código	Explicação
The `<a href="quiz1.html">Quiz game</a>` presents the player with 4 boxes holding names of countries and 4 boxes holding names of capital cities. These are selected randomly from a larger list. The player clicks to indicate matches and the boxes are moved to put the guessed boxes together. The program displays whether or not the player is correct.	Ver anteriormente. Este parágrafo contém o hyperlink para `quiz1.html`
`</p>`	Fechando a tag p
`<p>`	Abrindo a tag p
The `<a href="maze.html">Maze</a>` program is a multi-stage game. The player builds a maze by using the mouse to build walls. The player then can move a token through the maze. The player can also save the maze on the local computer using a name chosen by the player and retrieve it later, even after closing the browser or turning off the computer.	Ver anteriormente. Este parágrafo contém o hyperlink para `maze.html`.
`</p>`	Fechando a tag p
`</body>`	Fechando a tag body
`</html>`	Fechando a tag html

O código do Site Favorito possui os recursos da lista de registros com adição da formatação: uma caixa verde ao redor de cada item e uma figura em cada item. Ver Tabela 1-2.

Tabela 1-2. O Código dos Sites Favoritos

Código	Explicação
`<html>`	Abrindo a tag html
`<head>`	Abrindo a tag head
`<title>Annotated links</title>`	Elemento completo de título: abrindo e fechando a tag e Annotated links no meio.
`<style>`	Abrindo a tag style. Isso significa que nós vamos utilizar CSS.
`Article {`	Início de um estilo. A referência para a qual vai sofrer a estilização em todos os elementos da seção. O estilo depois possui uma chave - {. O abrir e fechar de chaves ao redor da regra de estilos que nós estamos criando, do mesmo modo que abrir e fechar tags em HTML.

Código	Explicação
width:60%;	A largura foi definida para 60% do elemento que a contém. Note que cada diretiva termina com ; .
text-align:left;	Texto alinhado a esquerda
margin:10px;	A margem possui 10 pixels
border:2px green double;	A borda é uma linha dupla verde de 2-pixels.
padding:2px;	O espaçamento entre o texto e a borda é de 2 pixels
display:block;	O artigo é um bloco, significando que existem quebras de linha antes e depois.
}	Fecha o estilo para article
</style>	Fechando a tag style
<script>	Abrindo a tag script. Agora nós vamos escrever o código JavaScript
document.write(Date());	Uma declaração do código: mostrar o que é produzido pela chamada de Date()
</script>	Fechando a tag script
<body>	Abrindo a tag body
<h3>Favorite Sites</h3>	Texto circundado pelas tags h3 e /h3. Isto faz o texto parecer um pouco maior que o normal.
<article>	Abrindo a tag article
The <a href="../index.html">Jeanine Meyer's Academic Activities</a> displays information on my current and past courses, along with publications and other activities.	Este texto estará sujeito ao estilo especificado. Ele inclui um elemento a. Note que o valor para o atributo href é uma referência relativa: que diz: vá para a pasta pai da pasta atual e depois para o arquivo index.html. Dois períodos (..) é a fala do computador para "o retorno ao nível de uma pasta", portanto se nós estivéssemos na pasta tree/fruit/apple, então ../index.html nos levaria de volta para a pasta fruit para encontrar o arquivo indexado, e ../../index.html nos levaria de volta para a pasta tree.
</article>	Fechando a tag article
<article>	Abrindo a tag article
The <a href="http://stolenchair.Ê org">Stolen Chair Theatre Company</a> is the web site of a theatre company performing mainly in New York City. This is the postcard for their Summer, 2010 production. 	Ver anteriormente. Observe que o valor para o atributo href aqui é um endereço Web completo, e que a HTML inclui uma tag . Isto irá forçar uma quebra de linha.
<img src="postcard.jpg" width="300"/>	Uma tag img. A origem da imagem é o arquivo postcard.jpg. A largura foi definida para 300 pixels.
</article>	Fechando a tag article
<article>	Abrindo a tag article

O Básico   23

Código	Explicação
The <a href="http://friendsofed.com/">friends of ED publishers</a> is the site for the publishers of this book. 	Ver anteriormente. Isto também se refere a um endereço Web. Uma tag irá forçar uma quebra de linha antes da imagem.
<img src="friendsofed.gif" width="300"/>	Um elemento img. A origem é friendsofed.gif. A largura foi definida para 300 pixels.
</article>	Fechando a tag article
</body>	Fechando a tag body
</html>	Fechando a tag html

É muito fácil tornar este aplicativo uma criação sua: utilize os seus próprios sites favoritos. Na maioria dos navegadores, você pode baixar e salvar arquivos de imagens; se você quiser usar o logotipo de um site para o hyperlink, ou você poderá incluir outras figuras. Tenho um conceito de que criar uma lista de sites com comentários e incluir imagens tais como logotipos está dentro da prática a qual chamo de "uso correto", mas eu não sou advogado. Na maioria das vezes, as pessoas gostam de criar links em seus sites. Isto não fere a questão, mas você também pode preferir definir o src da tag img para o endereço Web do site onde se localiza a imagem se você preferir não fazer o download de um arquivo de imagem particular para o seu computador e depois fazer o upload dele para o seu site web.

Os endereços Web podem ser absolutos ou relativos. Um endereço absoluto começa com http://. Um endereço relativo é relativo à localização do arquivo HTML. Em meu exemplo, os arquivos postcard.jpg e friendsofed.gif estão ambos localizados na mesma pasta que o meu arquivo HTML. Eles estão lá porque eu os coloquei lá! Para grandes projetos, muitas pessoas colocam todas as imagens em uma subpasta chamada imagens e escrevem endereços como «imagens/postcard.gif».

Você também pode tornar seu este aplicativo mudando o formato. Estilos podem ser usados para especificar fontes, incluindo fonte específica, família de fontes, e tamanho. Isto permite que você selecione uma fonte favorita e também especifique que fonte usar se a fonte preferida não estiver disponível no computador do usuário. Você pode especificar a margem e os espaçamentos ou variar independentemente o topo da margem, a margem esquerda, o topo do espaçamento, e assim por diante.

Testando e Fazendo o Upload do Aplicativo

Você precisa ter todos os arquivos, neste caso o único arquivo HTML mais os arquivos de imagens, dentro do mesmo diretório exceto se você estiver usando endereços Web completos. Para que os links funcionem, você precisa ter os endereços corretos para todos os atributos href. Os meus exemplos mostram como fazer isto para os arquivos HTML dentro do mesmo diretório ou para arquivos HTML em qualquer ponto da Web.

Você pode começar testando o seu trabalho mesmo que ele não esteja pronto completamente. Por exemplo, você pode colocar dentro de um elemento img único ou de um elemento a. Abra o navegador, tal como Firefox, Chrome, ou Safari (eu não mencionei Internet Explorer porque ele ainda não suporta alguns dos recursos do HTML5 que eu estarei usando em outros tutoriais, embora o suporte esteja chegando dentro do IE9). No Firefox, clique em Arquivo e depois em Abrir Arquivo e procure o seu arquivo HTML. No Chrome, pressione Ctrl do PC (CMD no Mac) e o e depois procure o arquivo e clique em Ok para abri-lo. Você deverá ver alguma coisa como meus exemplos. Clique nos hyperlinks para acessar outros sites. Recarregue a página usando o ícone de recarregar para o navegador e observe a hora diferente. Se você não vir algo que espera – algo como meus exemplos – você deverá examinar seus códigos. Os equívocos mais comuns são:

- tags de fechamento e de abertura ausentes ou incompatíveis.
- nome incorreto dos arquivos de imagens ou dos arquivos HTML, ou extensão incorreta do arquivo para os arquivos de imagens. Você pode utilizar arquivos de imagens do tipo JPG, GIF, ou PNG, mas a extensão do arquivo chamada dentro da tag deve ser compatível com o tipo de arquivo real da imagem.
- ausência de aspas. Os códigos de cores, como disponíveis no TextPad e alguns outros editores, podem ajudá-lo a identificar isto.

Resumo

Neste capítulo, você aprendeu como compor documentos HTML com textos, imagens e hyperlinks. Isto incluiu

- as tags básicas, incluindo html, head, title, style, script, body.

- o elemento img para exibição das imagens.
- o elemento a para hyperlinks.
- formatação simples usando um elemento style escrito obedecendo às regras da Folha da Estilos em Cascatas (CSS).
- uma única linha com códigos JavaScript para fornecer informação de data e hora.

Este capítulo foi só o começo, embora seja possível produzir páginas Web lindas e informativas usando HTML, com ou sem as Folhas de Estilos em Cascatas. No próximo capítulo, você aprenderá como incluir aleatoriedade e interatividade dentro de um aplicativo, e como usar o elemento canvas, recurso crítico do HTML5.

Capítulo 2

Jogo de Dados

Neste capítulo, nós abordaremos

- Desenhos dentro de canvas
- Processamento aleatório
- Lógica do jogo
- Criação do formulário

Introdução

Dentro dos mais importantes recursos do HTML5 está o canvas. Este elemento fornece uma maneira de os desenvolvedores criarem desenhos de linhas, inclusive imagens, e posicionarem textos de uma maneira totalmente livre de formatos, uma melhora significativa sobre os HTML antigos. Embora você pudesse criar algumas formatações arrojadas nas versões anteriores, as configurações costumavam ser quadradas e as páginas menos dinâmicas. Como desenhar dentro de canvas? Você utiliza uma linguagem script, normalmente o JavaScript. Vou lhe mostrar como desenhar em canvas e vou explicar os recursos importantes de JavaScript que precisaremos para construir uma implementação do Jogo de Dados chamado craps: como definir uma função, como invocar aquilo que chamamos de comportamento pseudorrandômico, como implementar a lógica deste jogo particular, e como exibir a informação para o jogador. Antes de passarmos adiante, contudo, você precisará compreender os conceitos básicos do jogo.

O Jogo de Dados possui as seguintes regras:

O jogador lança um par de dados. A soma das duas faces superiores é o que importa, portanto 1 e 3 é o mesmo que 2 e 2. A soma de dois dados de seis lados pode ser qualquer número entre 2 e 12. Se o jogador lança 7 ou 11 na primeira jogada, o jogador vence. Se o jogador lançar 2, 3 ou 12, o jogador perde. Para qualquer outro resultado (4, 5, 6, 8, 9, 10), este resultado será registrado como aquilo que chamamos de ponto do jogador e um lançamento sequencial é solicitado. Nos lançamentos sequenciais, um lançamento de 7 perde e um lançamento do ponto do jogador vence. De qualquer modo, o jogo continua com as regras do lançamento sequencial.

Vamos ver como o nosso jogo se parece. A Figura 2-1 mostra o resultado para um lançamento de dois números um no começo do jogo.

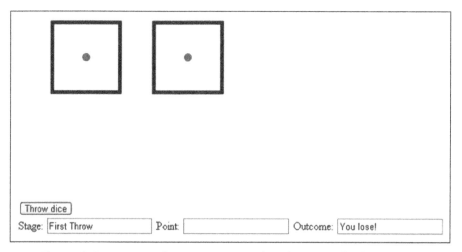

Figura 2-1. *Primeiro lançamento, resultando na perda do jogador.*

Não é perceptível aqui, mas o nosso aplicativo de Jogo de Dados mostra as faces do dado de cada vez usando a tag canvas. Isto significa que não é necessário fazer o download individual das faces do dado.

Um lançamento de dois números 1 representa a perda do jogador uma vez que as regras definem 2, 3, ou 12 num primeiro lançamento como perda. O próximo exemplo mostra uma vitória do jogador, um 7 num primeiro lançamento, como mostrado na Figura 2-2.

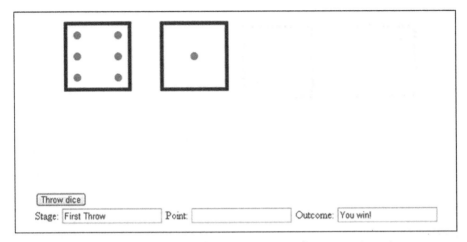

Figura 2-2. *Um 7 no primeiro lançamento significa que o jogador vence.*

A Figura 2-3 mostra o próximo lançamento – um 8. Isto não representa nem uma vitória nem uma perda, mas significa que deve haver um lançamento sequencial.

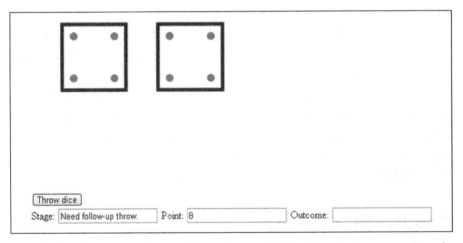

Figura 2-3. *Um 8 significa um lançamento sequencial com uma conquista de 8 pontos para o jogador.*

Vamos supor que o jogador eventualmente lance 8 novamente, como indicado na Figura 2-4.

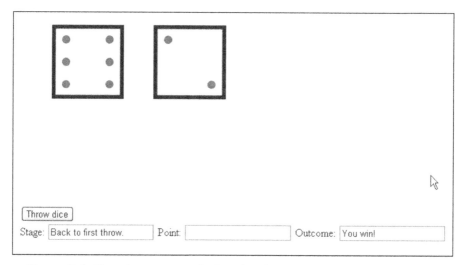

Figura 2-4. *Novo lançamento de 8, valor dos pontos, portanto, o jogador vence.*

Como mostra a sequência anterior, a única coisa que conta é a soma dos valores nas faces dos dados. O valor de pontuação foi definido com dois 4s, mas o jogo foi ganho com um 2 e um 6.

As regras indicam que um jogo não irá aceitar sempre o mesmo número de lançamentos dos dados. O jogador pode ganhar ou perder no primeiro lançamento, ou pode haver qualquer número de lançamentos sucessivos. É função do construtor do jogo fazer com que o jogo funcione – e funcionar significa seguir as regras, mesmo que isso signifique que o jogo se repita continuamente. Meus alunos agem algumas vezes como se seus jogos somente funcionassem quando eles ganham. Em uma implementação correta do jogo, os jogadores ganharão e perderão.

Requisitos Críticos

Os requisitos para construção de um Jogo de Dados começam com a simulação do lançamento aleatório de dados. Em princípio, isto parece impossível uma vez que a programação significa especificar exatamente o que o computador fará. Felizmente, o JavaScript, como outras linguagens de programação, possui um recurso embutido que produz resultados que parecem ser randômicos. Algumas vezes as linguagens fazem uso dos bits centrais (1s e 0s) de uma sequência muito longa de bits que representa a hora em milissegundos. O método exato não é importante para nós. Vamos supor que o JavaScript fornecido pelo navegador faça com isto um trabalho perfeito, ao qual chamamos de processamento pseudoaleatório.

Supondo agora que nós possamos obter qualquer número de 1 a 6 e fazer isso duas vezes para as duas faces do dado, nós precisaremos implementar as regras do jogo. Isto significa que nós precisaremos de uma maneira de rastrear se estivermos no primeiro lançamento ou se tivermos um lançamento sequencial. O nome formal para esta situação é estado do aplicativo, o que significa que as coisas estão certas agora, e é importante os dois jogos e em outros tipos de aplicativos. Depois, nós precisaremos usar construções que tomem decisões baseadas em condições. Construções condicionais tais como `if` e `switch` são constituintes padrão das linguagens de programação, e você logo irá entender por que os professores de ciência de computação como eu – que nunca esteve num cassino ou em qualquer jogatina – gostamos do Jogo de Dados.

Precisamos fornecer ao jogador uma maneira de lançar o dado; portanto, vamos implementar um botão na tela para clicar. Depois precisaremos fornecer informação de retorno ao jogador sobre o que aconteceu. Para este aplicativo, eu produzi retorno gráfico desenhando faces dos dados na tela e também mostrei a informação como texto para indicar a etapa do jogo, valor da pontuação e o resultado. O termo antigo para interações com os usuários era *IO (entrada-saída)*, um retorno quando essa interação envolvia principalmente textos. O termo *GUI* (para *Interface Gráfica do Usuário*) é normalmente usada para indicar a ampla variedade de maneiras que os usuários interagem com os sistemas de computadores. Estes incluem a utilização do mouse para clicar em pontos específicos da tela ou a combinação de cliques com arrastes para simular o efeito de movimento de um objeto (ver o Jogo de Estilingue no Capítulo 4). Desenhar na tela requer o uso de um sistema coordenado para especificar os pontos. Os sistemas de coordenação para a tela do computador são implementados de várias maneiras na maioria das linguagens de programação, como explicarei resumidamente.

Recursos do HTML5, CSS e do JavaScript

Vamos agora dar uma olhada nos recursos específicos do HTML5, CSS e JavaScript que fornecem aquilo que precisamos para a implementação do Jogo de Dados.

Processamento Pseudoaleatório e Expressões Matemáticas

O processamento pseudoaleatório em JavaScript é executado utilizando um método de fábrica chamado Math.random. Formalmente, random é um método da classe Math. O método Math.random gera um número de 0 a, mas não incluindo 1, resultando em um número decimal, por exemplo, 0,253012. Este pode não parecer imediatamente útil para nós. Nós multiplicamos esse número, qualquer que seja ele, por 6, o que produz um número de 0 a, mas não incluindo 6. Por exemplo, se multiplicarmos .253012 por 6 obteremos 1,518072. Isso é quase o que precisamos, mas não exatamente. A próxima etapa é remover a fração e manter o número inteiro. Para fazer isso, faremos uso de um outro método Math, chamado Math.floor. Este método produz um número inteiro após a remoção de qualquer parte fracionada. Como o número sugere, o método floor arredonda para baixo. Em nosso caso particular, nós começamos com .253012, depois chegamos a 1.518072, portanto, o resultado é o número inteiro 1. Em geral, quando nós multiplicamos o nosso número randômico por 6 e o arredondamos, obteremos um número de 0 a 5. A etapa final é adicionar , porque a nossa meta é obter um número de 1 a 6, repetidas vezes, sem um padrão particular.

Você pode usar uma abordagem semelhante para obter números inteiros de qualquer faixa. Por exemplo, se você quiser números de 1 a 13, você multiplicaria o número randômico por 13 e depois adicionaria 1. Isto poderia ser útil para um Jogo de Cartas. Você verá exemplos semelhantes em todo este livro.

Nós podemos combinar todas estas etapas juntas naquilo que chamamos de expressão. Expressões são combinações de constantes, métodos e chamadas de funções, e algumas coisas que iremos explorar mais tarde. Colocamos todos estes itens juntos utilizando operadores, tais como + para adição e * para multiplicação.

```
document.write(Date());
```

Nós podemos usar um processo similar aqui. Em vez de ter de escrever a chamada randômica e depois o método `floor` como declarações separadas, nós podemos passar a chamada randômica como um argumento do método `floor`. Dê uma olhada neste fragmento do código:

```
1+Math.floor(Math.random()*6)
```

Esta expressão produzirá um número de 1 a 6. Chamo isso de fragmento de código porque ele não é exatamente uma declaração. Os operadores + e * se referem às operações matemáticas e são os mesmos que você usaria em uma operação normal de matemática. A ordem das operações começa de dentro e caminha para fora.

- Invoque `Math.random()` para obter um número decimal de 0 a, mas não incluindo 1.
- Multiplique o resultado por 6.
- Pegue isso e remova a fração, deixando o número inteiro, usando `Math.floor`.
- Adicione 1.

Você verá uma declaração com esta expressão em nosso código final, mas precisaremos primeiro abordar algumas coisas.

Variáveis e Declarações de Atribuição

Como outras linguagens de programação, JavaScript possui uma construção chamada variável, a qual é essencialmente um lugar para colocar um valor, tal como um número. É uma maneira de associar um nome a um valor. Você pode usar o valor posteriormente referenciando o nome. Uma analogia são os postos oficiais. Nos Estados Unidos, falamos do "presidente". Agora, em 2011, o presidente é Barack Obama. Antes de 21 de janeiro de 2009, era George W. Bush. O valor reservado para o termo "presidente" muda. Em programação, o valor da variável pode variar também, daí o seu nome.

O termo var é usado para declarar uma variável.

Os nomes das variáveis e das funções, descritos na próxima seção, cabem ao programador. Existem regras: nenhum espaço em branco internamente e o nome deve começar com uma letra do alfabeto. Não crie nomes longos demais porque você não vai querer digitar muito, mas não os crie muito curtos para que você não esqueça o que eles são. Você deve ser consistente, mas não precisa obedecer às regras da ortografia inglesa. Por exemplo, se você quiser definir uma variável para guardar a soma de valores e você acredita que a soma seja escrita como som, isso está ótimo. Certifique-se apenas de usar som todo o tempo. Mas se você quiser se referir a alguma coisa que faz parte do JavaScript, tais como função, documento ou randômico, você precisa usar a ortografia que o JavaScript espera.

Você deve evitar a utilização de nomes de construções embutidas no JavaScript (tais como random ou floor) para as suas variáveis. Tente criar nomes exclusivos, mas ainda facilmente compreensíveis. Um método comum de escrever nomes de variáveis é usar o que chamamos de caso do camelo. Isto envolve começar o nome da sua variável com letra minúscula, depois usar a letra maiúscula para indicar que uma nova palavra está começando, por exemplo, númeroDeVezes ou primeiroLançamentoDoUsuário. Você pode ver por que isso se chama caso do camelo – as letras maiúsculas formam "corcovas" dentro da palavra. Você não precisa deste método para criação de nomes, mas essa é uma convenção seguida por muitos programadores.

A linha de código que irá conter a expressão pseudoaleatória explicada na seção anterior é um tipo particular de declaração chamada de declaração de atribuição. Por exemplo,

```
var ch = 1+Math.floor(Math.random()*);
```

define o nome da variável ch para o valor que é o resultado da expressão do lado da mão direita do sinal de igual. Quando usado dentro de uma declaração var, ela seria denominada declaração de inicialização. O símbolo = é usado para definir os valores iniciais para as variáveis como nesta situação e dentro das declarações de atribuição que serão descritas depois. Eu escolhi usar o nome de ch como abreviatura da palavra choice. Isto é significativo para mim. No geral, entretanto, se você precisar escolher entre um nome curto e um mais longo, que você irá se lembrar, escolha o mais longo! Observe que uma declaração termina com um ponto-e-vírgula. Você pode perguntar: por que não um período? A resposta é que um período é usado em duas outras situações: como ponto decimal e para acessar métodos e propriedades dos objetos, como em document.write.

Declarações de atribuição são o tipo mais comum de declarações dentro da programação. Aqui está um exemplo de declaração de atribuição para uma variável que já foi definida:

```
bookname = "The Essential Guide to HTML5";
```

O uso do sinal de igual pode ser confuso. Pense nisso como em tornar verdadeiro que o lado esquerdo é igual ao que é produzido pelo lado direito. Você encontrará muitas outras variáveis e outros usos de operadores e de declarações de atribuições neste livro.

> **Cuidado:** *A declaração var que define uma variável é chamada de sentença de declaração. JavaScript, ao contrário de muitas outras linguagens, permite que os programadores omitam sentenças de declaração e simplesmente utilizem uma variável. Eu tento evitar isso, mas você vai ver isso em muitos exemplos online.*

Para o Jogo de Dados, precisamos de variáveis que definam o estado do jogo, isto é, se é um primeiro lançamento ou um lançamento sequencial, e qual é a pontuação do jogador (lembre-se de que a pontuação é o valor do lançamento anterior). Em nossa implementação, estes valores serão guardados por aquilo que chamamos de variáveis globais, variáveis definidas por declarações var fora de qualquer definição de função de modo a reter o valor (os valores das variáveis declaradas dentro das funções irão desaparecer quando a função para de executar).

Você não precisa utilizar variáveis sempre. Por exemplo, o primeiro aplicativo que nós criamos aqui define variáveis que irão conter a posição horizontal e vertical dos dados. Eu poderia ter colocado números literais dentro do código porque eu não altero esses números, mas uma vez que eu me refira a estes valores em diversos lugares diferentes, armazenar os valores dentro de variáveis significa que se eu quiser mudar um ou ambos, eu preciso apenas fazer a alteração em um lugar.

Funções Definidas pelo Programador

JavaScript possui muitas funções e métodos embutidos, mas não possui tudo o que você poderia precisar. Por exemplo, pelo que sei, não existem funções especificamente para simular o lançamento de dados. Portanto, JavaScript nos permite definir e usar as nossas próprias funções. Estas funções podem aceitar argumentos, como o método Math.floor, ou não, como Math.random. Argumentos são valores que podem ser passados para a função. Pense neles como uma informação adicional. O formato para a definição de uma função é o termo function seguido pelo nome que você quer dar à função, seguido por parênteses que contêm os nomes de qualquer argumento, seguido por uma chave aberta, algum código, e depois uma chave fechada. Como foi observado nas seções anteriores, o programador faz a escolha do nome. Aqui está o exemplo de uma definição de função que retorna o produto dos dois argumentos. Como o nome indica, você poderia usá-lo para calcular a área de um retângulo.

```
function areaOfRectangle(wd,ln) {
 return wd * ln;
}
```

Observe a palavra-chave de retorno. Esta diz ao JavaScript para enviar o resultado da função de volta para nós. Em nosso exemplo, isto nos permite escrever algo como rect1 = areaOfRectangle(5,10), que poderia atribuir um valor de 50 (5 x 10) à nossa variável rect1. A definição da função seria escrita como código dentro do elemento de script. Poderia ou não fazer sentido definir esta função na vida real porque é tão fácil escrever multiplicação dentro do código, mas pode servir como exemplo útil de uma função definida pelo programador. Uma vez que esta definição seja executada, a qual provavelmente seria quando o arquivo HTML fosse carregado, outro código pode utilizar a função simplesmente chamando-a pelo seu nome, como em areaOfRectangle(100,200) ou areaOfRectangle(x2-x1,y2-y1).

A segunda expressão supõe que x1, x2, y1, y2 se referem a valores das coordenadas que são definidas em algum lugar.

Funções também podem ser chamadas definindo certos atributos de tags. Por exemplo, a tag body pode incluir uma definição para o atributo onLoad:

```
<body onLoad="init();">
```

O meu código JavaScript contém a definição de uma função que eu chamo de init. Colocar isto dentro do elemento body significa que o JavaScript irá invocar minha função init quando o navegador carregar primeiro o documento HTML ou sempre que o jogador clicar no botão reload/refresh. De modo similar, fazendo uso de um dos novos recursos do HTML5, eu poderia incluir o elemento button:

```
<button onClick="throwdice();">Throw dice </button>
```

Isto cria um botão que contém o texto Jogar dado. Quando o jogador clica nele, o JavaScript invoca a função throwdice que eu defini no elemento de script.

O elemento form, que será descrito mais tarde, poderia invocar uma função de maneira semelhante.

Declarações Condicionais: if e switch

O Jogo de Dados possui um conjunto de regras. Um modo de resumir as regras é dizer, se for uma situação de primeiro lançamento, que verificamos determinados valores do lançamento de dados. Se não for o primeiro lançamento, procuramos por outros valores do lançamento de dados. JavaScript fornece as declarações if e switch para estes propósitos.

A declaração if se baseia em condições que podem ser uma comparação ou uma verificação de igualdade – por exemplo, existe uma variável chamada temp maior que 85 ou será que a variável chamada curso possui o valor "Jogos de Programação". As comparações produzem dois valores lógicos possíveis – verdadeiro ou falso. Até aqui você viu valores que são números e valores que são sequências de caracteres. Valores lógicos são, contudo, um outro tipo de dado. Eles são chamados de valores Booleanos, em homenagem ao matemático George Boole. A condição e a verificação as quais mencionei seriam escritas em código como

```
temp>85
```

e

```
curso == "Jogos de Programação"
```

Leia a primeira expressão como: É o valor atual da variável temp maior que 85?

e a segunda expressão como: Seria o valor atual da variável curso a mesma que a string "Jogos de Programação"?

O exemplo de comparação é fácil de entender: nós utilizamos > para checar se um valor é maior que outro, e < para verificar o oposto. O valor da expressão será um dos dois valores lógicos verdadeiro ou falso.

A segunda expressão é provavelmente um pouco mais confusa. Você pode estar imaginando sobre os dois sinais de igualdade e talvez também sobre as aspas. O operador de comparação em JavaScript (e em várias outras linguagens de programação) que verifica a igualdade é esta combinação de dois sinais de igual. Nós precisamos de dois sinais de igualdade porque um único sinal de igualdade é usado em declarações de atribuições e ele não pode realizar tarefa dupla. Se nós tivéssemos escrito curso = "Jogos de Programação", estaríamos atribuindo o valor "Jogos de Programação" para uma variável curso em vez de comparar os dois itens. As aspas definem uma sequência de caracteres, começando com J, incluindo o espaço, e terminando com o.

Com o conhecimento que obtivemos, podemos agora dar uma olhada em como escrever o código que faz alguma coisa somente se uma condição for verdadeira.

```
if (condição) {
  código
}
```

Se quisermos que o nosso código faça alguma coisa se uma condição for verdadeira e uma outra coisa se ela NÃO for verdadeira, o formato é:

```
if (condição) {
  se o código for verdadeiro
}
else {
  se o código NÃO for verdadeiro
}
```

Note que aqui nós utilizamos itálico porque isto é o que chamamos de pseudocódigo, não o JavaScript verdadeiro que iríamos incluir em nosso documento HTML.

Aqui estão alguns exemplos de código verdadeiro. Eles fazem uso de alert, uma função embutida que produz uma janela pequena com a mensagem indicada pelo argumento fornecido entre os parênteses para saltar dentro do navegador. O usuário deve clicar Ok para continuar.

```
if (temp>85) {
  alert("It is hot!");
}
if (age > 21) {
  alert("You are old enough to buy a drink.");
}
else {
  alert("You are too young to be served in a bar.");
}
```

Nós poderíamos escrever o aplicativo do Jogo de Dados usando apenas declarações `if`. Todavia, o JavaScript fornece uma outra construção que torna as coisas mais fáceis – a declaração `switch`. O formato geral é:

```
switch(x) {
case a:
  códigoa;
case b:
  códigob;
default: códigoc;
}
```

O JavaScript avalia o valor de x dentro da primeira linha da declaração switch e a compara com os valores indicados dentro dos casos. Uma vez que exista um acerto, isto é, se determina que x seja igual a a ou b, o código que segue o rótulo do caso é que executado. Se não houver coincidência, o código depois do default é executado. Não é necessário haver uma possibilidade de default. Manipulado pelos seus próprios dispositivos, o computador continuaria a execução através da declaração switch mesmo que ele tenha encontrado uma declaração case que coincida. Se você quiser que ele pare quando você encontra uma combinação, você precisará incluir uma declaração break para sair do switch.

Você provavelmente já pode ver como if e switch farão o que precisamos para o Jogo de Dados. Você irá ver de que maneira na próxima seção. Primeiro, vamos ver um exemplo que determina o número de dias do mês indicado pela variável mon que contém abreviações de três letras («Jan», «Feb», etc.).

```
switch(mon) {
case "Sep":
case "Apr":
case "Jun":
case "Nov":
   alert("This month has 30 days.");
   break;
case "Feb":
   alert("This month has 28 or 29 days.");
   break;
default:
   alert("This month has 31 days.");
}
```

Se o valor da variável mon for igual a "Sep", "Apr", "Jun", ou "Nov", o controle flui para a primeira declaração alert e depois sai da declaração switch por causa do comando break. Se o valor da variável mon for igual a "Feb", a declaração alert mencionando 28 ou 29 dias é executada e então o fluxo do controle sai do switch. Se o valor de mon for qualquer outro, e ainda uma abreviação inválida de três letras, o alerta mencionando 31 dias é executado.

Assim como o HTML ignora quebras de linha e outros espaços em branco, JavaScript não exige uma configuração específica para estas declarações. Você poderia colocar tudo em uma linha se assim o quiser. Contudo, torne as coisas mais fáceis para você mesmo e utilize múltiplas linhas.

Desenhando Sobre o Canvas

Agora nós chegamos a um dos mais poderosos recursos do HTML5, o elemento canvas. Irei explicar os pedaços de códigos que fazem parte de um aplicativo envolvendo canvas, depois mostrarei alguns exemplos simples, e finalmente voltaremos ao nosso objetivo de jogar faces dos dados sobre canvas. Lembre-se de que o aspecto de um documento HTML é

```
<html>
   <head>
      <title>... </title>
      <script> .... </script>
   </head>
   <body>
   ... Aqui é onde o conteúdo estático inicial deve ser colocado...
   </body>
</html>
```

Para trabalhar com canvas, nós incluímos as tags para canvas dentro do elemento body do documento HTML e JavaScript dentro do elemento script. Iniciarei descrevendo um modo padrão de escrever um elemento canvas.

```
<canvas id="canvas" width="400" height="300">
Your browser doesn't support the HTML5 element canvas.
</canvas>
```

Se um arquivo HTML com estes códigos for aberto por um navegador que não reconhece canvas, a mensagem: "o seu navegador não suporta o elemento canvas do HTML5" aparecerá na tela. Se você estivesse preparando páginas Web para todos os navegadores comuns, poderia optar por direcionar os visitantes para o seu site ou algum outro lugar ou tentar uma outra estratégia. Neste livro, iremos focar apenas o HTML5.

A tag `canvas` do HTML define este elemento para obter um `id` do "canvas". Este poderia ser qualquer coisa, mas não há perigo em utilizar canvas. Você pode ter mais de um canvas, contudo, e neste caso, você precisaria usar valores distintos para cada `id`. Isto não é o que faremos para este aplicativo, todavia não temos que nos preocupar com ele. Os atributos de largura e altura são definidos para especificar as dimensões deste elemento canvas.

Agora que nós vimos o elemento canvas dentro do elemento `body`, vamos dar uma olhada no JavaScript. A primeira providência para desenhar no canvas é definir o objeto apropriado dentro do código JavaScript. Para fazer isto, preciso de uma variável, então eu defini uma chamada `ctx` com a linha

```
var ctx;
```

fora da definição de qualquer função. Isto a torna uma variável global que pode ser acessada ou definida a partir de qualquer função. A variável `ctx` é algo necessário para todos os desenhos. Preferi nomear `ctx` a minha variável, como abreviatura para contexto, copiando muitos exemplos que tenho visto online. Poderia ter escolhido qualquer nome.

Depois, dentro do código (você encontrará todos os códigos nos exemplos a seguir, e você poderá fazer o download deles no endereço www.friendsofed.com/downloads.html), eu escrevo o código para definir o valor de `ctx`.

```
ctx = document.getElementById('canvas').getContext('2d');
```

O que isto faz é primeiro obter o elemento dentro do documento com o `id` 'canvas' e depois extrair o que chamamos de contexto '2d'. Podemos antecipar a todos que o futuro pode trazer outros contextos! Por enquanto, usaremos o 2d.

Dentro dos códigos JavaScript, você pode desenhar retângulos, caminhos (`paths`) que incluam segmentos de linhas e arcos, e posicionar arquivos de imagens sobre canvas. Você também pode fazer preenchimentos dentro de retângulos e dos caminhos. Antes de fazermos isto, todavia, precisaremos encontrar os sistemas de coordenadas e as medidas dos radianos.

Assim como o sistema de posicionamento global utiliza latitude e longitude para definir a sua localização no mapa, precisaremos de uma maneira para especificar os pontos na tela. Estes pontos são chamados pixels, e nós os utilizamos no capítulo anterior para especificar a largura das imagens e a espessura das bordas. O pixel é uma unidade de medição muito pequena, como você poderá ver, se fizer algum experimento. Contudo, não basta a todos concordar com a unidade linear. Precisaremos também concordar com o ponto a partir do qual estamos medindo, assim como o sistema GPS utiliza o Meridiano de Greenwich e o equador. Para o retângulo bidimensional que existe no canvas, isto está relacionado aos nomes origem e ponto de registro. A origem é o canto superior esquerdo do elemento canvas. Observe que no Capítulo 6, quando descrevemos o Jogo de Perguntas criando e posicionando elementos dentro do documento HTML e não dentro de um elemento canvas, o sistema de coordenadas é semelhante. A origem é ainda o canto superior esquerdo da janela.

Isto é diferente daquilo que você pode se lembrar da geometria analítica ou da criação de gráficos. Os números horizontais aumentam de valor quando se movem da esquerda para a direita. Os números verticais aumentam de valor quando descem pela tela. O modo padrão de escrever coordenadas é colocar primeiro o valor horizontal, seguido pelo valor vertical. Em algumas situações, o valor horizontal é referenciado como valor x e o valor vertical como valor y. Em outras situações, o valor horizontal é o esquerdo (pense nele partindo da esquerda) e o valor vertical é valor do topo (pense nele partindo da parte superior).

A Figura 2-5 mostra o layout da janela de um navegador com 900 pixels de largura por 600 de altura. Os números indicam os valores das coordenadas dos cantos e do meio.

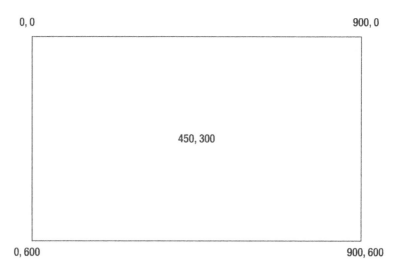

Figura 2-5. *Sistema de coordenadas para a janela do navegador.*

Agora vamos dar uma olhada em diversas declarações para desenhar, e depois as colocaremos juntas para desenhar formas simples (consulte as Figuras 2-6 até 2-10). Depois disso veremos como desenhar os pontos e os retângulos para representar as faces do dado.

Eis aqui o código JavaScript do HTML5 para desenhar um retângulo:

```
ctx.strokeRect(100,50,200,300);
```

Este código desenha um retângulo não preenchido, com seu canto esquerdo superior em 100 pixels a partir do lado esquerdo e 50 pixels para baixo a partir do topo. O retângulo possui 200 pixels de largura e 300 pixels de altura. Esta declaração poderia usar qualquer configuração corrente existente para largura da linha e para cor.

O próximo fragmento de código demonstra a definição da largura da linha para 5 e a cor do traço (stroke), isto é, o contorno indicado pelo valor RGB, que é o vermelho. O retângulo é desenhado usando os valores dentro das variáveis x, y, w, w e h.

```
ctx.lineWidth = 5;
ctx.strokeStyle = "rgb(255,0,0)";
ctx.strokeRect(x,y,w,h);
```

Este snippet

```
ctx.fillStyle = "rgb(0,0,255)";
ctx.fillRect(x,y,w,h);
```

desenha um retângulo azul sólido na posição e dimensões indicadas. Se você quiser desenhar um retângulo azul com um contorno vermelho, utilize as duas linhas de código:

```
ctx.fillRect(x,y,w,h);
ctx.strokeRect(x,y,w,h);
```

O HTML5 permite que você desenhe os então chamados caminhos que consistem de arcos e segmentos de linhas. Os segmentos de linhas são desenhados usando uma combinação de `ctx.moveTo` e `ctx.lineTo`. Nós os abordaremos em diversos capítulos: no Jogo do Estilingue do Capítulo 4, no Jogo da Memória usando polígonos no Capítulo 5, e na Jogo da Forca do Capítulo 9. No Jogo da Bala de Canhão do Capítulo 4, vamos também mostrar a você como inclinar um retângulo, e no Jogo da Forca do Capítulo 9 demonstraremos como desenhar formas ovais. Neste capítulo, iremos focar os arcos.

Você inicia um caminho (path) usando

```
ctx.beginPath();
```

e termina ele, com o caminho sendo desenhado, tanto com

```
ctx.closePath();
ctx.stroke();
como
ctx.closePath();
ctx.fill();
```

Um arco pode ser um círculo integral ou parte de um círculo. Nos aplicativos dos dados, nós desenharemos círculos integrais para representar os pontos da face de cada dado, mas explicarei como os arcos funcionam em geral para tornar o código menos misterioso. O método para desenhar arcos possui o seguinte formato:

```
ctx.arc(cx, cy, radius, start_angle, end_angle, direction);
```

onde `cx`, `cy` são as coordenadas horizontais e verticais centralizadas e radius o raio do círculo. Para explicar os dois parâmetros próximos é necessário discutir as maneiras de medir ângulos. Você está familiarizado com a unidade de grau para ângulos: estamos falando em fazer uma volta de 180 graus, significando uma volta u, e um ângulo de 90 graus é produzido pelas duas linhas perpendiculares. Mas a maioria das linguagens de programação para computadores utiliza outro sistema, chamado radianos. Eis aqui uma maneira de visualizar radianos – pense em pegar o raio de um círculo e depositá-lo sobre o próprio círculo. Você pode estudar bastante e notar que não será um ajuste perfeito, porque existem 2*PI radianos ao redor do círculo, algo um pouco maior que 6. Portanto, se quisermos desenhar um arco que seja um círculo integral, devemos especificar um ângulo inicial de 0 e um ângulo final de 2*PI. Por sorte, a classe Math fornece uma constante Math.PI que é o valor de PI (com a precisão de muitas casas decimais, conforme necessário), portanto, dentro do código nós escrevemos 2*Math.PI. Se quisermos especificar um arco que seja a metade de um círculo, utilizamos Math.PI, ao passo que um ângulo reto (de 90 graus) será .5*Math.PI.

O método do arco requer mais um argumento, `direction`. Como nós estamos desenhando estes arcos? Pense nos movimentos das mãos sobre a face de um relógio. Em HTML5, o sentido horário é a direção falsa, e o sentido anti-horário é a direção verdadeira. (Não perguntem por quê. Esse é simplesmente a maneira como está especificada no HTML5.) Eu uso os valores embutidos do JavaScript verdadeiro e falso. Isso será importante quando precisarmos desenhar arcos que não sejam círculos integrais. A natureza do problema particular prescreve como você define os ângulos se você precisar desenhar arcos que não sejam círculos completos.

Aqui estão alguns exemplos, com os códigos completos, para você criar (utilizando TextPad ou TextWrangler) e depois variar para testar o seu entendimento. O primeiro desenha um arco, que representa um sorriso.

```
<html>
<head>
<title>Smile</title>
<script>
function init() {
    var ctx =document.getElementById("canvas").getContext('2d');
    ctx.beginPath();
    ctx.strokeStyle = "rgb(200,0,0)";
    ctx.arc(200, 200,50,0,Math.PI, false);
    ctx.stroke();
}
</script>
</head>
<body>
<body onLoad="init();">
<canvas id="canvas" width="400" height="300">
O seu navegador não suporta o elemento canvas do HTML5.
</canvas>
</body>
</html>
```

A Figura 2-6 mostra um pedaço da tela com o arco produzido por este código.

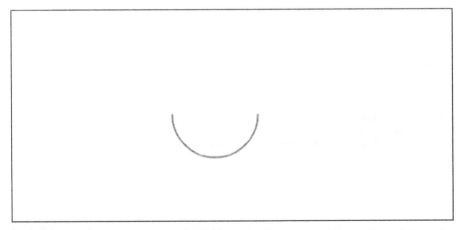

Figura 2-6. O "sorriso" produzido pela expressão ctx.arc(200,200,50,0,Math. PI, false);

48   O Guia Essencial do HTML5

Você pode olhar adiante para as Figuras 2-11, 2-12 e 2-13 nas quais capturei mais de uma tela para ver o posicionamento do desenho. Por favor, varie os números em seu próprio exemplo para que você possa ganhar em compreensão de como funcionam os sistemas de coordenadas e também sobre o tamanho de um pixel.

Antes de continuarmos, para ver o olhar franzino, tente fazer o arco mais alto ou mudar a cor. Depois tente mover todo o arco para cima, para baixo, para a esquerda, e para a direita. Sugestão: você precisa alterar a linha

```
ctx.arc(200, 200,50,0,Math.PI, false);
```

Altere o 200,200 para redefinir o centro do círculo e o 50 para alterar o raio.

Agora, vamos continuar com outras variações. Pegue cada um deles e faça experiências com eles. Modifique o último parâmetro do método arc para verdadeiro:

```
ctx.arc(200,200,50,0,Math.PI,true);
faz o arco ir para a direção anti-horário. O Código completo é:
<html>
    <head>
        <title>Frown</title>
<script type="text/javascript">
function init() {
    var ctx =document.getElementById("canvas").getContext('2d');
    ctx.beginPath();
    ctx.strokeStyle = "rgb(200,0,0)";
    ctx.arc(200, 200,50,0,Math.PI, true);
    ctx.stroke();
}
</script>
</head>

<body>
<body onLoad="init();">
<canvas id="canvas" width="400" height="300">
Your browser doesn't support the HTML5 element canvas.
</canvas>

</body>
</html>
```

Note que eu também modifiquei o título. Este código produz a tela mostrada na Figura 2-7.

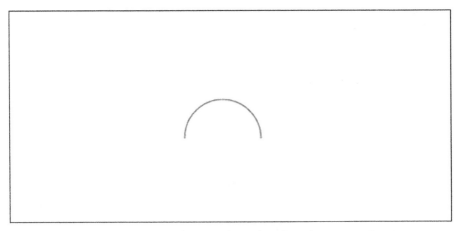

Figura 2-7. *O "olhar franzino" produzido pela expressão* ctx.
arc(200,200,50,0,Math.PI, true);

Colocando dentro da declaração para fechar o caminho antes do stroke (contorno):

```
ctx.closePath();
ctx.stroke();
```

No exemplo do olhar franzino, o arco é fechado. O código completo é:

```
<html>
   <head>
      <title>Frown</title>
<script type="text/javascript">
function init() {
   var ctx =document.getElementById("canvas").getContext('2d');
   ctx.beginPath();
   ctx.strokeStyle = "rgb(200,0,0)";
   ctx.arc(200, 200,50,0,Math.PI, true);
   ctx.closePath();
   ctx.stroke();
}
</script>
</head>

<body>
<body onLoad="init();">
<canvas id="canvas" width="400" height="300">
Your browser doesn't support the HTML5 element canvas.
```

```
</canvas>
</body>
</html>
```

Este código produz a tela mostrada na Figura 2-8.

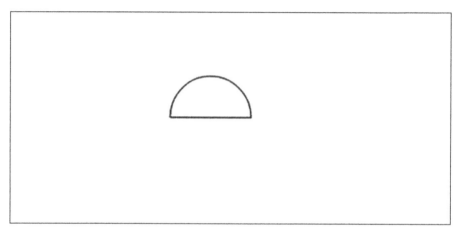

Figura 2-8. *O olhar franzino se torna um meio-círculo adicionando ctx. closePath(); antes de ctx.stroke();*

O comando `closePath` não é sempre necessário, mas é boa prática incluí-lo. Faça experimentos aqui e também olhe adiante o desenho do estilingue do Capítulo 5 e o desenho da Figura do Jogo da Forca do Capítulo 9. Se você quiser preencher o caminho, utilize `ctx.fill()` no lugar de `ctx.stroke()`, o qual produz uma figura negra preenchida como é mostrada na Figura 2-9. O código completo é

```
<html>
   <head>
      <title>Smile</title>
<script type="text/javascript">
function init() {
   var ctx =document.getElementById("canvas").getContext('2d');
   ctx.beginPath();
   ctx.strokeStyle = "rgb(200,0,0)";
   ctx.arc(200, 200,50,0,Math.PI, false);
   ctx.closePath();
   ctx.fill();
}
```

```
</script>
</head>

<body>
<body onLoad="init();">
<canvas id="canvas" width="400" height="300">
Your browser doesn't support the HTML5 element canvas.
</canvas>

</body>
</html>
```

Preto é a cor default.

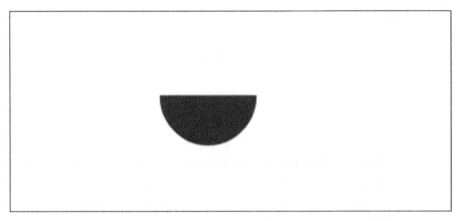

Figura 2-9. *Preenchendo o meio círculo usando ctx.fill()*

Se você quiser que uma figura seja preenchida e tenha um contorno definido, utilize tanto o comando fill como o comando stroke e especifique cores diferentes usando as propriedades fillStyle e strokeStyle. O esquema de cores se baseia nos mesmos códigos vermelho/verde/azul apresentados no Capítulo 1. Você pode experimentar ou usar uma ferramenta tal como Photoshop ou Paint Shop Pro para obter as cores que quiser. Eis aqui o código completo:

```
<html>
    <head>
        <title>Smile</title>
<script type="text/javascript">
```

```
function init() {
  var ctx =document.getElementById("canvas").getContext('2d');
  ctx.beginPath();
  ctx.strokeStyle = "rgb(200,0,0)";
  ctx.arc(200, 200,50,0,Math.PI, false);
  ctx.fillStyle = "rgb(200,0,200)";
  ctx.closePath();
  ctx.fill();
  ctx.strokeStyle="rgb(255,0,0)";
  ctx.lineWidth=5;
  ctx.stroke();
}
</script>
</head>

<body>
<body onLoad="init();">
<canvas id="canvas" width="400" height="300">

O seu navegador não suporta o elemento canvas do HTML5.

</canvas>

</body>
</html>
```

Este código produz um meio círculo preenchido com a cor púrpura (uma combinação de vermelho e azul), com um stroke, isto é, um contorno de vermelho intenso como mostrado na Figura 2-10. Os códigos especificam um caminho, desenham o caminho como um preenchimento, e depois, como um stroke.

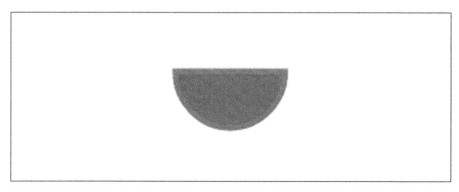

Figura 2-10. *Usando fill e stroke em cores diferentes.*

Um círculo completo é produzido por muitos comandos diferentes, incluindo:

```
ctx.arc(200,200,50,0, 2*Math.PI, true);
ctx.arc(200,200,50, 0, 2*Math.PI, false);
ctx.arc(200,200,50, .5*Math.PI, 2.5*Math.PI, false);
```

Você pode também colar o primeiro – ele é tão bom como qualquer outro. Note que eu ainda estou usando o comando closePath. Um círculo pode ser uma figura fechada em termos geométricos, mas isso não importa em termos de JavaScript.

Se você pensar no elemento canvas como uma tela na qual você coloca alguma tinta ou pintura, perceberá que vai precisar apagar a tela ou parte apropriada dela para desenhar algo de novo. Para fazer isto, o HTML5 fornece o comando

```
ctx.clearRect(x,y,width,height);
```

Exemplos posteriores mostram como desenhar um estilingue (Capítulo 4), polígonos para o Jogo da Memória/concentração (Capítulo 5), paredes para o labirinto (Capítulo 7), e a figura de varetas da Forca (Capítulo 9). Agora vamos retornar para o que precisamos, para o Jogo de Dados.

Exibindo Saída de Textos Utilizando um Formulário

É possível escrever texto em telas (ver Capítulo 5), mas para o aplicativo do Jogo de Dados, eu escolhi usar um formulário, um elemento tanto das versões antigas de HTML como das atuais. Eu não utilizo o formulário para entradas do jogador, mas utilizo para informações de saídas dos resultados do lançamento dos dados. A especificação do HTML5 indica novas maneiras para definir formulários, incluindo verificação ou validação do tipo e da faixa de entradas. O aplicativo do próximo capítulo demonstra validação.

Eu usei o seguinte HTML para produzir o formulário para o Jogo de Dados:

```
<form name="f">
Stage: <input name="stage" value="First Throw"/>
Point: <input name="pv" value=" "/>
Outcome: <input name="outcome" value=" "/>
</form>
```

O formulário começa com um atributo de nome. Os textos `Stage:`, `Point:`, e `Outcome:` aparecem próximos aos campos de entrada. As tags de entrada – observe que estas são tags `singleton` – possuem tanto campos de nome como de valor. Estes nomes serão usados pelo código JavaScript. Você pode colocar qualquer HTML dentro de um formulário e um formulário dentro de qualquer HTML.

Como o Jogo de Dados utiliza o novo elemento `button`, eu simplesmente adicionei o elemento `form` com os campos usados para exibir informação para o jogador, sem incluir um elemento de entrada do tipo `submit`. Alternativamente, eu poderia ter usado um formulário padrão com um campo de entrada `submit` (eliminando a necessidade de um novo elemento `button`) com o seguinte código:

```
<form name="f" onSubmit="throwdice();">
Stage: <input type="text" name="stage" value="First Throw"/>
Point: <input type="text" name="pv" value=" "/>
Outcome: <input type="text" name="outcome" value=" "/>
<input type="submit" value="THROW DICE"/>
</form>
```

O elemento de entrada do tipo `submit` produz um botão na tela. Estes são todos os conceitos de que precisaremos para construir o aplicativo do Jogo de Dados. Podemos agora seguir adiante e codificá-lo.

Construindo o Aplicativo e Fazendo suas Modificações

Você já deve ter tentado usar construções do HTML5, da CSS e do JavaScript descritas neste capítulo dentro de pequenos exemplos. Sugestão: por favor, faça isso. A única maneira de aprender é fazer os seus próprios exemplos. Como uma maneira de construir o aplicativo do Jogo de Dados, vamos olhar agora três aplicativos:

- Lançando um único dado e recarregando para lançá-lo novamente.
- Lançando dois dados usando um botão.
- O jogo completo dos dados.

A Figura 2-11 mostra uma possível tela de abertura para o primeiro aplicativo. Digo possível porque ela não será sempre um 4. Eu deliberadamente capturei esta tela para mostrar praticamente toda a janela, portanto, você poderá ver onde o desenho está localizado na tela.

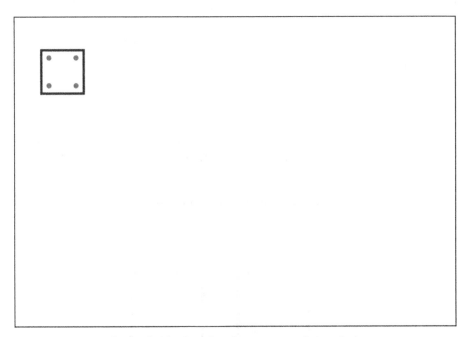

Figura 2-11. *O aplicativo com um único dado.*

A Figura 2-12 mostra a tela de abertura do aplicativo para lançamento de um par de dados. Tudo o que aparece é o botão.

Figura 2-12. *A tela de abertura do aplicativo para o par de dados.*

Por último, a Figura 2-13 mostra a tela depois que o jogador clica o botão.

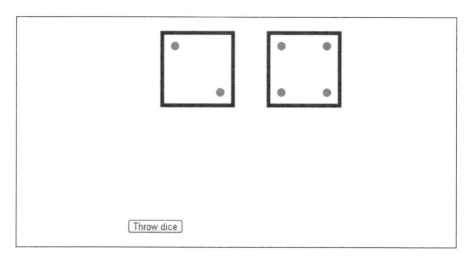

Figura 2-13. *Clicando o botão para lançar o par de dados.*

Jogo de Dados 57

É uma boa técnica construir o seu aplicativo em etapas incrementais. Estes aplicativos são construídos utilizando-se um editor de texto, tal como TextPad ou TextWrangler. Lembre-se de salvar o arquivo como tipo .html – e faça isso cedo, e com frequência. Você não precisa terminar antes de salvar. Quando terminar o primeiro aplicativo e tendo-o salvo e testado, pode salvá-lo mais uma vez usando um novo nome e depois fazendo as modificações para esta nova cópia que vai ser o segundo aplicativo. Faça o mesmo para o terceiro aplicativo.

Lançando um Único Dado

O propósito deste primeiro aplicativo é exibir uma face aleatória do dado sobre a tela, com círculos posicionados de um modo padrão.

Para qualquer aplicativo, existem geralmente muitas metodologias que poderiam funcionar. Percebi que eu poderia obter uma tarefa dupla com alguns deste códigos, porque o padrão para a face com três dados poderia ser feito combinando os padrões 2 e 1. De modo similar, o padrão para 5 seria uma combinação de 4 e 1. O padrão para 6 é a combinação daquele para 4 e alguma coisa exclusiva. Eu poderia ter colocado todos os códigos dentro da função init ou utilizado uma função drawface exclusiva. Em qualquer caso, isto fazia sentido para mim, então programei e fiz as correções com bastante velocidade. A Tabela 2-1 lista todas as funções e indicam quem chama quem. A Tabela 2-2 mostra o código completo, explicando o que faz cada linha.

Tabela 2-1. Funções dentro do Aplicativo do Lançamento com um Único Dado

Função	Invocada por / Chamada por	Chamadas
Init	Invocada pela ação do onLoad dentro da tag <body>	drawface
drawface	Chamada de init	draw1, draw2, draw4, draw6, draw2mid
draw1	chamada de drawface em 3 lugares para 1, 3 e 5	
draw2	chamada de drawface em 2 faces para 2 e 3	
draw4	chamada de drawface em 3 lugares para 4, 5 e 6	
draw2mid	chamada de drawface em 1 lugar para 6	

Tabela 2-2. O Código Completo para o Aplicativo de Lançamento com um Único Dado

Código	Explicação
`<html>`	Abrindo a tag `html`
`<head>`	Abrindo a tag `head`
`<title>Throwing 1 die</title>`	Elemento `title` completo
`<script>`	Abrindo a tag `script`
`var cwidth = 400;`	Variável contendo a largura da tela; também usada para apagar a tela para se preparar para o redesenho
`var cheight = 300;`	Variável contendo a altura da tela; também usada para apagar a tela preparando para o redesenho
`var dicex = 50;`	Variável contendo a posição horizontal do único dado
`var dicey = 50;`	Variável contendo a posição vertical do único dado
`var dicewidth = 100;`	Variável contendo a largura da face do dado
`var diceheight = 100;`	Variável contendo a altura da face do dado
`var dotrad = 6;`	Variável contendo o raio de um ponto
`var ctx;`	Variável contendo o contexto da tela, usado em todos os comandos `draw`
`function init() {`	Início da definição da função para a função `init`, a qual é invocada pelo `onLoad` do documento
`var ch = 1+Math.floor(Math.↵random()*6);`	Declara e define o valor da variável `ch` para ser randomicamente o número 1, 2, 3, 4, 5, ou 6
`drawface(ch);`	Invoca a função drawface com o parâmetro `ch`
`}`	Definição da função de finalização
`function drawface(n) {`	Início da definição da função para a função do drawface, cujo argumento é o número de pontos
`ctx = document.getElementById('canvas').↵getContext('2d');`	Obtém o objeto que é usado para desenhar sobre a tela
`ctx.lineWidth = 5;`	Define a largura da linha para 5
`ctx.clearRect(dicex,dicey,dicewidth,↵diceheight);`	Limpa o espaço onde a face do dado pode ter sido desenhada. Isto não tem efeito quando da primeira vez
`ctx.strokeRect(dicex,dicey,dicewidth,↵diceheight)`	Desenha o contorno da face do dado
`ctx.fillStyle = "#009966";`	Define a cor para os círculos. Eu usei um programa gráfico para determinar este valor. Você pode fazer isso, ou experimentar
`switch(n) {`	Inicia o `switch` usando o número de pontos
`case 1:`	Se for 1
`Draw1();`	Chame a função draw1

Jogo de Dados

Código	Explicação
break;	Interrupção do switch
case 2:	Se for 2
Draw2();	Chame a função draw2
break;	Interrupção do switch
case 3:	Se for 3
draw2();	Chame primeiro draw2 e depois
draw1();	Chame draw1
break;	Interrupção do switch
case 4:	Se for 4
draw4();	Chame a função draw4
break;	Interrupção do switch
case 5:	Se for 5
draw4();	Chame primeiro draw4 e depois
draw1();	Chame a função draw1
break;	Interrupção do switch
case 6:	Se for 6
draw4();	Chame primeiro draw4 e depois
draw2mid();	Chame a função draw2mid
break;	Interrupção do switch (não estritamente necessária)
}	Fechamento da declaração do switch
}	Fecha a função drawface
function draw1() {	Início da definição de draw1
var dotx;	Variável a ser usada para a posição horizontal para desenhar o ponto único
var doty;	Variável a ser usada para a posição vertical para desenhar o ponto único
ctx.beginPath();	Início do caminho
dotx = dicex + .5*dicewidth;	Coloque o centro deste ponto para ficar no centro da face do dado horizontalmente e
doty = dicey + .5*diceheight;	... verticalmente
ctx.arc(dotx,doty,dotrad,0,Math.PI*2,true);	Construa um círculo (o qual é desenhado com o comando fill)
ctx.closePath();	Fechamento do caminho
ctx.fill();	Desenha o caminho, isto é, preenche o círculo
}	Fechar draw1
function draw2() {	Início da função draw2

60 O Guia Essencial do HTML5

Código	Explicação
var dotx;	Variável a ser usada para a posição horizontal para desenhar os dois pontos
var doty;	Variável a ser usada para a posição vertical para desenhar os dois pontos
ctx.beginPath();	Iniciar um caminho
dotx = dicex + 3*dotrad;	Definir o centro deste ponto como sendo 3 raios de comprimento acima a partir do canto superior da face do dado, horizontalmente e
doty = dicey + 3*dotrad;	... verticalmente
ctx.arc(dotx,doty,dotrad,0,Math.PI*2,true);	Construir o primeiro ponto
dotx = dicex+dicewidth-3*dotrad;	Definir o centro deste ponto como sendo 3 raios de comprimento interno a partir do canto inferior da face do dado, horizontalmente e
doty = dicey+diceheight-3*dotrad;	... verticalmente
ctx.arc(dotx,doty,dotrad,0,Math.PI*2,true);	Construir o segundo ponto
ctx.closePath();	Fechar o caminho
ctx.fill();	Desenhar ambos os pontos
}	Fechar draw2
function draw4() {	Início da função draw4
var dotx;	Variável a ser usada para a posição horizontal para desenhar os pontos
var doty;	Variável a ser usada para a posição vertical para desenhar os pontos
ctx.beginPath();	Iniciar caminho
dotx = dicex + 3*dotrad;	Posição do primeiro ponto dentro do canto superior esquerdo, horizontalmente e
doty = dicey + 3*dotrad;	...verticalmente
ctx.arc(dotx,doty,dotrad,0,Math.PI*2,true);	Construir o círculo
dotx = dicex+dicewidth-3*dotrad;	Posição do segundo ponto para estar dentro do canto inferior direito, horizontalmente e
doty = dicey+diceheight-3*dotrad;	... verticalmente
ctx.arc(dotx,doty,dotrad,0,Math.PI*2,true);	Construir pontos
ctx.closePath();	Fechar caminho
ctx.fill();	Desenhar dois pontos
ctx.beginPath();	Iniciar caminho
dotx = dicex + 3*dotrad;	Posicione este ponto dentro do canto inferior esquerdo, horizontalmente e

Jogo de Dados **61**

Código	Explicação
`doty = dicey + diceheight-3*dotrad;`	... verticalmente. (note que este é o mesmo valor de y usado a pouco)
`ctx.arc(dotx,doty,dotrad,0,Math.`↪`PI*2,true);`	Construir círculo
`dotx = dicex+dicewidth-3*dotrad;`	Posicionar este ponto bem dentro do canto superior esquerdo, horizontalmente e
`doty = dicey+ 3*dotrad;`	... verticalmente
`ctx.arc(dotx,doty,dotrad,0,Math.`↪`PI*2,true);`	Construir círculo
`ctx.closePath();`	Fechar caminho
`ctx.fill();`	Desenhar 2 pontos
`}`	Fechar função `draw4`
`function draw2mid() {`	Iniciar função `draw2mid`
`var dotx;`	Variável a ser usada para a posição horizontal para desenhar os dois pontos
`var doty;`	Variável a ser usada para a posição vertical para desenhar os dois pontos
`ctx.beginPath();`	Iniciar caminho
`dotx = dicex + 3*dotrad;`	Posicionar os pontos para ficar bem dentro horizontalmente
`doty = dicey + .5*diceheight;`	E centralizados verticalmente
`ctx.arc(dotx,doty,dotrad,0,Math.`↪`PI*2,true);`	Construir círculo
`dotx = dicex+dicewidth-3*dotrad;`	Posicionar este ponto para ficar bem dentro da borda direita
`doty = dicey + .5*diceheight; //no change`	Posicionar y centralizando
`ctx.arc(dotx,doty,dotrad,0,Math.`↪`PI*2,true);`	Construir círculo
`ctx.closePath();`	Fechar caminho
`ctx.fill();`	Desenhar pontos
`}`	Fechar função `draw2mid`
`</script>`	Fechar elemento `script`
`</head>`	Fechar elemento `head`
`<body onLoad="init();">`	Iniciando a tag body, com o atributo `onLoad` definido para invocar a função `init()`
`<canvas id="canvas" width="400" height="300">`	
`Your browser doesn't support the HTML5`↪ `element canvas.`	

Código	Explicação
</canvas>	Configurar canvas e fornecer uma observação se o navegador não aceitar o elemento canvas
</body>	
</html>	Fechar os elementos html body e close

Se preferir, você pode colocar comentários dentro do seu código. Comentários são pedaços de textos que são ignorados pelo navegador, mas ficam lá para lembrá-lo e, talvez, lembrar a outros que irão ver este programa mais tarde, sobre o que está acontecendo. Uma forma de comentário começa com duas barras em uma linha. Tudo que estiver à direita das barras é ignorado. Para comentários maiores, você usa uma barra e um asterisco para iniciar o comentário e um asterisco e uma barra para finalizá-lo.

```
/*
Isto é um comentário.
*/
```

Este é um caso de fazer como eu digo, e não como eu faço, Na medida em que estou usando tabelas para inserir comentários em todas as linhas, você pode considerar o capítulo inteiro com um comentário, mas eu não incluí comentários dentro do código. Todavia, você deveria.

Sugestão: quando estiver desenvolvendo este código (ou qualquer código que envolva um efeito randômico), e não quiser ter de fazer os testes iniciais com a codificação randômica, logo depois da linha

```
var ch = 1+Math.floor(Math.random()*6);
 coloque a linha
ch = 1;
e o teste; depois, altere para
ch = 2;
```

e assim por diante. Eu removeria esta linha (ou faria a um comentário usando //), quando tivesse terminado esta fase de testes. Este é um conselho de caráter geral, para evitar ter de executar o jogo, com toda a sua complexidade, enquanto você ainda o está desenvolvendo.

Lançando Dois Dados

O próximo aplicativo utiliza um botão para dar ao jogador algo para fazer em vez de apenas recarregar a página Web, e ele também simula o lançamento de um par de dados. Antes de dar uma olhada nos códigos, pense sobre o que você aprendeu com este primeiro aplicativo. A resposta é: o máximo que puder. Este segundo aplicativo precisará fazer alguma coisa a respeito do posicionamento das duas faces dos dados, usando mais duas variáveis para isso, dx e dy. Ele também vai precisar repetir os códigos usando Math.random e chamando drawface duas vezes para produzir as duas faces dos dados. E é preciso haver uma modificação no tópico que chama um lançamento. A Tabela 2-3, a qual descreve as funções chamando e sendo chamadas é essencialmente a mesma que a Tabela 2-1, exceto que agora existe uma função chamada throwdice, a qual é invocada por uma ação definida pelo atributo onClick da tag button. A Tabela 2-4 contém o documento HTML completo para o aplicativo de lançamento de dois dados.

Tabela 2-3. Funções dentro do Aplicativo com Dois Dados

Função	Invocada por / Chamada por	Chamadas
throwdice	Invocada pela ação do onClick da tag <button>	drawface
drawface	Chamada por init	draw1, draw2, draw4, draw6, draw2mid
draw1	chamada por drawface em 3 lugares para 1, 3 e 5	
draw2	chamada por drawface em 2 faces para 2 e 3	
draw4	chamada por drawface em 3 lugares para 4, 5 e 6	
draw2mid	chamada por drawface em 1 lugar para 6	

Tabela 2-4. O Aplicativo completo dos Dois Dados

Código	Explicação
<html>	Abrindo a tag html
<head>	Abrindo a tag head
<title>Throwing dice</title>	O elemento title completo
<script>	Abrindo a tag script

64   O Guia Essencial do HTML5

Código	Explicação
var cwidth = 400;	Variável contendo a largura da tela
var cheight = 300;	Variável contendo a altura da tela; também usada para apagar a tela, preparando-a para o redesenho
var dicex = 50;	Variável contendo a posição horizontal do único dado; para apagar a tela, preparando-a para o redesenho
var dicey = 50;	Variável contendo a posição vertical do único dado
var dicewidth = 100;	Variável contendo a largura da face do dado
var diceheight = 100;	Variável contendo a altura da face do dado
var dotrad = 6;	Variável contendo o raio de um ponto
var ctx;	Variável contendo o contexto da tela, usada em todos os comandos draw
var dx;	Variável usada para posicionamento horizontal modificada para cada uma das duas faces do dado
var dy;	Variável usada para posicionamento vertical. É a mesma para ambas as faces do dado.
function throwdice() {	Início da função throwdice
var ch = 1+Math.floor(Math.random()*6);	Declarar a variável ch e depois a defina com um valor randômico.
dx = dicex;	Definir dx para a primeira face do dado.
dy = dicey;	Definir dy para a segunda face do dado.
drawface(ch);	Invocar drawface com ch como o número de pontos.
dx = dicex + 150;	Ajustar dx para a segunda face do dado.
ch=1 + Math.floor(Math.random()*6);	Redefinir ch com um valor randômico.
drawface(ch);	Invocar drawface com ch como o número de pontos.
}	Fechar função throwdice.
function drawface(n) {	Início da definição de função para a função drawface, cujo argumento é o número de pontos.
ctx = document.getElementById('canvas')↵ .getContext('2d');	Obtém o objeto que é usado para ser desenhado sobre a tela.
ctx.lineWidth = 5;	Define a largura da linha para 5.
ctx.clearRect(dx,dy,dicewidth,diceheight);	Limpa o espaço onde a face do dado pode ter sido desenhada. Isto não tem efeito quando executado pela primeira vez.
ctx.strokeRect(dx,dy,dicewidth,diceheight)	Desenha o contorno da face do dado.
var dotx;	Variável para conter a posição horizontal.
var doty;	Variável para conter a posição vertical
ctx.fillStyle = "#009966";	Definir cor

Jogo de Dados

Código	Explicação
switch(n) {	Iniciar o switch usando o número de pontos
case 1:	Se for 1
draw1();	Chamar a função draw1
break;	Interrupção do switch
Case 2:	Se for 2
draw2();	Chamar a função draw2
break;	Interrupção do switch
Case 3:	Se for 3
draw2();	Primeiro chamar a função draw2 e depois
draw1();	Chamar draw1
break;	Interrupção do switch
Case 4:	Se for 4
draw4();	Chamar a função draw4
break;	Interrupção do switch
Case 5:	Se for 5
draw4();	Chamar a função draw4 e depois
draw1();	Chamar a função draw1 function
break;	Interrupção do switch
Case 6:	Se for 6
draw4();	Chamar a função draw4 e depois
draw2mid();	Chamar a função draw2mid
Código	Explicação
break;	Interrupção do switch (não estritamente necessária)
}	Fechar a declaração switch
}	Fechar a função drawface
function draw1() {	Início da definição de draw1
var dotx;	Variável a ser usada para a posição horizontal para desenhar o ponto único
var doty;	Variável a ser usada para a posição vertical para desenhar o ponto único
ctx.beginPath();	Iniciar um caminho
dotx = dx + .5*dicewidth;	Definir o centro deste ponto para ficar no centro da face do dado (usando dx) horizontalmente e
doty = dy + .5*diceheight;	... (usando dy) verticalmente
ctx.arc(dotx,doty,dotrad, ↪ 0,Math.PI*2,true);	Construir um círculo (ele é desenhado com o comando fill)

66 O Guia Essencial do HTML5

Código	Explicação
ctx.closePath();	Fechar o caminho
ctx.fill();	Desenhar o caminho, isto é, o círculo
}	Fechar draw1
function draw2() {	Início da função draw2
var dotx;	Variável a ser usada para a posição horizontal para desenhar os dois pontos.
var doty;	Variável a ser usada para a posição vertical para desenhar os dois pontos
ctx.beginPath();	Iniciar um caminho
dotx = dx + 3*dotrad;	Definir o centro deste ponto como sendo 3 raios de comprimento acima a partir do canto superior da face do dado, horizontalmente e
doty = dy + 3*dotrad;	... verticalmente
Código	Explicação
ctx.arc(dotx,doty,dotrad,0,Math↪.PI*2,true);	Construir o primeiro ponto
dotx = dx+dicewidth-3*dotrad;	Definir o centro deste ponto como sendo 3 raios de comprimento internos a partir do canto inferior da face do dado, horizontalmente e
doty = dy+diceheight-3*dotrad;	... verticalmente
ctx.arc(dotx,doty,dotrad,0,Math.↪PI*2,true);	Construir o segundo ponto
ctx.closePath();	Fechar o caminho
ctx.fill();	Desenhar ambos os pontos
}	Fechar draw2
function draw4() {	Início da função draw4
var dotx;	Variável a ser usada para a posição horizontal para desenhar os pontos.
var doty;	Variável a ser usada para a posição vertical para desenhar os pontos.
ctx.beginPath();	Iniciar caminho
dotx = dx + 3*dotrad;	Posicionar o primeiro ponto dentro do canto superior esquerdo, horizontalmente e
doty = dy + 3*dotrad;	...verticalmente
ctx.arc(dotx,doty,dotrad,0,Math.↪PI*2,true);	Construir o círculo
dotx = dx+dicewidth-3*dotrad;	Posicionar o segundo ponto para ficar dentro do canto inferior direito, horizontalmente e

Jogo de Dados   **67**

Código	Explicação
doty = dy+diceheight-3*dotrad;	... verticalmente
ctx.arc(dotx,doty,dotrad,0,Math.↪ PI*2,true);	Construir pontos
Código	Explicação
ctx.closePath();	Fechar caminho
ctx.fill();	Desenhar 2 pontos
ctx.beginPath();	Iniciar caminho
dotx = dx + 3*dotrad;	Posicionar este ponto dentro do canto inferior esquerdo, horizontalmente e
doty = dy + diceheight-3*dotrad;↪ //no change	... verticalmente (note que este é o mesmo valor de y usado a pouco)
ctx.arc(dotx,doty,dotrad,0,Math.↪ PI*2,true);	Construir círculo
dotx = dx+dicewidth-3*dotrad;	Posicionar este ponto bem dentro do canto superior esquerdo, horizontalmente e
doty = dy+ 3*dotrad;	... verticalmente
ctx.arc(dotx,doty,dotrad,0,Math.↪ PI*2,true);	Construir círculo
ctx.closePath();	Fechar caminho
ctx.fill();	Desenhar 2 pontos
}	Fechar função draw4
function draw2mid() {	Iniciar função draw2mid
var dotx;	Variável a ser usada para a posição horizontal para desenhar os dois pontos
var doty;	Variável a ser usada para a posição vertical para desenhar os dois pontos
ctx.beginPath();	Iniciar caminho
dotx = dx + 3*dotrad;	Posicionar os pontos para ficar bem dentro horizontalmente
doty = dy + .5*diceheight;	e centralizados verticalmente
Código	Explicação
ctx.arc(dotx,doty,dotrad,0,Math.↪ PI*2,true);	Construir círculo
dotx = dx+dicewidth-3*dotrad;	Posicionar este ponto para ficar bem dentro do canto direito
doty = dy + .5*diceheight;↪ //no change	Posicionar y centralizando

Código	Explicação
`ctx.arc(dotx,doty,dotrad,0,Math.PI*2,true);`	Construir círculo
`ctx.closePath();`	Fechar caminho
`ctx.fill();`	Desenhar pontos
`}`	Fechar função draw2mid
`</script>`	Fechar elemento script
`</head>`	Fechar elemento head
`<body>`	Iniciando tag body
`<canvas id="canvas" width="400" height="300">`	Iniciar tag canvas
`Your browser doesn't support the HTML5 element canvas.`	Configurar canvas e fornecer comentário se o navegador não aceitar o elemento canvas
`</canvas>`	Fechar tag canvas
` `	Interrupção de linha
`<button onClick="throwdice();">Throw dice </button>`	Elemento button (observe definição do atributo onClick para invocar throwdice)
`</body>`	Fechar tag body
`</html>`	Fechar tag html

O Jogo de Dados Completo

O terceiro aplicativo é o Jogo de Dados completo. Novamente, muito pôde ser aprendido com o aplicativo anterior, contudo, agora nós precisamos acrescentar dentro das regras do jogo. Entre outras coisas, isto significa usar as declarações condicionais `if` e `switch`, bem como as variáveis globais, isto é, variáveis definidas fora de qualquer definição de função para manter o rastreamento, se é ou não a primeira vez (`firstturn`) e qual é a pontuação do jogador. A tabela da funções é idêntica àquela dada para o segundo aplicativo (Tabela 2-3), portanto, não vou repeti-la. A Tabela 2-5 contém o código para este aplicativo. A nova ação está toda ela dentro da função throwdice. Eu comentarei as novas linhas.

Tabela 2-5. O Aplicativo Completo do Jogo de Dados

Código	Explicação
`<html>`	
`<head>`	

Jogo de Dados   69

Código	Explicação
`<title>Craps game</title>`	
`<script>`	
`var cwidth = 400;`	
`var cheight = 300;`	
`var dicex = 50;`	
`var dicey = 50;`	
`var dicewidth = 100;`	
`var diceheight = 100;`	
`var dotrad = 6;`	
`var ctx;`	
`var dx;`	
`var dy;`	
`var firstturn = true;`	Variável global, inicializada para o valor verdadeiro
`var point;`	Variável global, não precisa ser inicializada porque ela será definida antes de usar
`function throwdice() {`	Início da função `throwdice`
`  var sum;`	Variável para conter a soma dos valores para os 2 dados
`  var ch = 1+Math.floor(Math.random()*6);`	Definir `ch` com o primeiro valor randômico
`  sum = ch;`	Atribuir isto para somar
`  dx = dicex;`	Definir `dx`
`  dy = dicey;`	definir `dy`
`  drawface(ch);`	Desenhar a primeira face do dado
`  dx = dicex + 150;`	Ajustar a posição horizontal
`  ch=1 + Math.floor(Math.random()*6);`	Definir `ch` com um valor randômico. Esta é a mesma para o segundo dado.
`  sum += ch;`	Adicionar `ch` para o que já está na soma
`  drawface(ch);`	Desenhar o segundo dado
`  if (firstturn) {`	Iniciar agora a implementação das regras. É essa a primeira vez?
`    switch(sum) {`	Se for, iniciar uma `switch` com soma como condição
`      case 7:`	Para 7
`      case 11:`	.. ou 11
`        document.f.outcome.value="You win!";`	Mostrar: "Você ganhou!"

70   O Guia Essencial do HTML5

Código	Explicação
break;	Sair do switch
case 2:	Para 2,
case 3:	.. ou 3
case 12:	.. ou 12
document.f.outcome.value="You lose!";	Mostrar: "Você perdeu!"
break;	Sair do switch
default:	Para qualquer coisa
point = sum;	Salvar a soma no ponto da variável
document.f.pv.value=point;	Mostrar o valor da pontuação
firstturn = false;	Definir firstturn para falso
document.f.stage.value="Need follow-up throw.";	Exibir "Precisa de lançamento sequencial".
document.f.outcome.value=" ";	Apagar (limpar) o campo de saída
}	Finalizar o switch
}	Finalizar a cláusula if-true
else {	Caso contrário (não é a primeira vez)
switch(sum) {	Iniciar o switch, usando novamente a soma
case point:	Se a soma for igual a qualquer coisa que estiver na pontuação
document.f.outcome.value="You win!";	Mostrar Você ganhou!
document.f.stage.value="Back to first throw.";	Exibir Voltar para o primeiro lançamento
document.f.pv.value=" ";	Limpar o valor da pontuação
firstturn = true;	Redefinir firstturn de modo que seja verdadeiro novamente
break;	Sair do switch
case 7:	Se a soma for igual a 7
document.f.outcome.value="You lose!";	Mostrar Você perdeu!
document.f.stage.value="Back to first throw.";	Exibir De volta para o primeiro lançamento
document.f.pv.value=" ";	Limpar o valor de pontuação
firstturn = true;	Redefinir firstturn de modo que seja verdadeira novamente
}	Fechar o switch
}	Fechar a cláusula else
}	Fechar a função throwdice

Jogo de Dados

Código	Explicação
function drawface(n) {	
ctx = document.getElementById('canvas').getContext('2d');	
ctx.lineWidth = 5;	
ctx.clearRect(dx,dy,dicewidth,diceheight);	
ctx.strokeRect(dx,dy,dicewidth,diceheight)	
var dotx;	
var doty;	
ctx.fillStyle = "#009966";	
switch(n) {	
case 1:	
draw1();	
break;	
case 2:	
draw2();	
break;	
case 3:	
draw2();	
draw1();	
break;	
case 4:	
draw4();	
break;	
case 5:	
draw4();	
draw1();	
break;	
case 6:	
draw4();	
draw2mid();	
break;	
}	
}	
function draw1() {	
var dotx;	

Código	Explicação
var doty;	
ctx.beginPath();	
dotx = dx + .5*dicewidth;	
doty = dy + .5*diceheight;	
ctx.arc(dotx,doty,dotrad,0,Math.PI*2,true);	
ctx.closePath();	
ctx.fill();	
}	
function draw2() {	
var dotx;	
var doty;	
ctx.beginPath();	
dotx = dx + 3*dotrad;	
doty = dy + 3*dotrad;	
ctx.arc(dotx,doty,dotrad,0,Math.PI*2,true);	
dotx = dx+dicewidth-3*dotrad;	
doty = dy+diceheight-3*dotrad;	
ctx.arc(dotx,doty,dotrad,0,Math.PI*2,true);	
ctx.closePath();	
ctx.fill();	
}	
function draw4() {	
var dotx;	
var doty;	
ctx.beginPath();	
dotx = dx + 3*dotrad;	
doty = dy + 3*dotrad;	
ctx.arc(dotx,doty,dotrad,0,Math.PI*2,true);	
dotx = dx+dicewidth-3*dotrad;	
doty = dy+diceheight-3*dotrad;	
ctx.arc(dotx,doty,dotrad,0,Math.PI*2,true);	
ctx.closePath();	
ctx.fill();	
ctx.beginPath();	
dotx = dx + 3*dotrad;	

Jogo de Dados 73

Código	Explicação
doty = dy + diceheight-3*dotrad; //no change	
ctx.arc(dotx,doty,dotrad,0,Math.PI*2,true);	
dotx = dx+dicewidth-3*dotrad;	
doty = dy+ 3*dotrad;	
ctx.arc(dotx,doty,dotrad,0,Math.PI*2,true);	
ctx.closePath();	
ctx.fill();	
}	
function draw2mid() {	
var dotx;	
var doty;	
ctx.beginPath();	
dotx = dx + 3*dotrad;	
doty = dy + .5*diceheight;	
ctx.arc(dotx,doty,dotrad,0,Math.PI*2,true);	
dotx = dx+dicewidth-3*dotrad;	
doty = dy + .5*diceheight; //no change	
ctx.arc(dotx,doty,dotrad,0,Math.PI*2,true);	
ctx.closePath();	
ctx.fill();	
}	
</script>	
</head>	
<body>	
<canvas id="canvas" width="400" height="300">	
Your browser doesn't support the HTML5 element canvas.	
</canvas>	
<button onClick="throwdice();">Throw dice </button>	
<form name="f">	Inicia um formulário chamado f
Stage: <input name="stage" value="First Throw"/>	Com o texto Stage: bem antes dele, configure um campo de entrada chamado stage
Point: <input name="pv" value=" "/>	Com o texto Point: bem antes dele, configure um campo de entrada chamado pv

Código	Explicação
Outcome: <input name="outcome" value=" "/>	Com o texto Outcome: bem antes dele, configure um campo de entrada chamado outcome
</form>	Feche o formulário
</body>	Fechar body
</html>	Fechar html

Fazendo as Suas Modificações

Fazer as suas modificações não é tão fácil como com o aplicativo dos sites favoritos, porque as regras do Jogo de Dados são regras do Jogo de Dados. Todavia, existem muitas coisas que você pode fazer. Modifique o tamanho e a cor da face dos dados, usando fillRect e definindo fillStyle para cores diferentes. Altere a cor e o tamanho de toda tela. Modifique o texto para as saídas para algo mais colorido. Você também pode implementar outros jogos usando dados padrão ou exclusivos.

Você pode olhar adiante para o próximo capítulo e aprender como desenhar imagens sobre canvas em vez de desenhar cada face do dado usando arcos e retângulos. O HTML5 fornece uma maneira de trazer dentro de arquivos de imagens externas. O problema desta abordagem é que você precisa fazer o rastreamento destes arquivos em separado.

Você pode desenvolver os códigos para guardar a pontuação. Para um jogo a dinheiro, você pode iniciar o jogador com uma quantia fixa de dinheiro, por exemplo 100 de qualquer unidade monetária que preferir, e deduzir alguma quantia, digamos 10, para um jogo de diversão, e adicionar alguma quantia, digamos 20, se e somente se o jogador vencer. Você pode adicionar esta informação financeira como parte do elemento form dentro do corpo:

```
<form name="f" id="f">
Stage: <input name="stage" value="First Throw"/>
Point: <input name="pv" value=" "/>
Outcome: <input name="outcome" value=" "/>
Bank roll: <input name="bank" value="100"/>
</form>
```

JavaScript (e outras linguagens de programação) fazem distinção entre números e sequências de caracteres que representam números. Isto é, o valor "100" é uma sequência de caracteres, "1","0", e "0". O valor 100 é um número. Em ambos os casos, todavia, o valor de uma variável é armazenado como uma sequência de 1s e 0s. Para números, este será representado por um número binário. Para sequência de caracteres, cada caractere será representado usando um sistema de codificação padrão, tais como ASCII ou UNICODE. Em algumas situações, JavaScript irá fazer a conversão de um tipo de dado para outro, mas não fique na dependência disso. Os códigos que estou sugerindo utilizam funções embutidas como String e Number para fazer estas conversões.

Dentro da função throwdice, antes da declaração if(firstturn), adicione o código da Tabela 2-6 (ou alguma coisa como ele).

Tabela 2-6. Adicionando um banco para o jogador

Código	Explicação
var bank = Number(document.f.bank.value);	Define uma nova variável bank para ser o número representado pelo valor dentro do campo de entrada do banco.
if (bank<10) {	Compara banco a 10.
alert("You ran out of money! Add some more and try again.");	Se banco for menor que 10, coloque um alerta.
Return;	Sair da função sem fazer nada.
}	Fechar a cláusula if true.
bank = bank - 10;	Decrementar banco em 10. Esta linha é alcançada somente quando banco for maior que 10.
document.f.bank.value = String(bank);	Colocar a representação da sequência daquele valor no campo banco.

Depois, em cada lugar onde o jogador vence (dentro da declaração switch para uma primeira vez depois dos casos 7 e 11, ou dentro da declaração switch para uma etapa sequencial), depois do caso da pontuação, adicione o código da Tabela 2-7.

Tabela 2-7. Aumentando o valor do banco

Código	Explicação
bank = Number(document.f.bank.value);	Definir bank para ser o número representado pelo valor no campo de entrada do banco. Definir bank novamente possibilita que o jogador redefina o valor do banco no meio de um jogo.
bank +=20;	Use o operador += para incrementar o valor de bank em 20
document.f.bank.value = String(bank);	Coloque a representação da sequência de valor do banco dentro do campo bank

Quando o jogador perde, ou quando for uma etapa sequencial (follow up turn), você não adiciona nenhum código. O valor de bank diminui antes de cada nova jogada.

Testando e Fazendo o Upload do Aplicativo

Estes aplicativos estão completos dentro do arquivo HTML. Nenhum outro arquivo, tais como arquivos de imagens, são utilizados. Em vez disso, as faces dos dados são desenhadas sobre o canvas. (Para seu conhecimento, minhas versões de jogos de dados escritas em HTML mais antigos utilizavam um ou dois elementos img. Para fazer com que estes elementos fixos img mostrassem imagens diferentes, eu escrevi o código que alterava o atributo src para ser um arquivo de imagem externo diferente. Quando eu fiz o upload do aplicativo, tive de fazer o upload de todos os arquivos de imagens.)

Abra o arquivo HTML dentro do navegador. O primeiro aplicativo precisa ser recarregado para obter um novo (e único) dado. Os segundo e terceiro aplicativos (sendo o terceiro o do Jogo de Dados) utilizam um botão para rolar os dados.

Eu repito o que escrevi anteriormente. Para testar este programa, você precisa verificar os muitos casos. Você não termina quando, atuando como jogador, você é o vencedor. Problemas típicos incluem:

- Aberturas e fechamentos de tags ausentes ou incompatíveis
- Aberturas e fechamentos de chaves incompatíveis, as funções ao redor dos sinais { e }, declarações de switch, e cláusulas if.

- Ausência de aspas. A codificação das cores, disponível quando utilizamos o TextPad e alguns outros editores, podem ajudar aqui, uma vez que elas irão destacar as palavras-chave quando são reconhecidas.
- Inconsistência nas nomeações e utilizações de variáveis e de funções. Estes nomes podem ser qualquer coisa que você escolher, mas você precisa ser consistente. A função `draw2mid` não será invocada por `drawmid2()`.

Isso é tudo, sendo a última uma exceção discutível, erros de sintaxe, que são análogos aos erros de gramática e de pontuação. Um erro de semântica, que é significativo pode ser mais difícil de ser detectado. Se você escrever a segunda declaração `switch` para vencer com um 7 e perder com o valor da pontuação, você pode ter escrito o código JavaScript corretamente, mas não será o Jogo de Dados.

Não deve acontecer aqui, porque você pode copiar o meu código, mas um erro comum é se confundir com o sistema de coordenadas e pensar que valores verticais aumentam ao subir a tela ao invés de descer.

Resumo

Neste capítulo, você aprendeu como

- Declarar variáveis e usar variáveis globais para representar o estado do aplicativo
- Escrever código para desempenhar operações aritméticas
- Definir e usar funções definidas pelo programador
- Utilizar diversos recursos embutidos do JavaScript, incluindo os métodos `Math.random` e `Math.floor`
- Usar declarações `if` e `switch`
- Criar um canvas usando um elemento HTML
- Desenhar retângulos e círculos

Este capítulo apresentou um recurso-chave do HTML5, o canvas, bem como noções de randomicidade e de interatividade. Ele também apresentou muitos recursos de programação que você utilizará nos exemplos do resto deste livro. Particularmente, a técnica de construir um aplicativo em etapas é útil. O próximo capítulo irá mostrar a animação de uma bola saltando dentro de uma caixa – preparação para os jogos verdadeiros do Capítulo 4: as simulações de balística chamadas de Jogo da Bala de canhão e o estilingue.

Capítulo 3

Bola Saltitante

Neste capítulo, iremos abordar:

- A criação de objetos definidos pelo programador
- Usando setInterval para animações
- Desenhando imagens
- Entradas de formulário e validação para entradas de formulário
- Iterações for
- Desenhando com gradientes

Introdução

Animações, sejam em filmes, usando um flipbook ou geradas por computadores, envolve a exibição de uma sequência de imagens paradas rápida o bastante a ponto de interpretarmos como se estivéssemos vendo em movimento, como na vida. Neste capítulo, mostraremos como produzir cenas animadas simulando uma bola que salta dentro de uma caixa bidimensional, com velocidades horizontais e verticais que podem ser modificadas pelo jogador. A primeira iteração do nosso programa calcula novas posições para a bola em intervalos de tempo fixos e exibe o resultado, e também determina quando haveria uma colisão virtual da bola com a parede e como a bola saltaria da parede. Depois disso, veremos como você pode substituir a bola por uma imagem, e como desenhar retângulos usando

gradientes. Por último, examinaremos o recurso do HTML5 para validação de entradas do formulário. Os três exemplos são:
- Uma bola saltitante dentro de uma caixa 2-D (Figura 3-1)
- Substituir a bola por uma imagem e usar um gradiente para as paredes da caixa (Figura 3-2)
- Validar a entrada (Figura 3-3)

Nota: *O tipo de animação que nós vamos produzir chama-se animação computadorizada, na qual a posição de um objeto é recalculada por um programa de computador e o objeto é então reexibido. Isto é o oposto da animação celular (ou quadro-a-quadro), a qual utiliza imagens estáticas individuais pré-desenhadas. Os arquivos gif de animação são um exemplo de animação celular e podem ser produzidos por muitos programas gráficos. A ferramenta de autoração Flash é excelente para produzir e integrar animações computadorizadas com animação celular. Flash também possui recursos, tais como tweening, que ajudam a produzir figuras estáticas individuais.*

Você terá de imaginar a animação representada por estas imagens estáticas. Na Figura 3-1, observe o formulário com campos para definição das velocidades horizontal e vertical.

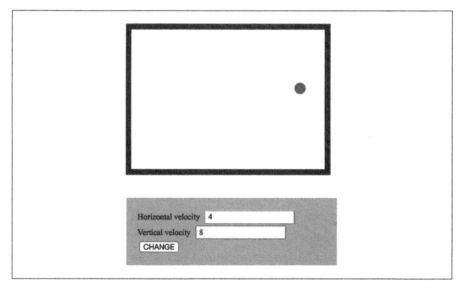

Figura 3-1. *Uma bola saltitante.*

Na Figura 3-2, a bola foi substituída por uma imagem, e as paredes são preenchidas utilizando um gradiente.

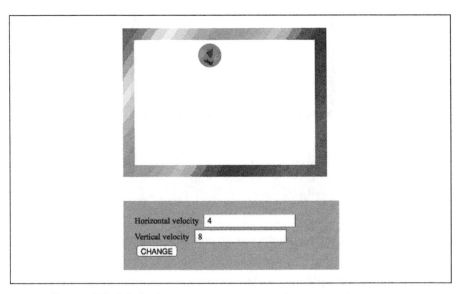

Figura 3-2 *A bola é agora uma imagem de um arquivo externo.*

O HTML5 permite que você especifique qual deveria ser a entrada. Neste exemplo, eu especifiquei que a entrada deveria ser um número e indiquei os valores máximo e mínimo. Eu usei CSS para especificar que, se um usuário fizer uma entrada inválida, a cor do campo ficará vermelha. Isto é mostrado na Figura 3-3.

82   O Guia Essencial do HTML5

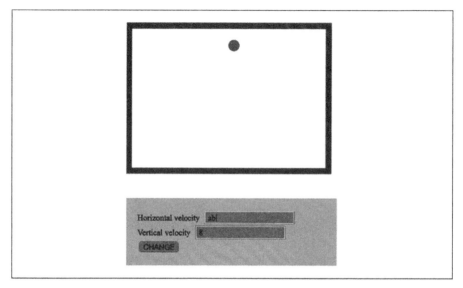

Figura 3-3. *Um formulário mostrada uma entrada incorreta.*

Este grupo de aplicativos demonstra uma programação substancial, mas ainda não é um jogo de verdade, embora as pessoas gostem de ver cabeças e outras imagens saltitando dentro de uma caixa. Pense agora em como tornar isso um jogo. Você também pode utilizar ideias que aprendeu aqui para desenhar algo além de uma bola que salta dentro de uma caixa. A caixa pode ter diferentes dimensões, e as paredes podem ser muito mais complexas. O próximo capítulo é construído sob este aspecto e descreve como construir simulações de uma bala de canhão e um estilingue.

Requisitos Críticos

É importante para este aplicativo e, na verdade, para toda programação, definir os requisitos antes de começar a escrever qualquer código. O aplicativo requer coisas que eu demonstrei nos capítulos anteriores: desenhar formas sobre um elemento canvas e usar um formulário. Por exemplo, normalmente nós vamos usar os campos do formulário para entradas. No Jogo de Dados descrito no Capítulo 2, eles foram usados estritamente para saídas.

No Capítulo 1, o documento HTML fazia uso de imagens de arquivos externas. No Capítulo 2, nós desenhamos as faces do dado inteiramente com códigos. Neste capítulo, demonstraremos ambos: um círculo saltitante desenhado por códigos e uma imagem saltitante a partir de um arquivo de imagem.

Para fazer isto, precisaremos de alguns códigos que serão capazes de fazer alguma coisa – neste exato momento, não importa o quê – em intervalos fixos de tempo. Os intervalos precisam ser curtos o bastante para que o resultado se pareça com movimento.

Neste caso, o algo a ser feito é a reposição da bola. Além disso, o código precisa determinar se a bola poderia atingir alguma parede. No momento, não existe uma bola e não existe nenhuma parede. Tudo é virtual, portanto, tudo está dentro dos códigos. Nós vamos escrever os códigos para executar um cálculo sobre a posição virtual da bola em contraste com a posição virtual de cada uma das paredes. Se houver uma colisão virtual, o código ajusta os valores de deslocamento horizontal ou vertical de modo que a bola salte da parede.

Para calcular o reposicionamento, utilizaremos tanto os valores iniciais como quaisquer novos valores digitados através dos campos de entrada. Todavia, a meta é produzir um sistema robusto que não irá atuar sobre uma entrada incorreta por parte do jogador. Entradas incorretas seriam uma entrada que não fosse um número ou um número fora da faixa especificada. Nós poderíamos simplesmente não atuar sobre entradas incorretas. Entretanto, queremos oferecer resposta ao jogador de que a entrada foi equivocada; portanto, faremos com que as caixas de entrada mudem de cor, como mostra a Figura 3-3.

Recursos do HTML5, CSS e do JavaScript

Vamos dar uma olhada em alguns recursos específicos do HTML5, CSS e do JavaScript que nós precisaremos implementar nos aplicativos da bola saltitante. Nós vamos construir sobre os materiais que foram abordados nos capítulos anteriores, especificamente a estrutura geral de um documento HTML, usando um elemento canvas, funções embutidas, funções definidas pelo programador e um elemento form.

Desenhando uma Bola, uma Imagem e um Gradiente

Como foi descrito no Capítulo 2, desenhar alguma coisa sobre uma tela (canvas), tal como um círculo para representar uma bola, requer a inclusão do elemento canvas na seção do corpo do documento HTML. Em seguida, precisaremos definir uma variável ctx, e adicionar o código que define o valor desta variável de modo que possamos utilizar JavaScript. Eis aqui a declaração para implementar isto:

```
ctx = document.getElementById('canvas').getContext('2d');
```

Como vimos no Capítulo 2, um círculo foi criado desenhando um arco como parte de um caminho (path). As linhas de código seguintes iniciam o caminho, definem a cor do preenchimento, especificam o arco, e depois utilizam o método fill para desenhar um caminho fechado e preenchido internamente. Observe que o método arc utiliza variáveis para especificar as coordenadas do centro do círculo e do raio. Os parâmetros 0 e Math.PI*2 representam ângulos, neste caso de 0 até Math.PI*2, fazendo um círculo completo. O parâmetro true indica sentido anti-horário, embora neste caso particular, false produziria o mesmo efeito.

```
ctx.beginPath();
ctx.fillStyle ="rgb(200,0,50)";
ctx.arc(ballx, bally, ballrad,0,Math.PI*2,true);
ctx.fill();
```

Para a primeira versão da bola saltitante, a caixa está desenhada como um contorno de retângulo. A largura do contorno, chamada de stroke, é definida usando

```
ctx.lineWidth = ballrad;
```

Você pode fazer experiências com a largura da linha. Tenha em mente que se você fizer a largura pequena e definir para que a bola viaje rapidamente, a bola pode saltar para fora da parede em uma etapa.

A declaração que desenha o retângulo é

```
ctx.strokeRect(boxx,boxy,boxwidth,boxheight);
```

Eu coloquei o código da bola antes do código do retângulo para que o retângulo ficasse no topo. Achei que isso ficaria melhor para os saltos.

A segunda versão do programa exibe uma imagem da bola. Isto requer um código para configurar um objeto img usando o novo operador com uma chamada para Image(), atribuindo isso para uma variável, e dando um valor para a propriedade src. Dentro do aplicativo, faremos tudo isto em uma única declaração, porém, vamos dar uma olhada nas partes individuais.

Você leu a respeito das declarações var no Capítulo 2. Tais declarações definem, ou declaram, uma variável. Está certo utilizar o nome img para a nossa var aqui; não haverá conflito com o elemento img do HTML. O novo operador tem um nome correto: ele cria um objeto novo, neste caso do tipo embutido Image. A função Image não aceita qualquer argumento, portanto, existem apenas parênteses abertos e fechados.

Objetos de imagens possuem atributos, assim como os elementos HTML, tal como faz img. A imagem particular usada é indicada pelo valor do atributo src. Aqui "pearl.jpg" é o nome de um arquivo de imagem localizado na mesma pasta que o documento HTML. As duas declarações seguintes configuram a variável img e definem a sua origem (src) para o endereço, o URL, do arquivo de imagem.

```
var img = new Image();
img.src="pearl.jpg";
```

Para o seu aplicativo, utilize o nome de um arquivo de imagem de sua preferência. Pode ser do tipo JPG, PNG, ou GIF, e certifique-se tanto de colocá-lo na mesma pasta do seu documento HTML como de incluir o caminho completo. Tenha cuidado com a coincidência do caso tanto, no nome como na extensão.

Para desenhar esta imagem sobre o canvas, precisaremos de uma única linha de código especificando o objeto de imagem, a localização para o canto superior esquerdo da image, e a largura e o comprimento a serem usados para exibição da imagem. Assim como ocorreu com os retângulos, este código é uma chamada de um método de um objeto do contexto, portanto, utilizaremos a variável ctx definida dentro da função `init`. Precisaremos ajustar os valores de `ballx` e `bally` que utilizamos para centralizar o círculo, indicando esta canto superior. Estaremos usando duas vezes o raio da bola tanto para a largura como para o comprimento. A declaração é

```
ctx.drawImage(img,ballx-ballrad,bally-ballrad,2*ballrad,2*ballrad);
```

Vamos dar uma parada agora. É a sua vez, caro leitor, de trabalhar um pouquinho. Considere o seguinte documento HTML.

```html
<html>
<head>
<title>The Origami Frog</title>
<script>
var img = new Image();
img.src = "frogface.gif";
var ctx;
function init() {
    ctx =document.getElementById("canvas").getContext('2d');
    ctx.drawImage(img,10,20,100,100);

}
</script>
</head>
<body>
<body onLoad="init();">
<canvas id="canvas" width="400" height="300">
Your browser doesn't support the HTML5 element canvas.
</canvas>
</body>
</html>
```

Encontre o seu próprio arquivo de imagem e use o nome que você escolher no lugar de `frogface.gif`. Mude o título para algo apropriado. Faça experimentos com a linha

```
ctx.drawImage(img,10,20,100,100);
```

Isto é, altere o 10 e o 20 para reposicionar a imagem, e altere o 100, e 100 para modificar a largura e a altura. Faça as alterações e veja se o programa responde como você tencionava. Lembre-se disso enquanto você especifica a largura e a altura, você poderá estar modificando o formato da figura – ou a relação de aspecto.

Agora tente outro exercício: desenhar duas imagens sobre a tela. Você irá precisar de duas variáveis diferentes no lugar de img. Para esta tarefa, dê às variáveis nomes distintos. Se você estiver emulando o Dr. Seuss, você poderá usar thing1 e thing2; caso contrário, escolha alguma coisa que seja significativa para você!

Agora, vamos continuar desenhando!

Vamos ver como usar gradientes para esta versão do programa. Você pode usar gradientes para definir a propriedade fillStyle. Eu não queria que a bola ficasse no alto de um retângulo preenchido, portanto, eu precisei imaginar como desenhar quatro paredes separadamente.

Um gradiente é um tipo de objeto em HTML5. Existem gradientes lineares e gradientes radiais. Neste aplicativo vamos utilizar um gradiente linear. O código define uma variável para ser um objeto gradiente, usando um método de um contexto de canvas, que nós definimos anteriormente com a variável ctx. O código para o gradiente se parece com isto:

```
var grad;
grad=ctx.createLinearGradient(boxx,boxy,boxx+boxwidth,boxy+boxheight);
```

O gradiente se expande por sobre o formato do retângulo.

Os gradientes envolvem conjuntos de cores. Uma prática habitual é escrever o código para definir aquilo que chamamos de paradas de cores, tais como criar um gradiente para se tornar um arco-íris. Para isto, configuraremos um array de arrays dentro de uma variável chamada hue.

Você pode pensar em um array como um repositório para uma coleção de valores. Uma variável pode conter somente um valor ao passo que um array pode conter muitos. No próximo capítulo, você irá aprender sobre um array chamado everything que irá conter todos os objetos que serão desenhados na tela. No Capítulo 9, o qual descreve o Jogo da Forca, a palavra list é um array de palavras. Você irá aprender em muitos aplicativos de arrays neste livro. Eis aqui um exemplo concreto. A declaração var seguinte configura uma variável como sendo um array específico:

```
var family = ["Daniel","Aviva", "Allison", "Grant", "Liam"];
```

A variável `family` é um array. O seu tipo de dado é um array. Ele consiste de uma lista de pessoas dentro de minha família (para imagens, consulte o Jogo da Memória descrito no Capítulo 5). Para acessar ou para definir o primeiro elemento deste array, você usaria `family[0]`. Os valores para definir os membros específicos de um array são chamados de índices ou `index` dos valores. A indexação de arrays começa com zero. A expressão `family[0]` produziria Daniel. A expressão `family[4]` produziria Liam. Se o valor de uma variável `relative` fosse 2, então `family[relative]` produziria Allison. Para determinar o número de elementos de um array, você usaria `family.length`. Neste caso, o comprimento é 5.

Os itens individuais dentro de um array podem ser de qualquer tipo, incluindo arrays. Por exemplo, eu poderia modificar o array `family` para fornecer mais informações :

```
var family = [["Daniel","college teacher"],
["Aviva", "congressional staff"],
["Allison","graduate student"],
["Grant","kid"],
["Liam","kid"]
];
```

A formatação, com as quebras de linhas e indentações, não são necessárias, mas é uma boa prática.

A expressão `family[2][1]` produz "graduate student". Lembre-se: a indexação de um array começa com 0 de modo que o valor do índice 2 para o array, algumas vezes chamado de array externo neste tipo de exemplo, produz ["Allison","graduate student"] e o array 1, o índice para o array interno, produz "graduate student".

Estes arrays internos não precisam ser do mesmo comprimento. Considere o exemplo:

```
var family = [["Daniel","college teacher"],
["Aviva", "congressional staff"],
["Allison","graduate student"],
["Grant"],
["Liam"]
];
```

O código verificaria o comprimento do array e se fosse 2 em vez de 1, o segundo item seria a profissão do indivíduo. Se o comprimento do array interior fosse 1, iríamos supor que o indivíduo não possui uma profissão.

Arrays de arrays podem ser muito úteis para nomes e valores de produtos. A declaração seguinte especifica o inventário muito limitado de uma loja

```
var inventory = [
        ["toaster",25.99],
        ["blender",74.99],
        ["dish",10.50],
        ["rug",599.99]
```

Esta loja possui 4 itens, sendo o prato o mais barato, representado na posição de índice 2, e o tapete o mais caro de índice 3.

Agora, vamos ver como poderemos usar estes conceitos para definir um gradiente. Vamos utilizar um array cujos elementos individuais também sejam arrays.

Cada array interior contém os valores RGB para uma cor, isto é, vermelho, amarelo, verde, ciano, azul e magenta.

```
var hue = [
  [255,   0,   0 ],
  [255, 255,   0 ],
  [  0, 255,   0 ],
  [  0, 255, 255 ],
  [  0,   0, 255 ],
  [255,   0, 255 ]
];
```

Estes valores representam cores variando de vermelho (RGB 255,0,0) a magenta (RGB 255,0,255), com quatro cores especificadas no meio. O recurso gradiente do JavaScript preenche as cores para produzir o padrão do arco-íris mostrado na Figura 3-3. Gradientes são definidos especificando os pontos ao longo de um intervalo de 0 a 1. Você pode especificar um gradiente diferente de um arco-íris. Por exemplo, você pode usar um programa gráfico para selecionar um conjunto de valores RGB para formar aquilo que chamamos de pontos de parada, e o JavaScript irá preencher os valores para mixar de um para o próximo.

Os valores numéricos do array não são exatamente aquilo que precisamos, portanto, nós vamos ter de manipulá-los para produzir o que o JavaScript exige.

A manipulação de arrays frequentemente requer que façamos alguma coisa para cada membro do array. Uma construção que faz isto, presente em muitas linguagens de programação, é a iteração for, a qual utiliza uma variável chamada de variável de indexação. A estrutura da iteração for é

```
for (valor inicial para a variável de indexação; condição para continuar; alterar para a↵
variável de indexação) {
  código a ser feito todas as vezes. O código normalmente referencia a variável de indexação
}
```

Aqui, diz: comece com este valor inicial; continue fazendo a iteração enquanto essa condição for mantida; e altere o valor do índice de uma maneira especificada. Uma expressão típica para a alteração usará operadores ++. O operador ++ incrementa em 1 a variável indicada. Uma declaração típica do cabeçalho de for é:

```
for (n=0;n<10;n++)
```

Esta iteração for utiliza uma variável chamada n, com n inicializada em 0. Se o valor de n for menor que 10, as declarações dentro da iteração são executadas. Depois de cada iteração, o valor de n é aumentado em 1. Neste caso, o código da iteração será executado 10 vezes, com n contendo os valores 0, 1, 2, fazendo o percurso até 9.

Aqui está mais um exemplo simples para demonstração de arrays. Deixe que a variável grades seja configurada para conter um conjunto de notas de um aluno:

```
var grades = [4.0, 3.7, 3, 2.3, 3];
```

Dependendo da instituição, isto poderia indicar notas de A, A-, B, C+, e B. O snippet a seguir calcula a média de pontos das notas e a armazena dentro da variável chamada gpa. Observe que precisaremos inicializar a variável chamada sum para começar com um valor de 0. O Operador += adiciona ao valor contido dentro da soma o valor dentro da array grades com valor de índice g.

```
var sum = 0;
for (g=0;g<grades.length;g++) {
 sum += grades[g];
}
var gpa;
gpa = sum/grades.length
```

Para produzir aquilo que precisamos para construir o gradiente, o código extrai valores do array hue e os utiliza para produzir sequências de caracteres que indicam valores RGB. Nós utilizamos o array hue junto com uma variável chamada color para definir as paradas de cores que constituem o gradiente. As paradas de cores são definidas em qualquer ponto entre 0 e 1, usando uma iteração for que define a cor como sendo uma sequência de caracteres do formato requerido, isto é, começando com "rgb(", e incluindo os três valores.

```
for (h=0;h<hue.length;h++) {
 color = 'rgb('+hue[h][0]+','+hue[h][1]+','+hue[h][2]+')';
 grad.addColorStop(h*1/hue.length,color);
}
```

A declaração de atribuição para a definição de cores pode parecer estranha para você: tem muita coisa acontecendo – e o que aqueles sinais de mais estão fazendo? Lembre-se, a nossa tarefa é gerar as sequências de caracteres indicando determinados valores RGB. Os sinais de mais não indicam adição de números aqui, mas concatenação de sequências de caracteres. Isto significa que os valores são colados juntos em vez de adicionados matematicamente; portanto, enquanto 5+5 produz 10, '5'+'5' dariam 55. Como os 5s do segundo exemplo estão incluídos dentro de aspas, eles são sequências de caracteres em vez de números. Os colchetes estão fazendo o papel de remover os membros do array. JavaScript converte os números para a sequência de caracteres equivalente e depois faz a combinação deles. Lembre-se de que estamos vendo arrays dentro de arrays, portanto, o primeiro número dentro dos colchetes (neste caso, fornecido pela nossa variável h) nos dá o primeiro array, e o segundo número dentro dos colchetes nos dá o nosso número dentro desse array. Vamos ver um exemplo rápido. A primeira vez que ocorre a nossa iteração, o valor de h será 0, o que nos dá a primeira entrada no array hue. Nós então consideramos as partes separadas dessa entrada para construir a nossa cor final.

Depois disso tudo, o nosso código já configurou a variável grad para ser usada para indicar um padrão de preenchimento. Em vez de definir fillStyle como sendo uma cor, o código define isso como sendo a variável grad.

```
ctx.fillStyle = grad;
```

Desenhar os retângulos é o mesmo que fizemos antes, porém agora com o preenchimento indicado. Estes são quatro paredes estreitas à esquerda, à direita, no alto, e embaixo do retângulo original. Faremos as paredes tão grossas como os raios da bola. Esta espessura é a largura no caso das paredes verticais e a altura no caso das paredes horizontais.

```
ctx.fillRect(boxx,boxy,ballrad,boxheight);
ctx.fillRect(boxx+boxwidth-ballrad,boxy,ballrad,boxheight);
ctx.fillRect(boxx,boxy,boxwidth,ballrad);
ctx.fillRect(boxx,boxy+boxheight-ballrad,boxwidth,ballrad);
```

Um ponto importante a ser notado é que uma vez que o código esteja desenhando ou pintando sobre o canvas, para produzir o efeito de uma bola em movimento, nós também precisaremos criar o código para apagar tudo e depois redesenhar tudo com a bola numa nova posição. A declaração para apagar tudo é:

```
ctx.clearRect(box,boxy,boxwidth,boxheight);
```

Poderia ser possível apagar apenas partes do canvas, mas eu preferi apagar e depois redesenhar tudo. Em cada situação, você precisa decidir aquilo que faz sentido.

Configurando um Evento Temporizador

Configurar eventos temporizadores dentro de HTML5 é normalmente parecido com o modo como era feito nas versões anteriores do HTML. Existem duas funções embutidas: setInterval e setTimeout. Aqui vamos dar uma olhada no setInterval e no setTimeout dentro do Jogo da Memória do Capítulo 5. Cada uma dessas funções aceita dois argumentos. Lembre-se de que argumentos são peças adicionais de informação incluídos dentro de chamadas de função ou de método. Voltando ao Capítulo 1, nós vimos que document.write aceitava como seu argumento único o que fosse escrito na tela.

Primeiro eu vou descrever o segundo argumento. O segundo argumento especifica um valor de tempo, em milissegundos. Existem 1000 milissegundos para um segundo. Isto pode parecer uma unidade muito pequena para se trabalhar, mas isso vai ser exatamente aquilo que precisamos para jogos. Um segundo (1000 milissegundos) é na verdade um tempo muito longo para um jogo de computador.

O primeiro argumento especifica o que vai ser feito nos intervalos especificados pelo segundo argumento. O primeiro argumento pode ser o nome de uma função. Para este aplicativo, a definição da função init contém a seguinte linha:

```
setInterval(moveball,100);
```

Isto diz ao mecanismo do JavaScript para invocar a função moveball a cada 100 milissegundos (10 vezes por segundo). moveball é o nome de uma função que será definida neste documento HTML; ela será o tratador de eventos para o evento intervalo de temporização. Não se preocupe se você escrever esta linha de código antes de escrever o código que define a função. O que importa é o que existe quando o aplicativo for executado.

JavaScript também fornece uma maneira diferente do nome de uma função para o tratador de eventos. Você poderia escrever

```
setInterval("moveball();",100);
```

para o mesmo efeito. Colocá-lo de outra maneira, para casos simples, quando a ação é a chamada de uma função sem parâmetros, o nome da função irá bastar. Para casos mais complexos (como descritos na Observação à parte), você pode escrever uma string para especificar um código. A string pode ser uma chamada integral da função, ou alguma coisa parecida com isto:

```
setInterval("positionx = positionx+speed;",100);
```

Isto é, a resposta completa para o evento pode ser escrita dentro do primeiro argumento. Usar uma função é como as coisas funcionam na maioria das situações.

> **Observação:** *Eis aqui um exemplo mais complexo. Vamos supor que eu tivesse uma função chamada slide que aceitasse um argumento, e eu quisesse que esta função fosse chamada com um valor 10 vezes o valor da variável d, e que isso acontecesse a cada 1,5 segundos, o código seria o seguinte:* `setInterval("slide(10*d);",1500);`

É frequente o caso em que se queira indicar a passagem de tempo sobre a tela. O exemplo seguinte irá mostrar 0, 1, etc. com o número sendo alterado a cada segundo.

```
<html>
<head>
<title>elapsed</title>
<script>
function init() {
   setInterval(increase,1000);
}
function increase() {
   document.f.secs.value = String(1+Number(document.f.secs.value));
}
</script>
</head>
<body onLoad="init();">
<form name="f">
<input type="text" name="secs" value="0"/>
</form>
</body>
</html>
```

Este é um bom exemplo para você pegar o tempo para escrever e executar, tanto porque melhor representa eventos de temporização como também porque faz com que você aprecie quanto tempo dura 1 segundo. O código aceita o valor que consta no campo de entrada de segundos dentro de um formulário chamado f, converte esse valor para um número, adiciona 1 a esse número, e depois o converte de volta para string para ser atribuído como o valor do elemento secs. Tente substituir a declaração única dentro da função de incremento com a declaração

```
document.f.secs.value = 1+document.f.secs.value;
```

e veja o que acontece. Esta é uma lição que explica a diferença entre números e sequência de caracteres. Por favor, brinque um pouco com este pequeno exemplo. Se você quiser fazer com que os números subam em incrementos menores, altere 1000 para 250 e o 1para 25. Isto fará com que o script mostre alterações de quartos de segundos.

Se você quiser permitir que o seu código pare um evento particular, você pode configurar uma variável global (aquela que está fora de qualquer função). Eu utilizo uma variável chamada tev, minha abreviatura para timing event (evento temporizador).

```
var tev;
```

Você poderia, então, modificar a chamada do setInterval para:

```
tev = setInterval(moveball,100);
```

Quando você quiser parar este evento, poderá incluir este código:

```
clearInterval(tev);
```

Para reiterar, a função setInterval define um evento temporizador que se mantém em ação até que seja limpo. Se você precisar de um evento que ocorra somente uma vez, o método setTimeout pode ser configurado para exatamente um único evento. Você pode usar qualquer um dos métodos para produzir os mesmos resultados, mas JavaScript fornece ambos para tornar as coisas mais fáceis.

Para o aplicativo da bola saltitante, a função moveball calcula uma nova posição para a bola, realiza os cálculos que verificam as colisões e quando elas ocorrem, redireciona a bola e desenha uma tela nova. Isto é feito repetidas vezes – as chamadas para moveball continuam acontecendo porque nós utilizamos setInterval.

Calculando uma Nova Posição e Detectando de Colisões

Agora que sabemos como desenhar, limpar e redesenhar, e sabemos como fazer alguma coisa a intervalos fixos, o desafio é como calcular as novas posições e como fazer detecção de colisões. Faremos isto simplesmente declarando variáveis ballx e bally para conter as coordenadas x e y do centro da bola; ballvx e ballvy para conter o valor pelo qual a posição da bola vai ser modificada, e ballboundx, inboxboundx, ballboundy e inboxboundy para indicar uma caixa ligeiramente menor do que a caixa real para o cálculo de colisões. Os valores pelos quais a posição da bola vai ser alterada são inicializados para 4 e 8 (totalmente arbitrário) e sofrem modificações se e quando um jogador fizer uma alteração válida (consulte a próxima seção) e clicar o botão de alteração. Estes valores são denominados deslocamentos ou deltas, menos formalmente, velocidades.

A mudança de direção é muito simples nesta situação. Se a bola "atingir" uma parede vertical, o deslocamento horizontal deve mudar o sinal; isto é, se a bola estava se movendo em 4 unidades para a direita e nós batemos em uma parece, adicionamos -4 à sua posição, o que faz com que ela se mova para a esquerda. O deslocamento vertical permanece o mesmo. A colisão é determinada comparando o próximo valor horizontal com o limite. De modo similar, se a bola "bater" na parede horizontal como determinado, comparando a posição vertical com o limite apropriado, o deslocamento vertical muda o sinal, ao passo que o deslocamento horizontal permanece o mesmo. A alteração é válida para a próxima iteração. A verificação de colisões é feita quatro vezes, isto é, para cada uma das quatro paredes. O cálculo consiste na comparação dos novos valores para x ou y, como apropriado, com a condição do limite para a parede particular. A nova posição da tentativa é ajustada se o centro da bola passar uma das quatro paredes como estando exatamente no limite. Temos aí o efeito de fazer com que a bola vá ligeiramente para trás de cada parede ou pareça ser comprimida por cada parede. Os valores do limite foram configurados para ficar bem dentro da caixa com o canto superior em boxx, boxy, uma largura de boxwidth, e uma altura de boxheight. Eu poderia usar um cálculo mais complexo para comparar qualquer ponto do círculo com qualquer ponto das paredes. Entretanto, existe aqui um princípio mais fundamental. Não existem paredes e não existe bola. Esta é uma simulação que se baseia em cálculos. Os cálculos são feitos a intervalos. Se a bola estiver se movendo rápido o bastante, e as paredes forem bastante finas, mais finas que o ballrad aqui especificado, a bola pode fugir da caixa. Eis aí porque eu faço os cálculos em termos do próximo movimento e de uma caixa ligeiramente menor.

```
var boxboundx = boxwidth+boxx-ballrad;
var boxboundy = boxheight+boxy-ballrad;
var inboxboundx = boxx+ballrad;
var inboxboundy = boxy+ballrad;
```

Eis aqui o código para a função moveandcheck, a função que checa as colisões e reposiciona a bola:

```
function moveandcheck() {
  var nballx = ballx + ballvx;
  var nbally = bally +ballvy;
  if (nballx > boxboundx) {
   ballvx =-ballvx;
   nballx = boxboundx;
  }
  if (nballx < inboxboundx) {
   nballx = inboxboundx
   ballvx = -ballvx;
  }
  if (nbally > boxboundy) {
   nbally = boxboundy;
   ballvy =-ballvy;
  }
  if (nbally < inboxboundy) {
   nbally = inboxboundy;
```

```
    ballvy = -ballvy;
  }
  ballx = nballx;
  bally = nbally;
}
```

Você poderia dizer que não está acontecendo muita coisa aqui, e você estaria certo. As variáveis `ballx` e `bally` são modificadas para ser utilizadas mais tarde quando as coisas começarem a ser desenhadas sobre o canvas.

Não é óbvio a partir deste código, mas procure manter em mente que os valores verticais (valores y) aumentam quando descem pela tela e os valores horizontais (valores x) aumentam indo da esquerda para a direita.

Validação

Cuidado: *De acordo com aquilo que escrevemos, algumas validações funcionam em Chrome, e talvez outros navegadores, mas não em Firefox.*

O HTML5 fornece novos recursos para validação de entrada de formulários. O criador de um formulário pode especificar que um campo de entrada é do tipo número em oposição ao texto, e o HTML5 imediatamente irá checar se o usuário/jogador entrou com um número. De modo similar, podemos especificar os valores máximo e mínimo. O código para o formulário é

```
<form name="f" id="f" onSubmit="return change();">
 Horizontal velocity <input name="hv" id="hv" value="4" type="number" min="-10" max="10" />
 <br>
 Vertical velocity <input name="vv" id="vv" value="8" type="number" min="-10" max="10"/>
 <input type="submit" value="CHANGE"/>
</form>
```

A entrada é ainda um texto, isto é, uma sequência de caracteres, mas os valores têm de ser textos que podem ser interpretados como número dentro da faixa indicada.

Outros tipos de input incluem "email" e "URL" e é muito prático fazer com que o HTML5 verifique isso. Naturalmente, você poderá checar qualquer sequência de caracteres para ver se é um número usando isNumber e códigos mais complicados, inclusive expressões regulares (padrões de caracteres que podem ser comparados), para checar endereços de e-mail válidos e URLs. Uma tática comum para verificação de endereços de e-mail é fazer com que o usuário o digite duas vezes de modo que você possa comparar os dois e se certificar de que o usuário não cometeu nenhum engano.

Queremos tirar vantagem do trabalho que o HTML5 fará por nós, mas nós também queremos permitir que o usuário/jogador saiba se alguma coisa está errada. Você pode usar HTML5 e CSS para fazer isto, especificando o estilo para uma entrada válida ou inválida.

```
input:valid {background:green;}
input:invalid {background:red;}
```

A validação do HTML5 não é totalmente operacional em todos os navegadores, portanto, não vou gastar muito tempo com isso. Se você estiver usando um navegador compatível, tal como Chrome, você pode testar todos os exemplos dados na próxima seção. Observe que a bola se mantém saltitando mesmo que um valor inválido, digamos, "abc" é entrado onde foi especificado um número, porque o programa continua usando as configurações correntes.

Sugestão: *A validação de uma entrada e a geração de respostas apropriadas para o usuário é importante em qualquer aplicativo. Entre os novos recursos que o HTML5 fornece existe um elemento padrão dentro do elemento de entrada no qual uma linguagem especial chamada de expressões regulares pode ser usada para especificar uma entrada válida. Insira as expressões regulares do HTML5 dentro de um campo de busca para encontrar informações atualizadas.*

Recarregamento de Páginas do HTML

Antes de continuar, quero mencionar alguns obstáculos que podem causar problemas inesperados. Os navegadores vêm com botões de recarregamento e de atualização (reload/refresh buttons). O documento é recarregado quando o botão é clicado. Fizemos uso deste recurso no aplicativo simples de Lançamento de Dados do Capítulo 2. Entretanto, às vezes você poderá querer impedir que um recarregamento seja feito e, nesses casos, você pode colocar um retorno (false); em funções que não têm nada para retornar para impedir um recarregamento da página.

Quando um documento possui um formulário, o recarregamento nem sempre reinicializa a entrada do formulário. Você pode precisar sair da página e depois recarregá-la utilizando o URL completo.

Por último, os navegadores tentam usar arquivos previamente carregados para o computador do cliente (usuário) em vez de requisitarem arquivos a partir de um servidor com base numa inspeção de data e hora. Os arquivos do computador do cliente são armazenados dentro daquilo que chamamos de cache. Se você acha que fez uma alteração, mas o navegador não está mostrando a última versão, precisa tomar algumas medidas tais como limpeza do cache.

Construindo o Aplicativo e Fazendo suas Modificações

Vou explicar agora o código para o aplicativo básico da bola saltitante; o aplicativo que utiliza uma imagem para a bola e gradientes para as paredes; e aquele que valida as entradas. A Tabela 3-1 mostra todas as chamadas de funções e o que está sendo chamado. O mesmo ocorre para todos os três aplicativos.

Tabela 3-1. Funções dos Aplicativos da Bola Saltitante

Função	Invocada por / Chamada por	Chamadas
init	Ação de onLoad dentro da tag body	moveball
moveball	Invocada diretamente por init e por uma ação de setInterval	moveandcheck
moveandcheck	Invocada por moveball	
change	Invocada pela ação de onSubmit dentro da tag form	

O código do moveandcheck poderia fazer parte da função moveball. Eu preferi separá-lo porque é de boa prática definir funções que executam ações específicas. Em geral, mais funções menores é melhor do que algumas maiores, quando você está desenvolvendo aplicativos. A propósito, ao fazer a sua própria programação, não se esqueça de inserir comentários dentro do código como foi descrito no Capítulo 2. E acrescente linhas em branco para tornar o código mais legível. A Tabela 3-2 mostra o código para o aplicativo básico da bola saltitante e explica o que cada linha faz.

Tabela 3-2. O Aplicativo da Bola Saltitante

Código	Explicação
`<html>`	Inicia o html
`<head>`	Inicia cabeçalho
`<title>Bouncing Ball with inputs</title>`	Elemento `title` completo
`<style>`	Inicia `style`
`form {`	Inicia o estilo do formulário
`width:330px;`	Definindo largura
`margin:20px;`	Configurando a margem
`background-color:brown;`	Definindo a cor
`padding:20px;`	Definindo espaçamento interno
`}`	Fechar este estilo
`</style>`	Fechar elemento `style`
`<script type="text/javascript">`	Iniciar elemento `script`. (O tipo não é exigido. Eu mostro aqui apenas para deixar que você saiba o que verá em muitos exemplos online.)
`var boxx = 20;`	Localização x do canto superior da caixa
`var boxy = 30;`	Localização y do canto superior da caixa
`var boxwidth = 350;`	Largura da caixa
`var boxheight = 250;`	Altura da caixa
`var ballrad = 10;`	Raio da bola
`var boxboundx = boxwidth+boxx-ballrad;`	Limite à direita
`var boxboundy = boxheight+boxy-ballrad;`	Limite ao fundo
`var inboxboundx = boxx+ballrad;`	Limite à esquerda

102 O Guia Essencial do HTML5

Código	Explicação
`var inboxboundy =`↪ `boxy+ballrad;`	Limite do topo
`var ballx = 50;`	Posição inicial x da bola
`var bally = 60;`	Posição inicial y da bola
`var ctx;`	Variável contendo contexto de canvas
`var ballvx = 4;`	Deslocamento horizontal inicial
`var ballvy = 8;`	Deslocamento vertical inicial
`function init() {`	Início da função `init`
`ctx = document.getElementById`↪ `('canvas').getContext('2d');`	Definir a variável `ctx`
`ctx.linewidth = ballrad;`	Definir largura da linha
`ctx.fillStyle ="rgb(200,0,50)";`	Definir estilo de preenchimento
`moveball();`	Invocar função moveball na primeira vez que se move, verificar e mostrar a bola
`setInterval(moveball,100);`	Configurar evento temporizador
`}`	Fechamento da função `init`
`function moveball(){`	Início da função `moveball`
`ctx.clearRect(boxx,boxy,`↪ `boxwidth,boxheight);`	Limpar (apagar) caixa (inclusive qualquer pintura de uma bola)
`moveandcheck();`	Fazer a verificação e mover a bola
`ctx.beginPath();`	Iniciar caminho
`ctx.arc(ballx, bally, ballrad,0,Math.PI*2,true);`	Configurar para desenhar círculo na localização atual da bola
`ctx.fill();`	Preencher caminho, isto é, desenhar um círculo preenchido
`ctx.strokeRect(boxx,boxy,`↪ `boxwidth,boxheight);`	Desenhar contorno do retângulo
`}`	Fechar `moveball`
`function moveandcheck() {`	Início de `moveandcheck`
`var nballx = ballx + ballvx;`	Definir tentativa para a próxima posição de x
`var nbally = bally +ballvy;`	Definir tentativa para a próxima posição de y
`if (nballx > boxboundx) {`	O valor de x ultrapassa a parede direita?
`ballvx =-ballvx;`	Se ultrapassar, altere o deslocamento vertical
`nballx = boxboundx;`	Definir o próximo x para ficar exatamente neste limite.
`}`	Fechar cláusula
`if (nballx < inboxboundx) {`	Este valor de x é menor que o limite à direita?

Bola Saltitante

Código	Explicação
`nballx = inboxboundx`	Se for, definir o valor de x para ficar exatamente no limite
`ballvx = -ballvx;`	Altere o deslocamento vertical
`}`	Fechar cláusula
`if (nbally > boxboundy) {`	O valor de y ultrapassa o limite ao fundo?
`nbally = boxboundy;`	Se ultrapassar, definir o valor de y para ficar exatamente no limite
`ballvy =-ballvy;`	Alterar o deslocamento horizontal
`}`	Fechar cláusula
`if (nbally < inboxboundy) {`	O valor de y é menor que o limite do topo?
`nbally = inboxboundy;`	Se for, definir o valor de y para ficar exatamente no limite
`ballvy = -ballvy;`	Altere o deslocamento vertical
`}`	Fechar cláusula
`ballx = nballx;`	Definir a posição de x para `nballx`
`bally = nbally;`	Definir a posição de y para `nbally`
`}`	Fechar função `moveandcheck`
`function change() {`	Início da função `change`
`ballvx = Number(f.hv.value);`	Converter entrada para número e atribuir para `ballvx`
`ballvy = Number(f.vv.value);`	Converter entrada para número e atribuir para `ballvy`
`return false;`	Retornar falso para se assegurar de que não existe um recarregamento de página
`}`	Fechar função
`</script>`	Fechar script
`</head>`	Fechar cabeçalho
`<body onLoad="init();">`	Iniciar elemento body. Configurar chamada para função `init`
`<canvas id="canvas" width=`↪ `"400" height="300">`	Início do elemento canvas
`Your browser doesn't support the`↪ `HTML5 element canvas.`	Mensagem para navegadores não compatíveis
`</canvas>`	Fechar elemento canvas
` `	Interrupção de linha
`<form name="f" id="f" onSubmit=`↪ `"return change();">`	Início do formulário. Dar nome e id (pode ser necessário para alguns navegadores). Configurar ação sobre o botão `submit`.

Código	Explicação
Horizontal velocity <input name="hv"↪ id="hv" value="4" type="number"↪ min="-10" max="10" />	Rotular um campo de entrada para a velocidade horizontal
 	interrupção de linha
Vertical velocity <input name=↪ "vv" id="vv" value="8" type="number"↪ min="-10" max="10"/>	Rótulo e um campo de entrada para a velocidade vertical
<input type="submit" value="CHANGE"/>	Botão submit
</form>	Fechar formulário
</body>	Fechar body
</html>	Fechar html

O aplicativo que utiliza uma imagem como bola e as paredes preenchidas com o Gradiente é muito semelhante. A Tabela 3-3 mostra todo o código – mas eu só comento o código que é diferente. Eu não estou sendo preguiçoso; a ideia é permitir que você veja como cada aplicativo foi construído sobre o anterior.

Tabela 3-3. O Segundo Aplicativo, com uma Imagem como Bola e as Paredes Preenchidas com Gradiente

Código	Explicação
<html>	
<head>	
<title>Bouncing Ball with inputs</title>	
<style>	
form {	
width:330px;	
margin:20px;	
background-color:#b10515;	
padding:20px;	
}	
</style>	
<script type="text/javascript">	
var boxx = 20;	
var boxy = 30;	

Bola Saltitante   105

Código	Explicação
`var boxwidth = 350;`	
`var boxheight = 250;`	
`var ballrad = 20;`	Esta não é uma alteração substancial, mas a figura requeria um raio maior.
`var boxboundx = boxwidth+boxx-ballrad;`	
`var boxboundy = boxheight+boxy-ballrad;`	
`var inboxboundx = boxx+ballrad;`	
`var inboxboundy = boxy+ballrad;`	
`var ballx = 50;`	
`var bally = 60;`	
`var ballvx = 4;`	
`var ballvy = 8;`	
`var img = new Image();`	Definir a variável `img` como um objeto de imagem. Isto é o que fazem o novo operador e a chamada da imagem.
`img.src="pearl.jpg";`	Definir o src para esta imagem como sendo o arquivo "pearl.jpg".
`var ctx;`	
`var grad;`	Definir `grad` como variável. Um valor será atribuído dentro da função `init`.
`var color;`	Usado na configuração da `grad` do gradiente
`var hue = [`	Usado na configuração da `grad` do gradiente. Este é um array de arrays, cada array interior fornecendo valores RGB.
`[255,   0,   0 ],`	Vermelho
`[255, 255,   0 ],`	Amarelo
`[  0, 255,   0 ],`	Verde
`[  0, 255, 255 ],`	Ciano
`[  0,   0, 255 ],`	Azul
`[255,   0, 255 ]`	Magenta
`];`	Fechar array
`function init(){`	Usada para configurar o gradiente
`var h;`	

106   O Guia Essencial do HTML5

Código	Explicação
ctx = document.getElementById('canvas').↪ getContext('2d');	
grad = ctx.createLinearGradient(boxx,boxy,↪ boxx+boxwidth,boxy+boxheight);	Criar e atribuir um valor para o gradiente.
for (h=0;h<hue.length;h++) {	Início de uma iteração for
color = 'rgb('+hue[h][0]+','↪ +hue[h][1]+','+hue[h][2]+')';	Configurar cor como sequência de caracteres que indica um valor RGB.
grad.addColorStop(h*1/6,color);	Configurar a parada de cor para definir o gradiente.
}	Fechar iteração for
ctx.fillStyle = grad;	Definir preenchimento com sendo grad
ctx.lineWidth = ballrad;	
moveball();	
setInterval(moveball,100);	
}	
function moveball(){	
ctx.clearRect(boxx,boxy,boxwidth,boxheight);	
moveandcheck();	
ctx.drawImage(img,ballx-ballrad,↪ bally-ballrad,2*ballrad,2*ballrad);	Desenhar uma imagem
ctx.fillRect(boxx,boxy,ballrad,boxheight);	Desenhar a parede esquerda
ctx.fillRect(boxx+boxwidth-ballrad,boxy,ball rad,boxheight);	Desenhar a parede direita
ctx.fillRect(boxx,boxy,boxwidth,ballrad);	Desenhar a parede no alto
ctx.fillRect(boxx,boxy+boxheight- -ballrad,boxwidth,ballrad);	Desenhar a parede embaixo
}	
function moveandcheck() {	
var nballx = ballx + ballvx;	
var nbally = bally +ballvy;	
if (nballx > boxboundx) {	
ballvx =-ballvx;	
nballx = boxboundx;	
}	
if (nballx < inboxboundx) {	

Bola Saltitante   107

Código	Explicação
`    nballx = inboxboundx`	
`    ballvx = -ballvx;`	
`}`	
`if (nbally > boxboundy) {`	
`    nbally = boxboundy;`	
`    ballvy =-ballvy;`	
`}`	
`if (nbally < inboxboundy) {`	
`    nbally = inboxboundy;`	
`    ballvy = -ballvy;`	
`}`	
`ballx = nballx;`	
`bally = nbally;`	
`}`	
`function change() {`	
`    ballvx = Number(f.hv.value);`	
`    ballvy = Number(f.vv.value);`	
`    return false;`	
`}`	
`</script>`	
`</head>`	
`<body onLoad="init();">`	
`<canvas id="canvas" width=`↪`"400" height="300">`	
`This browser doesn't support`↪` the HTML5 canvas element.`	
`</canvas>`	
` `	
`<form name="f" id="f" onSubmit=`↪`"return change();">`	
`Horizontal velocity <input name=`↪`"hv" id="hv" value="4" type=`↪`"number" min="-10" max="10" />`	
` `	

108 O Guia Essencial do HTML5

Código	Explicação
Vertical velocity <input name=↵ "vv" id="vv" value="8" type=↵ "number" min="-10" max="10"/>	
<input type="submit" value="CHANGE"/>	
</form>	
</body>	
</html>	

Escolhi colocar a modesta alteração da informação do estilo dentro do primeiro aplicativo. A Tabela 3-4 mostra o terceiro aplicativo da bola saltitante, com validação do formulário. Novamente, comentei apenas os novos códigos, mas eu inclui todos os códigos por razões de integralidade.

Tabela 3-4. O Terceiro Aplicativo da Bola Saltitante, com Validação do Formulário

Código	Explicação
<html>	
<head>	
<title>Bouncing Ball with inputs</title>	
<style>	
form {	
width:330px;	
margin:20px;	
background-color:brown;	
padding:20px;	
}	
input:valid {background:green;}	Configurar resposta para entrada válida
input:invalid {background:red;}	Configurar resposta para entrada inválida
</style>	
<script type="text/javascript">	
var cwidth = 400;	
var cheight = 300;	
var ballrad = 10;	
var boxx = 20;	
var boxy = 30;	
var boxwidth = 350;	

Bola Saltitante

Código	Explicação
var boxheight = 250;	
var boxboundx = boxwidth+boxx-ballrad;	
var boxboundy = boxheight+boxy-ballrad;	
var inboxboundx = boxx+ballrad;	
var inboxboundy = boxy+ballrad;	
var ballx = 50;	
var bally = 60;	
var ctx;	
var ballvx = 4;	
var ballvy = 8;	

function init(){
ctx = document.getElementById('canvas').↪getContext('2d');
ctx.lineWidth = ballrad;
moveball();
setInterval(moveball,100);
}	

function moveball(){	
ctx.clearRect(boxx,boxy,boxwidth,boxheight);	
moveandcheck();	
ctx.beginPath();	
ctx.fillStyle ="rgb(200,0,50)";	
ctx.arc(ballx, bally, ballrad,0,Math.PI*2,true);	
ctx.fill();	
ctx.strokeRect(boxx,boxy,boxwidth,boxheight);	
}	
function moveandcheck() {	
var nballx = ballx + ballvx;	
var nbally = bally +ballvy;	
if (nballx > boxboundx) {	
ballvx =-ballvx;	

Código	Explicação
`    nballx = boxboundx;`	
`}`	
`if (nballx < inboxboundx) {`	
`    nballx = inboxboundx`	
`    ballvx = -ballvx;`	
`}`	
`if (nbally > boxboundy) {`	
`    nbally = boxboundy;`	
`    ballvy =-ballvy;`	
`}`	
`if (nbally < inboxboundy) {`	
`    nbally = inboxboundy;`	
`    ballvy = -ballvy;`	
`}`	
`ballx = nballx;`	
`bally = nbally;`	
`}`	
`function change() {`	
`    ballvx = Number(f.hv.value);`	
`    ballvy = Number(f.vv.value);`	
`    return false;`	
`}`	
`</script>`	
`</head>`	
`<body onLoad="init();">`	
`<canvas id="canvas" width="400" height="300">`	
`Your browser doesn't support the HTML5 element canvas.`	
`</canvas>`	
` `	
`<form name="f" id="f" onSubmit="return change();">`	
` Horizontal velocity <input name="hv" id=↵ "hv" value="4" type="number" min="-10" max="10" />`	
` `	

Código	Explicação
`<form name="f" id="f" onSubmit="return change();">`	
`Horizontal velocity <input name="hv" id=`↪`"hv" value="4" type="number" min="-10" max="10" />`	
` `	
`Vertical velocity <input name="vv" id=`↪`"vv" value="8" type="number" min="-10" max="10"/>`	
`<input type="submit" value="CHANGE"/>`	
`</form>`	
`</body>`	
`</html>`	

Existem muitas maneiras de você fazer modificações. Você pode selecionar a sua própria imagem para a bola e fazer experimentos com as cores das paredes, usando ou não gradientes. Você pode modificar a posição e as dimensões de cada parede. Pode adicionar texto e marcação HTML na página e alterar a aparência do formulário.

Você pode incluir mais de uma bola, mantendo o rastreamento das posições de cada uma. Se você decidir usar duas bolas, vai precisar de dois conjuntos de variáveis e duas linhas de código para cada linha que você tinha antes. Um modo sistemático de fazer isso é usar a função search dentro do editor para encontrar todas as instâncias da bola e, para cada linha, substituir duas linhas, assim em lugar de `ballx`, você teria `ball1x` e `ball2x`, e no lugar da variável `ballx = 50;` use

var ball1x = 50;

var ball2x = 250;

Isto posiciona a segunda bola 200 pixels acima dentro da tela.

Você também precisaria de um segundo conjunto de todas as comparações para as paredes.

Se você quiser usar mais de duas bolas, poderá querer considerar a utilização de arrays. Os capítulos subsequentes irão mostrar a você como manipular conjuntos de objetos.

Você também pode tentar escrevendo códigos que diminuam a velocidade da bola cada vez que ela bate na parede. Este é um efeito interessante e simula um resultado físico verdadeiro. Em cada um dos lugares dentro do código onde a direção for alterada mudando o sinal da variável apropriada, acrescente em um fator para diminuir o valor absoluto. Por exemplo, se eu escolher diminuir o valor em 10%, escreveria

```
if (nballx > boxboundx) {
  ballvx =-ballvx *.9;
  nballx = boxboundx;
}
```

Isto significa que a alteração de incremento dentro da direção vertical diminuiria 90% do que era.

Testando e Fazendo o Upload do Aplicativo

Os primeiro e terceiro aplicativos estão completos dentro dos documentos HTML. O segundo aplicativo requer o arquivo de imagem para estar presente dentro da mesma pasta. Você pode acessar arquivos em qualquer lugar da Web, mas você precisa se assegurar de incluir o endereço correto. Por exemplo, se você fizer upload do documento HTML para uma pasta chamada mygames e fazer upload do arquivo pearl.jpg para uma subpasta de mygames chamada images, a linha indicando esta condição deve ser

```
img.src = "images/pearl.jpg";
```

Você deve também usar extensões de arquivos exatas, tais como JPG, que indicam o tipo correto de arquivo. Alguns navegadores são amistosos, mas muitos não são. Você pode tentar submeter um dado incorreto e ver a resposta utilizando navegadores diferentes.

Resumo

Neste capítulo, você aprendeu como criar um aplicativo com animação que faz alterações baseadas na entrada do usuário. Nós abordamos uma série de recursos de programação e do HTML5, incluindo

- `setInterval` para configurar um evento temporizador para a animação
- validação da entrada do formulário
- funções definidas pelo programador para reposicionar um círculo ou uma imagem horizontalmente e verticalmente para simular uma bola saltitante
- testes para verificar colisões virtuais
- desenhar retângulos, imagens e círculos, incluindo gradientes para cores

O próximo capítulo descreve os jogos da bala de canhão e do estilingue nos quais o jogador tenta atingir alvos. Estes aplicativos utilizam a mesma programação e os recursos do HTML5 que nós usamos para produzir animação, porém levando-os a uma etapa posterior. Você também verá um exemplo de animação dentro da implementação do Jogo da Pedra-Papel-Tesoura do Capítulo 8.

Capítulo 4

Bala de Canhão e Estilingue

Neste capítulo, você aprenderá técnicas para

- Manter uma lista de objetos para desenhar na tela
- Objetos rotatórios desenhados na tela
- Operações de arrastar e puxar com o mouse
- Cálculos para simular movimento de balística (efeitos de gravidade) e de colisões

Introdução

Este capítulo demonstra um outro tipo de animação, neste caso simulação de balística, também chamada de movimento do projétil. Uma bola ou um objeto parecido com bala mantém um deslocamento (x) horizontal constante, com o deslocamento vertical se alterando como se fosse devido à gravidade. O movimento resultante é um arco. A bola para quando ela (virtualmente) atinge o chão ou o alvo. O código que você verá produz a animação usando a mesma técnica demonstrada para a bola saltando dentro da caixa. O código reposiciona a bola e redesenha a cena a intervalos fixos. Nós vamos ver três exemplos.

- Uma simulação de balística muito simples: uma bola decolando e viajando dentro de um arco antes de atingir um alvo ou o chão. Os

parâmetros de voo são as velocidades iniciais horizontais e verticais, as quais são definidas pelo jogador utilizando campos de entrada do formulário. A bola para simplesmente quando ela atinge o alvo ou o chão.
- Uma bala de canhão melhorada, com um retângulo representando o canhão inclinado em um ângulo. Os parâmetros de voo são a velocidade de disparo do canhão e o ângulo do canhão. Novamente, estes parâmetros serão configurados pelo usuário utilizando campos de entrada do formulário. O programa calcula os valores de deslocamento iniciais horizontal e vertical.
- Um estilingue. Os parâmetros de voo são determinados pelo jogador arrastando e depois liberando uma figura de bola presa a um desenho de vara que representa o estilingue. O ângulo é o ângulo que parte da horizontal desta parte do estilingue.

A Figura 4-1 mostra o aplicativo simples (sem o canhão).

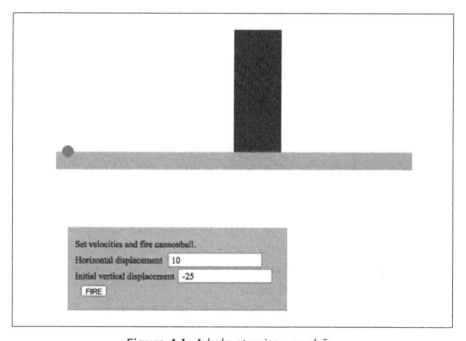

Figura 4-1. *A bola aterrissa no chão.*

A Figura 4-2 mostra a tela de abertura para o segundo aplicativo. O alvo é uma Imagem, e o retângulo representanto o canhão pode ser girado. Observe que os controles se referem a um ângulo e a uma velocidade inicial.

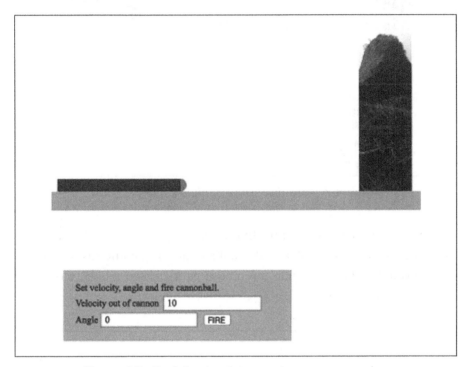

Figura 4-2. *Canhão giratório com imagem como alvo.*

A Figura 4-3 mostra a cena depois de uma bem-sucedida colisão. Observe que o canhão é girado e a imagem original para o alvo foi substituída por uma nova imagem.

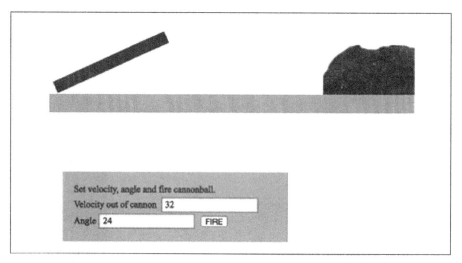

Figura 4-3. *Após disparar o canhão e atingir o alvo.*

A tela de abertura do aplicativo do estilingue é mostrada na Figura 4-4. Este aplicativo é similar ao do canhão, mas os parâmetros de voo são definidos pelo jogador usando um mouse para arrastar a bola, e o alvo é agora uma galinha.

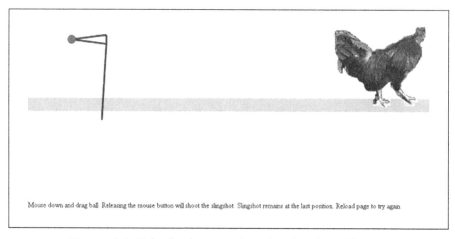

Figura 4-4. *Tela de abertura do aplicativo do estilingue.*

Para o estilingue, eu decidi que a bola continuasse em movimento até atingir o chão. Entretanto, se a galinha fosse atingida, eu quis que isso fosse substituído por penas, como mostrado na Figura 4-5. Observe que as cordas (elástico) do estilingue permanecem onde estavam quando o botão do mouse foi liberado e a bola alçou voo. Eu achei que precisava de mais tempo olhando para as cordas para planejar meu próximo disparo. Se você quiser, pode alterar o jogo de modo que as cordas retornem à sua posição original ou crie um botão de novo jogo. No meu exemplo, o jogo é reiniciado recarregando o arquivo HTML.

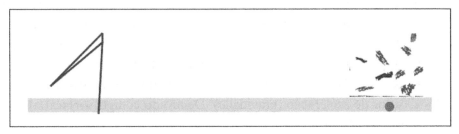

Figura 4-5. *A bola aterrissa no chão depois de atingir a galinha. Só sobram as penas.*

A programação para estes aplicativos usa muitas das mesmas técnicas demonstradas nos aplicativos da bola saltitante. O reposicionamento da bola durante o voo é somente tão diferente quanto precisa ser para simular os efeitos do deslocamento vertical se alterando por causa da gravidade. O aplicativo do estilingue fornece uma nova maneira de o jogador interagir com o aplicativo, usando ações de puxar e arrastar com o mouse.

A bala de canhão, o canhão e o estilingue usam recursos de desenhos e arquivos de imagens externas para os alvos originais e os alvos de colisão. Se você quiser modificar os alvos, precisará encontrar arquivos de imagens e fazer o upload delas com o aplicativo. Os aplicativos completos estão disponíveis no endereço www.friendsofed.com/downloads.html.

Requisitos Críticos

O nosso primeiro requisito é produzir animação configurando um evento que deverá ocorrer a intervalos fixos de tempo, e depois configurar uma função para manipular o evento reposicionando a bola e verificando colisões. Nós já abordamos isso no capítulo anterior do aplicativo da bola saltitante. O que há de novo aqui é o cálculo para simulação da gravidade. O cálculo indicado por um modelo simples de física realiza um novo deslocamento vertical baseado na alteração do deslocamento vertical por um valor constante e depois calculando a média dos deslocamentos antigo e novo para calcular a nova posição.

- O deslocamento horizontal (armazenado na variável dx) é a velocidade horizontal (horvelocity) e não muda. No código: dx = horvelocity;
- A velocidade vertical no início do intervalo é verticalvel1
- A velocidade vertical no final do intervalo é verticalvel1 mais o valor de aceleração (gravidade). Dentro do código: verticalvel2 = verticalvel1 + gravity;
- O deslocamento vertical para o intervalo (dy) é a média de verticalvel1 e verticalvel2. No código: dy = (verticalvel1 + verticalvel2)*.5;

Este é um modo padrão de simular gravidade ou qualquer outra aceleração constante.

> **Observação:** *Eu criei o meu valor para a gravidade para produzir um arco agradável. Você pode usar um valor padrão, mas irá precisar fazer pesquisas para atribuir valores realísticos para a velocidade de partida para fora da boca do canhão e para o estilingue. Você também precisa determinar o mapeamento entre pixels e distâncias. O fator poderia ser diferente para a bala de canhão e o estilingue.*

A segunda versão do programa deve girar o canhão baseado ou nos valores iniciais ou na entrada do jogador para a velocidade de disparo da boca do canhão e o ângulo do canhão e calcular os valores horizontal e vertical baseados nesses valores.

A terceira versão do programa, o estilingue, deve permitir que o jogador pressione e segure o botão do mouse e arraste a bola junto com as cordas do estilingue, depois movimente para cima o botão do mouse para liberar a bola. Os parâmetros de movimento são calculados com base no ângulo e na distância da bola a partir do topo do estilingue.

Tanto a segunda como a terceira versões do programa exigem uma maneira de substituir a imagem-alvo por uma outra imagem.

Recursos do HTML5, CSS e do JavaScript

Agora vamos dar uma olhada nos recursos específicos do HTML5 e do JavaScript que fornecem aquilo que precisamos para implementar os aplicativos da simulação de balística. Por sorte, nós podemos construir em cima do material que foi abordado nos capítulos anteriores, especificamente a estrutura geral de um documento HTML, usando um elemento canvas, funções embutidas e definidas pelo programador, um elemento form, e variáveis. Vamos começar com objetos definidos pelo programador e usando arrays.

Arrays e Objetos Definidos pelo Programador

O HTML5 permite que você desenhe sobre canvas, mas uma vez que alguma coisa tenha sido desenhada, ele age como se tinta ou uma pintura estivesse depositada; a coisa desenhada não retém a sua identidade individual. O HTML5 não é como o Flash no qual os objetos são posicionados em uma Plataforma e podem ser movidos e girados individualmente. Entretanto, nós ainda poderemos produzir os mesmos efeitos, incluindo rotação de objetos individuais.

Como estes aplicativos possuem uma exibição um pouco mais complexa, eu decidi desenvolver uma abordagem mais sistemática para desenhar e redesenhar coisas diferentes sobre a tela. Para essa finalidade, eu criei um array chamado everything que contém a lista de objetos que vão ser desenhados sobre a tela. Pense em um array como um conjunto, ou mais precisamente, uma sequência de itens. Nos capítulos anteriores, nós discutimos variáveis configuradas para guardar valores tais como números ou sequência de caracteres. Um array é um outro tipo de valor. Meu array everything irá atuar como uma lista de tarefas daquilo que precisa ser desenhado sobre a tela.

Eu estou usando o termo objects (objetos) com o mesmo sentido tanto em Inglês como em programação. Em termos de programação, um objeto consiste de propriedades e métodos, isto é, dados, e códigos ou comportamento. No exemplo dos links anotados descrito no primeiro capítulo, eu demonstrei o método write do objeto document. Eu usei a variável ctx, a qual é do tipo 2D context de um objeto canvas, métodos tal como fillRect, e propriedades tal como fillStyle. Tudo isto estava embutido, isto é, todos eles já eram objetos definidos dentro da versão do HTML5 do JavaScript. Para os aplicativos de balística, eu defini meus próprios objetos, especificamente a Bola, a Imagem, Myrectangle e o Sling. Cada um destes diferentes objetos inclui a definição de um método draw bem como as propriedades indicando posição e dimensões. Fiz isto para que eu possa desenhar cada uma das listas de coisas. O método draw apropriado acessa as propriedades para determinar o que e onde desenhar. Eu também incluí um modo de girar objetos individuais.

Definir um objeto é fácil: Eu simplesmente defino uma função chamada função constructor para a Bola, a Imagem, e Myrectangle, e uso estas funções com o operador new para atribuir valores para as variáveis. Posso então escrever o código usando a notação familiar de pontos para acessar ou atribuir as propriedades e invocar métodos que eu configurei dentro da função constructor. Aqui está a função constructor para o objeto Ball:

```
function Ball(sx,sy,rad,stylestring) {
 this.sx = sx;
 this.sy = sy;
 this.rad = rad;
 this.draw = drawball;
 this.moveit = moveball;
 this.fillstyle = stylestring;
}
```

O termo this se refere ao objeto que é criado quando esta função é usada com a palavra-chave new. O fato de this.draw e this.moveit serem atribuídas a nomes de funções não é perceptível apenas olhando o código, mas isso é o que acontece. As definições dessas duas funções têm, sentido. Observe que elas usam o termo this para chegar às propriedades necessárias para desenhar e mover o objeto.

```
function drawball() {
    ctx.fillStyle=this.fillstyle;
    ctx.beginPath();

    ctx.arc(this.sx,this.sy,this.rad,0,Math.PI*2,true);
    ctx.fill();
}
```

A função drawball desenha um círculo preenchido, um arco completo, sobre a tela. A cor do círculo é a cor definida quando este objeto Ball foi criado.

A função moveball, em princípio, não move nada. Olhando o resultado de modo abstrato, moveball é alterado onde o aplicativo posiciona o objeto. A função muda os valores das propriedades de sx e sy do objeto e quando ele é exibido a seguir, estes novos valores são usados para criar o desenho.

```
function moveball(dx,dy) {
    this.sx +=dx;
    this.sy +=dy;
}
```

A próxima declaração, que especifica a variável cball, constrói um novo objeto do tipo Ball usando o operador new e a função Ball. Os parâmetros para a função são baseados em valores definidos para o canhão porque eu quero que a bola apareça na boca do canhão na hora do disparo.

```
var cball = new Ball(cannonx+cannonlength,cannony+cannonht*.5,ballrad,"rgb(250,0,0)");
```

As funções Picture, Myrectangle, e Slingshot são similares e serão explicadas a seguir. Cada uma delas especifica um método draw. Para este aplicativo, eu uso apenas moveit e cball, mas eu defini moveit para os outros objetos apenas no caso de mais tarde eu querer construir sobre este aplicativo. As variáveis cannon e ground serão definidas para guardar um novo Myrectangle, e as variáveis target e htarget serão definidas para guardar um novo Picture.

> **Sugestão:** *Nomes criados por programadores são arbitrários, mas é uma boa ideia que sejam consistentes tanto em sintaxe como no caso. O HTML5 parece desconsiderar casos, em contraste com uma versão do HTML chamada de XHTML. Muitas linguagens tratam maiúsculas e minúsculas como letras diferentes. Eu normalmente utilizo letras minúsculas, mas coloquei com letras maiúsculas Ball, Picture, Slingshot e Myrectangle porque segundo a convenção, funções com o objetivo de ser construtores de objetos devem começar com letras maiúsculas.*

Cada uma das variáveis será adicionada a array everything usando o método array push, o qual adiciona um novo elemento para o final do array.

Rotações e Translações para Desenhar

O HTML5 nos permite fazer movimentos de rotação e translação em desenhos. Dê uma olhada no código seguinte. Insisto para que você crie este exemplo e depois faça experimentos com ele para melhorar o seu entendimento. O código desenha um retângulo grande vermelho sobre a tela com o canto superior em (50,50) e um quadro minúsculo azul no topo dele.

```
<html>
<head>
 <title>Rectangle</title>
 <script type="text/javascript">
   var ctx;
function init(){
 ctx = document.getElementById('canvas').getContext('2d');
   ctx.fillStyle = "rgb(250,0,0)";
   ctx.fillRect(50,50,100,200);
ctx.fillStyle = "rgb(0,0,250)";
   ctx.fillRect(50,50,5,5);
}
</script>
</head>
<body onLoad="init();">
<canvas id="canvas" width="400" height="300">
Your browser doesn't support the HTML5 element canvas.
</canvas>
</body>
</html>
```

O resultado é mostrado na Figura 4-6.

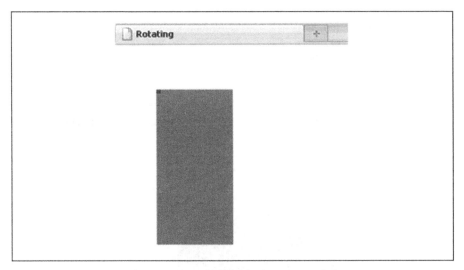

Figura 4-6. *Retângulo (sem rotação).*

Neste exercício, a meta é girar o retângulo grande, situado no canto superior esquerdo onde está o pequeno quadrado preto. Quero que a rotação seja no sentido anti-horário.

Uma leve complicação, comum à maioria das linguagens de programação, é que a entrada do ângulo para rotações bem como para funções de trigonometria deve ser em radianos, não em graus. Radianos foram explicados no Capítulo 2, mas eis aqui um lembrete. Em vez de 360 graus em um círculo completo, a medição se baseia em duas vezes a constante matemática de pi radianos dentro de um círculo. Por sorte, podemos usar o recurso embutido do JavaScript, Math.PI. Um pi radiano é equivalente a 180 graus e pi dividido por 2 é equivalente a um ângulo reto, 90 graus. Para especificar uma rotação de 30 graus, utilizamos pi dividido por 6 ou, em código, Math.PI/6. Para modificar a função init fornecida anteriormente para fazer uma rotação, eu coloquei dentro de uma rotação negativa de pi dividido por 6 (equivalente a 30 graus indo em sentido anti-horário), desenho o retângulo vermelho, e depois giro de volta, desfaço a rotação, para desenhar o quadrado preto:

```
function init(){
  ctx = document.getElementById('canvas').getContext('2d');
  ctx.fillStyle = "rgb(250,0,0)";
  ctx.rotate(-Math.PI/6);
  ctx.fillRect(50,50,100,200);
  ctx.rotate(Math.PI/6);
  ctx.fillStyle = "rgb(0,0,250)";
  ctx.fillRect(50,50,5,5);
}
```

Infelizmente, o desenho da Figura 4-7 não é o que eu queria.

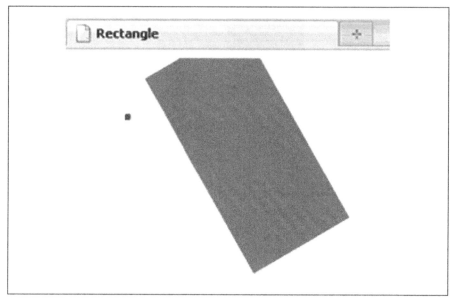

Figura 4-7. *Desenhando e girando um retângulo.*

O problema é que o ponto de rotação está na origem, (0,0) e não no canto do retângulo cinza. Portanto, eu preciso escrever um código para efetuar a translação, depois a rotação, em seguida uma translação de volta para desenhar no lugar correto. Posso fazer isto usando os recursos do HTML5. Todos os desenhos sobre a tela são feitos em termos de um sistema de coordenadas, e eu posso usar as operações save e restore para salvar o sistema de coordenadas corrente – a posição e a orientação dos eixos – e depois restaurá-lo para criar os desenhos seguintes. Eis aqui o código.

```
function init(){
  ctx = document.getElementById('canvas').getContext('2d');
  ctx.fillStyle = "rgb(250,0,0)";
  ctx.save();
  ctx.translate(50,50);
  ctx.rotate(-Math.PI/6);
  ctx.translate(-50,-50);
  ctx.fillRect(50,50,100,200);
  ctx.restore();
  ctx.fillStyle = "rgb(0,0,250)";
  ctx.fillRect(50,50,5,5);
}
```

O método rotate espera um ângulo em unidades de radianos, e o sentido horário é a direção positiva. Portanto, o meu código executa uma rotação de 30 graus em sentido anti-horário, produzindo o que eu tinha em mente, como é mostrado na Figura 4-8.

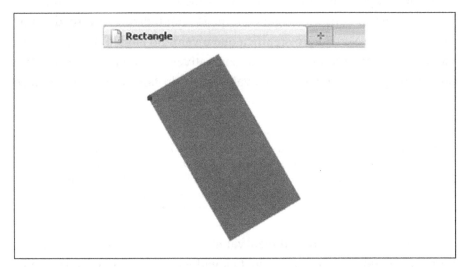

Figura 4-8. *Salvar, translação, rotacão, translação, restaurar.*

A propósito, não podemos esperar que nossos jogadores coloquem os ângulos usando radianos. Eles, e nós, estamos habituados a graus (90 graus é um ângulo reto, 180 graus é o seu arco quando você realiza uma volta em *u*, etc). O programa deve fazer a tarefa. A conversão de graus para radianos é multiplicar por pi/180.

> **Observação:** *A maioria das linguagens de programação utiliza radianos para ângulos em funções trigonométricas. Flash utiliza graus em determinadas situações e radianos em outras, portanto, em alguns aspectos JavaScript é menos confuso quando utiliza somente radianos.*

Com este suporte, eu adiciono à informação dentro do array everything indicações como se fosse haver uma rotação e, se houver, o ponto de translação requerido. Esta é a minha ideia. Não tem nada a ver com o HTML5 ou o JavaScript, e isso poderia ser feito de modo diferente. A tarefa subjacente é criar e manter informações sobre objetos dentro da cena simulada. O recurso canvas do HTML5 fornece uma maneira de desenhar imagens, mas ele não retém informação sobre objetos!

Os itens dentro do array everything para os segundo e terceiro aplicativos são arrays propriamente ditos. O primeiro valor (aquele com índice 0) aponta para o objeto. O segundo (aquele com índice 1) é verdadeiro ou falso. Um valor verdadeiro significa que o valor do ângulo de rotação e os valores de x e y para translação são compatíveis. Na prática, isto significa que os arrays interiores têm dois valores, sendo falso o último, ou cinco valores.

> **Observação:** *Neste momento, você pode estar pensando: todo um sistema foi configurado para girar o canhão. Porque não inserir alguma coisa apenas para o canhão? A resposta é: nós poderíamos, mas o sistema geral que realiza o trabalho e algo específico para o canhão poderia ter sido feito com muita codificação.*

O primeiro aplicativo utiliza valores para deslocamentos vertical e horizontal pegos de um formulário. O jogador deve pensar nos dois valores em separado. Para o segundo aplicativo, o jogador insere dois valores novamente, mas eles são diferentes. Um é a velocidade de disparo da boca do canhão e o outro é o ângulo do canhão. O programa faz o resto. O deslocamento horizontal inicial e imutável e o deslocamento vertical inicial são calculados a partir da entrada do jogador: a velocidade de disparo do canhão e um ângulo. O cálculo se baseia na trigonometria padrão. Felizmente, JavaScript fornece as funções trigonométricas como parte da classe Math dos métodos embutidos.

A Figura 4-9 mostra o cálculo dos valores de deslocamento de disparo do canhão e os valores do ângulo especificados pelo jogador. O sinal de menos para o vertical é devido ao modo como as coordenadas de tela do JavaScript têm os valores de y aumentados quando desce pela tela.

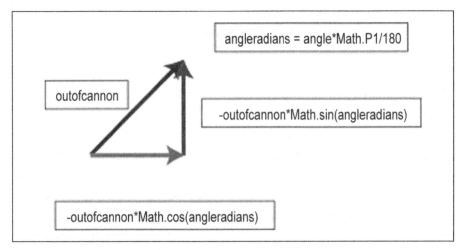

Figura 4-9. *Calculando deslocamentos horizontal * vertical.*

Neste ponto, você pode querer pular adiante para ler sobre a implementação dos aplicativos da bala do canhão. Você pode depois voltar para ler o que é requerido para o estilingue.

Desenhando Segmentos de Linhas

Para o aplicativo do estilingue, eu adicionei um tipo de objeto novo definindo duas funções, Sling e drawsling. O estilingue que idealizei é representado por quatro posições, mostradas na Figura 4-10. Por favor, entenda que nós poderíamos ter feito isto com uma série de diferentes maneiras.

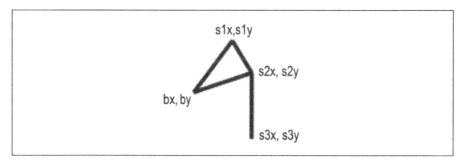

Figura 4-10. *O estilingue idealizado.*

Desenhar o estilingue consiste em desenhar quatro segmentos de linha sobre quatro pontos. O ponto bx,by será modificado na próxima seção, como irei descrever. O HTML5 permite que desenhemos segmentos de uma parte de um caminho (path). Nós já usamos caminhos para desenhar círculos. Você pode desenhar um caminho como um traço (stroke) ou com um preenchimento. Para os círculos, vamos utilizar o método fill, mas para o estilingue, vou querer apenas linhas. Desenhar uma linha envolve duas etapas: se mover para uma extremidade da linha e depois desenhá-la. O HTML5 fornece os métodos moveTo e lineTo. O caminho não é desenhado até que os métodos stroke ou fill sejam invocados. A função drawsling é uma boa ilustração para um desenho de linha:

```
function drawsling() {
  ctx.strokeStyle = this.strokeStyle;
  ctx.lineWidth = 4;
  ctx.beginPath();
  ctx.moveTo(this.bx,this.by);
  ctx.lineTo(this.s1x,this.s1y);
  ctx.moveTo(this.bx,this.by);
  ctx.lineTo(this.s2x,this.s2y);
  ctx.moveTo(this.s1x,this.s1y);
  ctx.lineTo(this.s2x,this.s2y);
  ctx.lineTo(this.s3x,this.s3y);
  ctx.stroke();
}
```

Ela faz o seguinte:
- Adiciona ao caminho uma linha de bx,by até s1x,s1y
- Adiciona ao caminho uma linha de bx,by até s2x,s2y

- Adiciona ao caminho uma linha de s1x,s1y até s2x,s2y
- Adiciona ao caminho uma linha de s2x,s2y até s3x,s3y

Como sempre, a maneira de aprender isso é fazendo experimentos com seus próprios projetos. Se não houver invocação de moveTo, o próximo lineTo faz um desenho a partir do destino do último lineTo. Pense em segurar uma caneta em sua mão e movendo-a sobre o papel ou a levantando e movendo sem desenhar nada. Você também pode conectar arcos. O Capítulo 5 demonstra como desenhar arcos.

Eventos do Mouse para Puxar o Estilingue

O aplicativo do estilingue substitui a entrada do formulário com operações do mouse do tipo arraste e solte. Isto é agradável porque está mais próximo do ato físico de puxar para trás um estilingue.

Quando o jogador pressiona o botão do mouse, esse é o primeiro de uma sequência de eventos a ser gerenciada pelo programa. Eis aqui um pseudocódigo para o que precisa ser feito.

Quando o jogador pressionar o botão do mouse, verifique se o mouse está no topo da bola. Se não estiver, não faça nada. Se estiver, defina uma variável chamada inmotion.

Se o mouse estiver se movendo, verifique inmotion. *Se ela estiver definida, movimente a bola e as cordas do estilingue. Continue fazendo isto até que o botão do mouse seja liberado.*

Quando o jogador liberar o botão do mouse, redefina inmotion *para falso. Calcule o ângulo e a velocidade inicial da bola e a partir destes valores calcule a velocidade horizontal e a velocidade vertical inicial. Comece a mover a bola.*

Você pode usar o HTML5 e JavaScript para configurar manipulações de eventos para pressionar o botão padrão do mouse (o esquerdo), mover o mouse, e soltar o botão do mouse. O código usa um método baseado diretamente no elemento canvas, não no então chamado context. Eis aqui o código, o qual está dentro da função init:

```
canvas1 = document.getElementById('canvas');
canvas1.addEventListener('mousedown',findball,false);
canvas1.addEventListener('mousemove',moveit,false);
canvas1.addEventListener('mouseup',finish,false);
```

Agora, como este evento está dentro dos termos de todo o canvas, a função `findball` deve determinar se o mouse está sobre a bola. A primeira tarefa é obter as coordenadas x e y do mouse. Infelizmente, diferentes navegadores implementam eventos do mouse de diferentes maneiras. O que se segue funciona para Firefox, Chrome e Safari. Quando outros navegadores, tal como Internet Explorer, que suporta HTML5, este código irá precisar ser checado e, possivelmente, modificado.

```
if ( ev.layerX || ev.layerX==0) {
  mx= ev.layerX;
  my = ev.layerY;
}
else if (ev.offsetX || ev.offsetX==0 ) {
  mx = ev.offsetX;
  my = ev.offsetY;
}
```

Isto funciona porque se `ev.layerX` não existir, seu valor será interpretado como falso. Se `ev.layerX` existir, mas possuir o valor 0, o seu valor também será interpretado como falso, mas `ev.layerX==0` será verdadeiro.

Pense neste código como dizendo: existe um bom valor para `ev.layerX`? Se houver, vamos usá-lo. Caso contrário, vamos tentar `ev.offsetX`. Se nenhum destes funcionar, `mx` e `my` não serão definidos e eu deveria adicionar uma outra cláusula `else` para dizer ao jogador que o código não funciona em seu navegador.

Agora, a próxima etapa é determinar se o ponto (`mx`,`my`) está sobre a bola. Eu estou sendo repetitiva, mas é importante entender que a bola é agora o equivalente da tinta ou da pintura sobre o canvas e nós não conseguiremos ir adiante sem determinar se o ponto (`mx`,`my`) está no topo da bola. Como é que nós fazemos isto? Podemos calcular a distância de (`mx`,`my`) do centro da bola e verificar se ele é menor que o raio da bola. Existe uma fórmula padrão para distância dentro do plano. O meu código é uma ligeira variação sobre esta ideia. Ele faz a determinação calculando o quadrado da distância e o comparando ao quadrado do raio da bola. Faço isto para evitar calcular a raiz quadrada.

Se o click do mouse estiver sobre a bola, isto é, dentro da distância do raio do centro da bola, esta função define a variável global inmotion para verdadeiro. A função findball termina com uma chamada para drawall().

Sempre que o mouse se movimenta, existe uma chamada para a função moveit em que nós verificamos se inmotion é verdadeiro. Se não for, não acontece nada. Se for, o mesmo código de antes é usado para obter as coordenadas do mouse e do centro da bola, e os valores bx,by para o estilingue são definidos para as coordenadas do mouse. Isto dá o efeito de arraste da bola e de esticar as cordas do estilingue.

Quando o botão do mouse é liberado, chamamos a função finish, a qual não faz nada se inmotion não for verdadeiro. Quando isto aconteceria? Se o jogador estiver movendo o mouse não sobre a bola e pressionando e liberando o botão.

Se inmotion for verdadeira, a função imediatamente a define para falsa e faz os cálculos para determinar o voo da bola, gerando a informação que no aplicativo anterior da bala de canhão foi entrada pelo jogador usando um formulário. A informação é o ângulo com a horizontal e a distância da bola até a parte reta do estilingue. Este é o ângulo formado por (bx,by) até (slx, sly), com a horizontal e a distância de (bx,by) até (slx, sly), mais precisamente o quadrado da distância.

Eu uso Math.atan2 para fazer estes cálculos: calcular um ângulo para alterar em x e alterar em y. Esta é uma variante da função arctangent.

Eu uso a função distsq para determinar o quadrado da distância de (bx,by) a (slx, sly). Quero fazer que a velocidade seja dependente deste valor. Fazer com que as cordas fiquem mais afastadas para trás iria significar um voo mais rápido. Fiz algumas experiências e decidi que usar o quadrado e dividir por 700 produzia um arco interessante.

A última etapa é inserir em uma chamada primeiro para drawall() e depois para setInterval para configurar o evento temporizador. Novamente, finish faz um trabalho análogo aos que são disparados nos primeiro e segundo aplicativos. No primeiro aplicativo, o nosso jogador entrou com os valores da horizontal e da vertical inicial. No segundo aplicativo, o jogador entrou com um ângulo (em graus) e uma velocidade de disparo da boca do canhão, e o programa fez o resto. No estilingue, nós eliminamos um formulário e números e fornecemos uma maneira de o jogador puxar para trás, ou virtualmente puxar para trás, sobre um estilingue. O programa tinha mais para fazer, tanto em termos de responder a eventos do mouse como a cálculos.

Modificando a Lista de Itens Exibidos Usando Junção de Arrays

A última tarefa a explicar é a substituição da imagem alvo por uma outra figura. Como fiz questão de apresentar dois efeitos diferentes, eu usei diferentes abordagens. Para o segundo aplicativo, eu quis que a bola desaparecesse junto com o alvo original e mostrasse o que eu configurei dentro da variável htarget. O que eu faço é guardar o rastreamento de onde o alvo original foi colocado no array everything e removê-lo e substituir htarget. De modo similar, eu remove a bola do array everything. Para a operação do estilingue, eu não remove o alvo, mas modifico a propriedade do seu img como sendo penas. Por favor, observe que dentro do código, a galinha e as penas são objetos de Image. Cada uma delas possui uma propriedade src que aponta para um arquivo.

```
var chicken = new Image();
chicken.src = "chicken.jpg";
var feathers = new Image();
feathers.src = "feathers.gif";
```

Para estas duas operações, eu uso o método de array splice (junção). Ele possui dois formatos: você pode simplesmente remover qualquer número de elementos ou remover e depois inserir elementos. O formato geral de splice é

nomeDoArray.splice(índice onde a junção deve ocorrer, número de itens a ser removido, novo(s) item(itens)a ser adicionado(s)

Bala de Canhão e Estilingue   135

Se mais de um item for adicionado, existem mais argumentos. No meu código, eu adiciono um único item, o qual é um array propriamente dito. A minha representação de objetos do array `everything` utiliza um array para cada objeto. O segundo objeto do array indica se houver alguma rotação.

As duas linhas de código seguintes fazem o que eu preciso: remover o alvo, uma vareta em `htarget` com nenhuma rotação, e depois remover a bola.

```
everything.splice(targetindex,1,[htarget,false]);
everything.splice(ballindex,1);
```

A propósito, se eu simplesmente quisesse remover o último item dentro de um array, eu poderia usar o método pop. Nesta situação, todavia, o alvo poderia estar em algum lugar no meio do array `everything`, portanto, eu preciso escrever o código para fazer o rastreamento do seu valor de índice.

Distância entre Pontos

Existem dois lugares no programa do estilingue no qual eu uso a distância entre pontos ou, mais precisamente, o quadrado da distância. Eu preciso descobrir se o cursor do mouse está no topo da bola e eu quero fazer a velocidade inicial – o equivalente da velocidade de disparo do canhão – dependente do esticamento, assim falando, do estilingue, a distância (`bx,by`) até (`s1x, s1y`). A fórmula para a distância entre dois pontos `x1,y1` e `x2,y2` é a raiz quadrada da soma dos quadrados de (`x1-x2`) e (`y1-y2`). Eu decidi evitar o cálculo de tomar a raiz quadrada por computar a soma dos quadrados. Isto fornece o mesmo teste para o cursor do mouse ficando no topo da bola. Para a outra tarefa, eu decidi que ficaria bem usar o quadrado da distância para a velocidade inicial. Eu experimentei com alguns números, e, como mencionei anteriormente, 700 pareceu funcionar.

Construindo o Aplicativo e Fazendo suas Modificações

Vamos agora dar uma olhada no código para o disparo básico de uma bala de canhão, sem um canhão, baseado nas velocidades iniciais horizontal e vertical; o disparo de uma bala de canhão, baseado no ângulo e na velocidade inicial de disparo do canhão; e o estilingue, baseado no ângulo e na velocidade inicial determinada a partir da posição do mouse. Como foi visto nos capítulos anteriores, eu apresentarei as funções e o que elas chamam ou são chamadas por cada um dos aplicativos. Neste caso, as tabelas são similares, embora não idênticas, para todos os três aplicativos. As chamadas são mais variadas do que nos exemplos anteriores sendo que existem mais situações nas quais as funções são invocadas porque elas são chamadas como métodos de um objeto definido pelo programador ou como parte de uma declaração (var). Esta é uma característica da programação orientada a objetos ou orientada a eventos. Eu também apresentarei o código completo para cada aplicativo dentro de sua própria tabela, junto com uma explicação do que faz cada linha. A Tabela 4-1 mostra as funções para o aplicativo básico da bala de canhão.

Tabela 4-1. Funções dentro do mais Simples Aplicativo da Bala de canhão

Função	Invocada por/Chamada por	Chamadas
init	Ação do onLoad dentro da tag body	drawall
drawall	Invocada diretamente por init, fire, change	Chama o método draw de todos os objetos dentro do array everything. Estas são as funções drawball, drawrects.
fire	Invocada pela ação do atributo onSubmit dentro de um formulário	drawall
change	Invocada pela ação da função setInterval chamada dentro de fire	drawall, chama o método moveit de cball, o qual é moveball
Ball	Invocada diretamente pelo código dentro de uma declaração var	
Myrectangle	Invocada diretamente pelo código dentro de uma declaração var	
drawball	Invocada pela chamada do método draw para o único objeto Ball	
drawrects	Invocada por uma chamada do método draw para o objeto target	
moveball	Invocada por uma chamada do método moveit para o único objeto Ball	

Bala de Canhão e Estilingue   **137**

A Tabela 4-2 mostra o código completo para o aplicativo mais simples, com a bola se movendo dentro de um arco e nenhum canhão real.

Tabela 4-2. O primeiro aplicativo da Bala de canhão

Código	Explicação
<html>	Abertura da tag html
<head>	Abertura da tag head
<title>Cannonball</title>	Elemento title completo
<style>	Abertura da tag style
form {	Estilo para o formulário
width:330px;	Largura
margin:20px;	Margem externa
background-color:brown;	Cor
padding:20px;	Espaçamento interno
}	Fechar este estilo
</style>	Fechar elemento style
<script>	Abertura da tag script
var cwidth = 600;	Definir valor para largura de canvas, usado para limpar
var cheight = 400;	Definir valor para altura de canvas, usado para limpar
var ctx;	Variável para guardar contexto de canvas
var everything = [];	Array para guardar todos os objetos a serem desenhados. Inicializado como um array vazio
var tid;	Variável para guardar identificador para o evento temporizador
var horvelocity;	Variável para guardar velocidade horizontal (também conhecida como deslocamento)
var verticalvel1;	Variável para guardar velocidade vertical no início do intervalo
var verticalvel2;	Variável para guardar deslocamento vertical no final do intervalo, depois de ser modificada por gravity
var gravity = 2;	Valor de alteração do deslocamento vertical. Arbitrário. Cria um arco interessante.
var iballx = 20;	Coordenada horizontal inicial para a bola
var ibally = 300;	Coordenada vertical inicial para a bola
function Ball(sx,sy,rad,stylestring) {	Início da função para definir uma Bola. Objeto. Usar os parâmetros para definir as propriedades.
this.sx = sx;	Definir propriedade sx do objeto THIS

138 O Guia Essencial do HTML5

Código	Explicação
this.sy = sy;	...sy
this.rad = rad;	...rad
this.draw = drawball;	...draw. Uma vez que drawball é o nome de uma função, this faz de draw um método que pode ser invocado
this.moveit = moveball;	...moveit definida para a função moveball
this.fillstyle = stylestring;	...fillstyle
}	Fecha a função Ball
function drawball() {	Cabeçalho para a função drawball
ctx.fillStyle=this.fillstyle;	Configurar o fillStyle usando a propriedade deste objeto
ctx.beginPath();	Iniciar um caminho
ctx.arc(this.sx,this.sy↵ ,this.rad,0,Math.PI*2,true);	Configurar para desenhar um círculo.
ctx.fill();	Desenhar um caminho com um caminho preenchido
}	Fechar a função
function moveball(dx,dy) {	Cabeçalho para a função moveball
this.sx +=dx;	Incrementar a propriedade sx por dx
this.sy +=dy;	Incrementar a propriedade sy by dy
}	Fechar função
var cball = new Ball(iballx,ibally,↵ 10,"rgb(250,0,0)");	Criar um novo objeto Ball na posição, raio, e cor indicados. Atribuí-lo à variável cball. Note que nada foi desenhado desta vez. A informação foi configurada simplesmente para uso posterior.
function Myrectangle(sx,sy,swidth,↵ sheight,stylestring) {	Cabeçalho para a função construir um objeto Myrectangle
this.sx = sx;	Define a propriedade sx deste objeto THIS
this.sy = sy;	...sy
this.swidth = swidth;	...swidth
this.sheight = sheight;	...sheight
this.fillstyle = stylestring;	...stylestring
this.draw = drawrects;	... draw. This configura um método que pode ser invocado
this.moveit = moveball;	....moveit. This configura um método que pode ser invocado. Ele não é usado neste programa
}	Fechar função Myrectangle
function drawrects() {	Cabeçalho para a função drawrects

Bala de Canhão e Estilingue 139

Código	Explicação
ctx.fillStyle = this.fillstyle;	Define o fillStyle
ctx.fillRect(this.sx,this.sy, this.swidth,this.sheight);	Desenha o retângulo usando as propriedades do objeto
}	Fechar função
var target = new Myrectangle(300,100, 80,200,"rgb(0,5,90)");	Construir um objeto Myrectangle e atribuí-lo a target
var ground = new Myrectangle(0,300, 600,30,"rgb(10,250,0)");	Construir um objeto Myrectangle e atribuí-lo a ground
everything.push(target);	Adicionar target a everything
everything.push(ground);	Adicionar ground
everything.push(cball);	Adicionar cball (a qual será desenha por último, portanto, no topo de outras coisas)
function init(){	Cabeçalho para a função init
ctx = document.getElementById ('canvas').getContext('2d');	Configurar ctx para desenhar sobre canvas
drawall();	Desenhar tudo
}	Fechar init
function fire() {	Cabeçalho para a função fire
cball.sx = iballx;	Reposicionar cball dentro de x
cball.sy = ibally;	Reposicionar cball dentro de y
horvelocity = Number(document. f.hv.value);	Definir velocidade horizontal a partir do formulário. Criar um número
verticalvel1 = Number(document. f.vv.value);	Definir velocidade vertical inicial a partir do formulário
drawall();	Desenhar tudo
tid = setInterval (change,100);	Iniciar evento temporizador
return false;	Retornar falso para evitar atualização da página HTML
}	Fechar função
function drawall() {	Cabeçalho para a função para drawall
ctx.clearRect (0,0,cwidth,cheight);	Apagar canvas
var i;	Declarar var i para a iteração for
for (i=0;i<everything.length;i++) {	Para cada item dentro do array everything...
everything[i].draw();}	...chamar o método draw do objeto. Fechar iteração for.
}	Fechar função

140 O Guia Essencial do HTML5

Código	Explicação
function change() {	Cabeçalho para a função change
var dx = horvelocity;	Definir dx com sendo horvelocity
verticalvel2 =↵ verticalvel1 + gravity;	Calcular nova velocidade vertical (adicionar gravity)
var dy = (verticalvel1 +↵ verticalvel2)*.5;	Calcular velocidade média para o intervalo de tempo
verticalvel1 = verticalvel2;	Agora definir o velho como sendo o novo
cball.moveit(dx,dy);	Mover o valor calculado de cball
var bx = cball.sx;	Definir bx para simplificar o if
var by = cball.sy;	... e by
if ((bx>=target.sx)&&(bx<=↵ (target.sx+target.swidth))&&	A bola está dentro do alvo horizontalmente ...
(by>=target.sy)&&(by<=↵ (target.sy+target.sheight))) {	E verticalmente?
clearInterval(tid);	Se estiver, parar o movimento
}	Fechar cláusula if true
if (by>=ground.sy) {	A bola está fora do chão?
clearInterval(tid);	Se estiver, parar o movimento
}	Fechar cláusula if true
drawall();	Desenhar tudo
}	Fechar função change
</script>	Fechar elemento script
</head>	Fechar elemento head
<body onLoad="init();">	Abrir body e definir chamada para init
<canvas id="canvas" width=↵ "600" height="400">	Definir canvas
Your browser doesn't support↵ the HTML5 element canvas.	Alerta para usuários de navegadores não compatíveis
</canvas>	Fechar canvas
 	Quebra de linha
<form name="f" id="f"↵ onSubmit="return fire();">	Início da tag form, com nome e id. Isto configura chamada a ser disparada.
Set velocities and fire↵ cannonball. 	Rótulo e quebra de linha
Horizontal displacement <input name=↵ "hv" id="hv" value="10" type=↵ "number" min="-100" max="100" />	Rótulo e especificação do campo de entrada
 	Quebra de linha

Código	Explicação
Initial vertical displacement <input↵ name="vv" id="vv" value="-25"↵ type="number" min="-100" max="100"/>	Rótulo e especificação do campo de entrada
<input type="submit" value="FIRE"/>	Submeter elemento de entrada
</form>	Fechar elemento form
</body>	Fechar elemento body
</html>	Fechar elemento html

Você certamente pode fazer melhorias neste aplicativo, mas provavelmente ele faz mais sentido se você se assegurar de entendê-lo como ele é e depois passar para o próximo.

Bala de Canhão: com Canhão, Ângulo e Velocidade

O nosso próximo aplicativo adiciona um retângulo para representar o canhão, uma imagem para o alvo original do retângulo simples dentro do primeiro aplicativo, e uma segunda imagem para o alvo de colisão. O canhão gira como especificado pela entrada no formulário. Eu tornei o array everything um array de arrays porque eu precisava de uma maneira para adicionar informações de rotação e translação. Eu também decidi tornar o resultado mais dramático.

Quando a bola do canhão atinge o alvo. Isto significa que o código dentro da função change para verificar por uma colisão é o mesmo, mas o código dentro da cláusula if-true remove o alvo antigo, e o insere dentro do alvo de colisão, e remove a bola. Agora, depois de dizer tudo isso, a maior parte do código é o mesmo. A Tabela 4-3, a qual mostra as funções, possui duas linhas adicionais para Picture e drawAnImage.

Tabela 4-3. Funções dentro do Segundo Aplicativo da Bala de canhão

Função	Invocada por / Chamada por	Chamadas
init	Ação de onLoad dentro da tag body	Drawall
drawall	Invocada diretamente por init, fire, change	Chama o método draw de todos os objetos dentro do array everything. Estas são as funções drawball, drawrects.

142   O Guia Essencial do HTML5

Função	Invocada por / Chamada por	Chamadas
fire	Invocada pela ação do atributo onSubmit dentro de um formulário	Drawall
change	Invocada pela ação da função setInterval chamada em fire	drawall, chama o método moveit de cball, o qual é moveball
Ball	Invocada diretamente pelo código dentro de uma declaração var	
Myrectangle	Invocada diretamente pelo código dentro de uma declaração var	
drawball	Invocada pela chamada do método draw para o único objeto Ball	
drawrects	Invocada pela chamada do método draw para o objeto target	
moveball	Invocada pela chamada do método moveit para o único objeto Ball	
Picture	Invocada diretamente pelo código dentro de declarações var	
drawAnImage	Invocada pela chamada do método draw para o único objeto Picture	

Tabela 4-4 mostra o código completo para o segundo aplicativo, mas somente as linhas modificadas possuem comentários.

Tabela 4-4. O Segundo Aplicativo da Bala de canhão

Código	Explicação
<html>	
<head>	
<title>Cannonball</title>	
<style>	
form {	
width:330px;	
margin:20px;	
background-color:brown;	
padding:20px;	
}	
</style>	
<script type="text/javascript">	

Bala de Canhão e Estilingue 143

Código	Explicação
var cwidth = 600;	
var cheight = 400;	
var ctx;	
var everything = [];	
var tid;	
var horvelocity;	
var verticalvel1;	
var verticalvel2;	
var gravity = 2;	
var cannonx = 10;	Localização x do canhão
var cannony = 280;	Localização y do canhão
var cannonlength = 200;	Comprimento do canhão (isto é, largura)
var cannonht = 20;	Altura do canhão
var ballrad = 10;	
var targetx = 500;	Posição x do alvo
var targety = 50;	Posição y do alvo
var targetw = 85;	Largura do alvo
var targeth = 280;	Altura do alvo
var htargetx = 450;	Posição x do alvo de colisão
var htargety = 220;	Posição y do alvo de colisão
var htargetw = 355;	Largura do alvo de colisão
var htargeth = 96;	Altura do alvo de colisão
function Ball(sx,sy,rad,stylestring) {	
this.sx = sx;	
this.sy = sy;	
this.rad = rad;	
this.draw = drawball;	
this.moveit = moveball;	
this.fillstyle = stylestring;	
}	
function drawball() {	
ctx.fillStyle=this.fillstyle;	
ctx.beginPath();	
//ctx.fillStyle= rgb(0,0,0);	

Código	Explicação
ctx.arc(this.sx,this.sy,this.rad,↪ 0,Math.PI*2,true);	
ctx.fill();	
}	
function moveball(dx,dy) {	
this.sx +=dx;	
this.sy +=dy;	
}	
var cball = new Ball(cannonx+cannonlength,↪ cannony+cannonht*.5,ballrad,"rgb(250,0,0)");	
function Myrectangle(sx,sy,swidth,sheight,↪ stylestring) {	
this.sx = sx;	
this.sy = sy;	
this.swidth = swidth;	
this.sheight = sheight;	
this.fillstyle = stylestring;	
this.draw = drawrects;	
this.moveit = moveball;	
}	
function drawrects() {	
ctx.fillStyle = this.fillstyle;	
ctx.fillRect(this.sx,this.sy,↪ this.swidth,this.sheight);	
}	
function Picture (sx,sy,swidth,↪ sheight,filen) {	Cabeçalho para a função configurar o objeto Picture
var imga = new Image();	Criar um objeto Image
imga.src=filen;	Definir o nome do arquivo
this.sx = sx;	Definir a propriedade sx
this.sy = sy;	... sy
this.img = imga;	Definir a propriedade img para imga
this.swidth = swidth;	... swidth
this.sheight = sheight;	... sheight
this.draw = drawAnImage;	... draw. Este será o método draw para objetos deste tipo.

Bala de Canhão e Estilingue 145

Código	Explicação
`this.moveit = moveball;`	... Este será o método `moveit`. Não usado.
`}`	Fechar função `Picture`
`function drawAnImage() {`	Cabeçalho para a função `drawAnImage`
`ctx.drawImage(this.img,this.sx,` ↪ `this.sy,this.swidth,this.sheight);`	Desenhar imagem usando propriedades deste objeto
`}`	Fechar função
`var target = new Picture(targetx,targety,` ↪ `targetw,targeth,"hill.jpg");`	Construir novo objeto Picture e atribuir para a variável `target`
`var htarget = new Picture(htargetx,` ↪ `htargety, htargetw, htargeth, "plateau.jpg");`	Construir novo objeto `Picture` e atribuir para a variável `htarget`
`var ground = new Myrectangle(0,300,` ↪ `600,30,"rgb(10,250,0)");`	Construir novo objeto `Myrectangle` e atribuir para `ground`
`var cannon = new Myrectangle(cannonx,` ↪ `cannony,cannonlength,cannonht,"rgb(40,40,0)");`	Construir novo objeto `Myrectangle` e atribuir para `cannon`
`var targetindex = everything.length;`	Salvar o que será o índice para `target`
`everything.push([target,false]);`	Adicionar `target` a `everything`
`everything.push([ground,false]);`	Adicionar `ground` a `everything`
`var ballindex = everything.length;`	Salvar o que será o índice para `cball`
`everything.push([cball,false]);`	Adicionar `cball` a `everything`
`var cannonindex = everything.length;`	Salvar o que será o índice para `cannon`
`everything.push([cannon,true,0,` ↪ `cannonx,cannony+cannonht*.5]);`	Adicionar `cannon` a `everything`; reservar espaço para rotação
`function init(){`	
`ctx = document.getElementById` ↪ `('canvas').getContext('2d');`	
`drawall();`	
`}`	
`function fire() {`	
`var angle = Number(document.f` ↪ `.ang.value);`	Extrair ângulo do formulário, converter para número
`var outofcannon = Number` ↪ `(document.f.vo.value);`	Extrair velocidade de disparo do canhão do formulário, converter para número
`var angleradians = angle*Math` ↪ `.PI/180;`	Converter para radianos
`horvelocity = outofcannon*Math` ↪ `.cos(angleradians);`	Calcular velocidade horizontal

146 O Guia Essencial do HTML5

Código	Explicação
verticalvel1 = - outofcannon*Math↩.sin(angleradians);	Calcular velocidade inicial vertical
everything[cannonindex][2]=↩- angleradians;	Definir informação para girar o canhão
cball.sx = cannonx +↩cannonlength*Math.cos(angleradians);	Definir x para cball na boca do que será um canhão girado
cball.sy = cannony+cannonht*.5↩- cannonlength*Math.sin(angleradians);	Definir y para cball na boca do que será um canhão girado
drawall();	
tid = setInterval(change,100);	
return false;	
}	
function drawall() {	
ctx.clearRect(0,0,cwidth,cheight);	
var i;	
for (i=0;i<everything.length;i++) {	
var ob = everything[i];	Extrair array para objeto
if (ob[1]) {	Precisa fazer movimento de translação ou rotação?
ctx.save();	Salvar eixos originais
ctx.translate(ob[3],ob[4]);	Executar translação indicada
ctx.rotate(ob[2]);	Executar rotação indicada
ctx.translate(-ob[3],-ob[4]);	Movimento de translação para trás
ob[0].draw();	Objeto draw
ctx.restore(); }	Restaurar eixos
else {	Caso contrário (sem rotação)
ob[0].draw();}	Efetuar o desenho
}	Fechar iteração for
}	Fechar função
function change() {	
var dx = horvelocity;	
verticalvel2 =verticalvel1 + gravity;	
var dy=(verticalvel1 + verticalvel2)*.5;	
verticalvel1 = verticalvel2;	
cball.moveit(dx,dy);	
var bx = cball.sx;	
var by = cball.sy;	

Bala de Canhão e Estilingue 147

Código	Explicação
`if ((bx>=target.sx)&&(bx<=(target↪` `.sx+target.swidth))&&`	
`(by>=target.sy)&&(by<=(target↪` `.sy+target.sheight))) {`	
`    clearInterval(tid);`	
`    everything.splice↪` `(targetindex,1,[htarget,false]);`	Remover target e inserir htarget
`    everything.splice↪` `(ballindex,1);`	Remover a bola
`    drawall();`	
`}`	
`if (by>=ground.sy) {`	
`    clearInterval(tid);`	
`}`	
`    drawall();`	
`}`	
`</script>`	
`</head>`	
`<body onLoad="init();">`	
`<canvas id="canvas" width="600"↪` `height="400">`	
`Your browser doesn't support the↪` `HTML5 element canvas.`	
`</canvas>`	
` `	
`<form name="f" id="f" onSubmit=↪` `"return fire();">`	
`Set velocity, angle and fire↪` `cannonball.  `	

`Velocity out of cannon <input name=↪`
`"vo" id="vo" value="10" type=↪`
`"number" min="-100" max="100" />`
	Rótulo indicando que esta é a velocidade de disparo do canhão

` `	

`Angle <input name="ang" id="ang"↪`
`value="0" type="number" min=↪`
`"0" max="80"/>`
	Rótulo indicando que este é o ângulo do canhão

`<input type="submit" value="FIRE"/>`	

Código	Explicação
</form>	
</body>	
</html>	

Este aplicativo fornece muitas possibilidades para se fazer modificações. Você pode alterar o canhão, a bala, o chão, e o alvo. Se não quiser usar imagens, pode usar desenhos para o alvo e o alvo de colisão. Você pode desenhar outras coisas sobre a tela. Você simplesmente precisa se certificar de que a bala do canhão (ou qualquer coisa que você queira que seja o projétil) esteja no topo de onde quer que queira que ela esteja. Você poderia, por exemplo, fazer com que o chão cobrisse a bola. Você pode usar um gif animado para qualquer objeto Image, inclusive o htarget. Você poderia também utilizar imagens para o canhão e para a bola. Uma possibilidade é usar um arquivo gif animado para representar uma bala de canhão girando. Lembre-se de que todos os arquivos de imagens referenciados dentro do código devem estar na mesma pasta que o arquivo HTML que foi feito upload. Se eles estiverem em um lugar diferente na Web, certifique-se de que a referência esteja correta.

O suporte para áudio e vídeo dentro do HTML5 varia de acordo com os navegadores. Você pode olhar adiante para a apresentação do vídeo como recompensa por completar o Jogo de Perguntas do Capítulo 6, e para o áudio apresentado como parte do Jogo da Pedra-Papel-Tesoura do Capítulo 8. Se você quiser se especializar neste assunto, seria uma boa ideia ter um som quando a bala de canhão atinge o alvo e um vídeo clip mostrando o alvo explodindo.

Fugindo da aparência do jogo, você pode inventar um sistema de pontuação, talvez rastreando as tentativas com relação às colisões.

Estilingue: Usando um Mouse para Definir Parâmetros de Voo

O aplicativo do estilingue é construído sobre o aplicativo da bala de canhão. Existem diferenças, mas a maior parte é a mesma. Rever e entender como aplicativos mais complicados são construídos sobre os simples vai ajudá-lo a criar seu próprio trabalho.

Criar o aplicativo do estilingue envolve desenhar o estilingue, implementar os eventos do mouse para mover a bola e partes do estilingue, e depois disparar a bola. O formulário é ausente porque os movimentos do jogador são simplesmente as ações do mouse. Além disso, eu usei uma abordagem um pouco diferente para o que fazer quando o alvo foi atingido. Eu faço verificações; com a bola, faz-se intersecção com uma área dentro do alvo em cerca de 40 pixels. Isto é, eu exijo que a bola atinja o meio da galinha! Quando isso é conseguido, eu mudo o valor de target.src para ser um outro elemento Image, que vai da figura da galinha para uma figura de asas. Além do mais, eu não paro a animação, portanto, a bola para somente quando ela atinge o chão. Como indiquei anteriormente, eu não quero que as cordas do estilingue retornem para sua posição original, porque eu queria ver a posição para planejar minha próxima tentativa.

A Tabela 4-5 mostra as funções chamando e sendo chamadas dentro do aplicativo do estilingue. Esta tabela é bem similar àquela dos aplicativos da bala de canhão.

Tabela 4-5. Funções dentro do Aplicativo do Estilingue

Função	Invocada por / Chamada por	Chamadas
init	Ação sobre onLoad dentro da tag body	Drawall
drawall	Invocada diretamente por init, fire, change	Chama o método draw de todos os objetos dentro do array everything. Estas são as funções drawball, drawrects.
findball	Invocada pela ação de addEventListener dentro de init para o evento mousedown	Drawall
distsq	Chamada por findball	
moveit	Invocada pela ação de addEventListener dentro de init para o evento mousemove	Drawall
finish	Invocada pela ação de addEventListener dentro de init para o evento mouseup	Drawall
change	Invocada pela ação da função setInterval chamada dentro de finish	drawall, chama o método moveit de cball, o qual é moveball.
Ball	Invocada diretamente pelo código dentro de uma declaração var	

150   O Guia Essencial do HTML5

Função	Invocada por / Chamada por	Chamadas
Myrectangle	Invocada diretamente pelo código dentro de uma declaração var	
drawball	Invocada pela chamada do método draw para o único objeto Ball	
drawrects	Invocada pela chamada do método draw method para o objeto target	
moveball	Invocada pela chamada do método moveit for the one Ball object	
Picture	Invocada diretamente pelo código dentro de declarações var	
drawAnImage	Invocada pela chamada do método draw para um objeto picture	
Sling	Invocada diretamente pelo código dentro de declarações var	
drawsling	Invocada pela chamada do método draw draw para mysling	

A Tabela 4-6 mostra o código para o aplicativo do estilingue, com comentários para as linhas novas ou que foram alteradas. Observe que o formulário está ausente do elemento body. Antes de olhar o código, tente identificar quais partes serão as mesmas no aplicativo da bala de canhão e quais seriam diferentes.

Tabela 4-6. A Aplicação Slingshot

Código	Explicação
`<html>`	
`<head>`	
`<title>Slingshot pulling back</title>`	
`<script type="text/javascript">`	
`var cwidth = 1200;`	
`var cheight = 600;`	
`var ctx;`	
`var canvas1;`	
`var everything = [];`	
`var tid;`	
`var startrockx = 100;`	Iniciando posição x

Bala de Canhão e Estilingue 151

Código	Explicação
var startrocky = 240;	Iniciando posição y
var ballx = startrockx;	Definir ballx
var bally = startrocky;	Definir bally
var ballrad = 10;	
var ballradsq = ballrad*ballrad;	Salvar este valor
var inmotion = false;	
var horvelocity;	
var verticalvel1;	
var verticalvel2;	
var gravity = 2;	
var chicken = new Image();	Nome do alvo original
chicken.src = "chicken.jpg";	Definir arquivo de imagem
var feathers = new Image();	Nome do alvo de colisão
feathers.src = "feathers.gif";	Definir arquivo de imagem
function Sling(bx,by,s1x,s1y,s2x,s2y, s3x,s3y,stylestring) {	Função que define um estilingue baseada nos quatro pontos mais uma cor
this.bx = bx;	Definir propriedade bx
this.by = by;	... by
this.s1x = s1x;	... s1x
this.s1y = s1y;	... s1y
this.s2x = s2x;	... s2x
this.s2y = s2y;	... s2y
this.s3x = s3x;	... s3x
this.s3y = s3y;	... s3y
this.strokeStyle = stylestring;	... strokeStyle
this.draw = drawsling;	Definir o método draw
this.moveit = movesling;	Definir o método move (não usado)
}	Fechar função
function drawsling() {	Cabeçalho da função para drawsling
ctx.strokeStyle = this.strokeStyle;	Definir estilo de this
ctx.lineWidth = 4;	Definir largura da linha
ctx.beginPath();	Iniciar o caminho
ctx.moveTo(this.bx,this.by);	Mover para bx,by
ctx.lineTo(this.s1x,this.s1y);	Configurar para desenhar para s1x,s1y
ctx.moveTo(this.bx,this.by);	Mover para bx,by

Código	Explicação
ctx.lineTo(this.s2x,this.s2y);	Configurar para desenhar para s2x,s2y
ctx.moveTo(this.s1x,this.s1y);	Mover para s1x,s1y
ctx.lineTo(this.s2x,this.s2y);	Configurar para desenhar para s2x,s2y
ctx.lineTo(this.s3x,this.s3y);	Desenhar para s3x,s3y
ctx.stroke();	Agora desenhe o caminho
}	Fechar função
function movesling(dx,dy) {	Cabeçalho para movesling
this.bx +=dx;	Adicionar dx para bx
this.by +=dy;	Adicionar dy para by
this.s1x +=dx;	Adicionar dx para s1x
this.s1y +=dy;	Adicionar dy para s1y
this.s2x +=dx;	Adicionar dx para s2x
this.s2y +=dy;	Adicionar dy para s2y
this.s3x +=dx;	Adicionar dx para s3x
this.s3y +=dy;	Adicionar dy para s3y
}	Fechar função
var mysling= new Sling(startrockx,startrocky,↪ startrockx+80,startrocky-10,startrockx+80,↪ startrocky+10,startrockx+70,↪ startrocky+180,"rgb(120,20,10)");	Construir nova Sling e atribuí-la à variável mysling
function Ball(sx,sy,rad,stylestring) {	
this.sx = sx;	
this.sy = sy;	
this.rad = rad;	
this.draw = drawball;	
this.moveit = moveball;	
this.fillstyle = stylestring;	
}	
function drawball() {	
ctx.fillStyle=this.fillstyle;	
ctx.beginPath();	
ctx.arc(this.sx,this.sy,this.rad,↪ 0,Math.PI*2,true);	
ctx.fill();	

Bala de Canhão e Estilingue 153

Código	Explicação
}	
function moveball(dx,dy) {	
this.sx +=dx;	
this.sy +=dy;	
}	
var cball = new Ball(startrockx,startrocky,↪ ballrad,"rgb(250,0,0)");	
function myrectangle(sx,sy,swidth,↪ sheight,stylestring) {	
this.sx = sx;	
this.sy = sy;	
this.swidth = swidth;	
this.sheight = sheight;	
this.fillstyle = stylestring;	
this.draw = drawrects;	
this.moveit = moveball;	
}	
function drawrects() {	
ctx.fillStyle = this.fillstyle;	
ctx.fillRect(this.sx,this.sy,↪ this.swidth,this.sheight);	
}	
function Picture (sx,sy,swidth,↪ sheight,imga) {	
this.sx = sx;	
this.sy = sy;	
this.img = imga;	
this.swidth = swidth;	
this.sheight = sheight;	
this.draw = drawAnImage;	
this.moveit = moveball;	
}	
function drawAnImage() {	
ctx.drawImage(this.img,this.sx,this.↪ sy,this.swidth,this.sheight);	

154   O Guia Essencial do HTML5

Código	Explicação
`}`	
`var target = new Picture(700,210,209,`↵`179,chicken);`	Construir novo objeto Picture e atribuí-lo a target
`var ground = new myrectangle(0,370,`↵`1200,30,"rgb(10,250,0)");`	
`everything.push(target);`	
`everything.push(ground);`	Colocar ground no topo dos pés da galinha
`everything.push(mysling);`	
`everything.push(cball);`	
`function init(){`	
`ctx = document.getElementById`↵`('canvas').getContext('2d');`	
`canvas1 = document.getElementById`↵`('canvas');`	
`canvas1.addEventListener('mousedown',`↵`findball,false);`	Configurar tratador de eventos para o evento mousedown
`canvas1.addEventListener('mousemove',`↵`moveit,false);`	Configurar tratador de eventos para o evento mousemove
`canvas1.addEventListener('mouseup',`↵`finish,false);`	Configurar tratador de eventos para o evento mouseup
`drawall();`	
`}`	
`function findball(ev) {`	Cabeçalho da função para o evento mousedown
`var mx;`	Variável para guardar x do mouse
`var my;`	Variável para guardar y do mouse
`if ( ev.layerX || ev.layerX`↵`== 0) {`	ev.layerX está bom
`mx= ev.layerX;`	Use-a para mx
`my = ev.layerY; }`	Use layerY para my
`else if (ev.offsetX || ev.offsetX`↵`== 0) {`	Caso contrário tente offset
`mx = ev.offsetX;`	Definir mx
`my = ev.offsetY; }`	Definir my
`if (distsq(mx,my, cball.sx,`↵`cball.sy)<ballradsq) {`	O mouse está acima da bola?
`inmotion = true;`	Definir inmotion

Bala de Canhão e Estilingue 155

Código	Explicação
`drawall();`	Desenhar everything
`}`	Fechar se acima da bola
`}`	Fechar função
`function distsq(x1,y1,x2,y2) {`	Cabeçalho para distsq
`return (x1-x2)*(x1-x2)+(y1-y2)*`↵`(y1-y2);`	Retorna distância ao quadrado
`}`	Fechar função
`function moveit(ev) {`	Cabeçalho da função para mousemove
`var mx;`	Para x do mouse
`var my;`	Para x do mouse
`if (inmotion) {`	Em movimento?
`if ( ev.layerX || ev.layerX == 0) {`	layerX funciona?
`mx= ev.layerX;`	Use-a para mx
`my = ev.layerY;`	ev.layerY para my
`} else if (ev.offsetX || ev.offsetX == 0) {`	offsetX funciona?
`mx = ev.offsetX;`	Use-a para mx
`my = ev.offsetY;`	Usar offsetY para my
`}`	Fechar se verdadeiro
`cball.sx = mx;`	Posição x da bola
`cball.sy = my;`	...e y
`mysling.bx = mx;`	Posição bx de sling
`mysling.by = my;`	... e by
`drawall();`	Desenhar everything
`}`	Fechar se estiver em movimento
`}`	Fechar função
`function finish(ev) {`	Função para mousedown
`if (inmotion) {`	Em movimento?
`inmotion = false;`	Redefinir inmotion
`var outofcannon = distsq(mysling.bx,mysling.by,`↵`mysling.s1x,mysling.s1y)/700;`	Base de outofcannon proporcional ao quadrado de bx,by até s1x,s1y
`var angleradians = -Math.atan2`↵`(mysling.s1y-mysling.by,`↵`mysling.s1x-mysling.bx);`	Calcular ângulo
`horvelocity = outofcannon*Math.cos`↵`(angleradians);`	

156   O Guia Essencial do HTML5

Código	Explicação
verticalvel1 = - outofcannon*Math.sin↵(angleradians);	
drawall();	
tid = setInterval(change,100);	
}	
}	
function drawall() {	
ctx.clearRect(0,0,cwidth,cheight);	
var i;	
for (i=0;i<everything.length;i++) {	
everything[i].draw();	
}	
}	
function change() {	
var dx = horvelocity;	
verticalvel2 = verticalvel1 + gravity;	
var dy = (verticalvel1 + ↵verticalvel2)*.5;	
verticalvel1 = verticalvel2;	
cball.moveit(dx,dy);	
var bx = cball.sx;	
var by = cball.sy;	
if ((bx>=target.sx+40)&&(bx<=↵(target.sx+target.swidth-40))&&↵(by>=target.sy+40)&&(by<=↵(target.sy+target.sheight-40))) {	Verificar o interior de target (40 pixels)
target.img = feathers;	Modificar img de target
}	
if (by>=ground.sy) {	
clearInterval(tid);	
}	
drawall();	
}	
</script>	
</head>	

Código	Explicação
`<body onLoad="init();">`	
`<canvas id="canvas" width="1200"`↪ `height="600">`	
Your browser doesn't support the↪ HTML5 element canvas.	
`</canvas>`	
` `	
Hold mouse down and drag ball. Releasing↪ the mouse button will shoot the slingshot.↪ Slingshot remains at the last position.↪ Reload page to try again.	Instruções para usar o mouse
`</body>`	
`</html>`	

Testando e Fazendo Uploado do Aplicativo

Estes aplicativos podem ser criados sem arquivos de imagens externos, mas usar imagens para o alvo e o alvo de colisão é divertido, portanto, lembre-se de incluir esses arquivos quando você fizer o upload do seu projeto. Você pode escolher os seus próprios alvos. Talvez você sinta simpatia com relação às galinhas!

Você precisará testar se o programa executa corretamente em três situações: quando a bola respinga à direita do alvo, quando a bola atinge o alvo, e quando a bola paira acima do alvo. Note que eu filtrei os valores de modo que a galinha precisa ser atingida no meio, portanto, é possível que a bola toque a cabeça e o rabo e não faça as penas aparecerem.

Você pode variar a posição do canhão e do seu alvo e do alvo de colisão, e o estilingue e a galinha e as penas, modificando as variáveis, tal como `startrockx`, e você pode modificar a variável `gravity`. Se você colocar o estilingue mais próximo do alvo, poderá ter mais maneiras de acertar a galinha: puxando mais para a esquerda para uma jogada direta e também puxando para baixo para uma curva mais acentuada. Aproveite!

Como mencionei, você poderia usar um gif animado para o alvo de colisão tanto no aplicativo da bala de canhão como no estilingue. Isto produziria um efeito interessante.

Resumo

Neste capítulo, você aprendeu como criar dois aplicativos de balística. É importante entender como eles são os mesmos e como eles são diferentes. As técnicas de programação e os recursos do HTML5 incluem

- objetos definidos pelo programador
- `setInterval` para configurar um evento temporizador para a animação, como foi feito para a bola saltitante
- construir um array usando método `push` e usando arrays como uma lista do que queremos exibir
- modificar arrays usando o método `splice`
- o uso de funções trigonométricas com cálculos para girar o canhão e determinar as velocidades horizontais e verticais de modo a simular a gravidade
- usar um formulário para entrada do jogador
- tratamento de eventos do mouse (`mousedown`, `mousemove`, `mouseup`), com `addEventListener` para obter entradas do jogador
- movimentar arcos, retângulos, linhas e imagens do desenho sobre canvas

A técnica de objetos definidos pelo programador e o uso de um array de objetos a serem exibidos serão abordados mais tarde, nos capítulos posteriores. O próximo capítulo se foca em um jogo familiar conhecido como Jogo da Memória ou jogo de concentração. Ele irá utilizar um evento temporizador diferente bem como a função `Date`, apresentada no Capítulo 1.

Capítulo 5

O Jogo da Memória (ou Jogo da Concentração)

Neste capítulo, iremos abordar

- Desenhar polígonos
- Colocar textos sobre canvas
- Técnicas de programação para representar a informação
- Programar uma pausa
- Calcular tempo decorrido
- Um método de embaralhar um conjunto de objetos cartas

Introdução

Este capítulo demonstra duas versões de um Jogo de Cartas conhecido amplamente como Jogo da Memória ou jogo de concentração. As cartas aparecem com a face para baixo, e o jogador vira duas de cada vez (clicando nelas) numa tentativa de encontrar pares que combinem. O programa remove as combinações do tablado, mas desvira (virtualmente) as cartas que não coincidem. Quando os jogadores fizerem todos os pares, o jogo mostra o tempo decorrido.

A primeira versão do jogo que eu descrevo utiliza polígonos para a face das cartas; o segundo usa fotos da família. Você vai observar outras diferenças, que foram feitas para ilustrar vários recursos do HTML5, mas eu também insisto para que você pense sobre o que as versões têm em comum.

A Figura 5-1 mostra a tela de abertura da primeira versão. Quando um jogador termina o jogo, o formulário que faz o rastreamento das combinações também mostra o tempo decorrido.

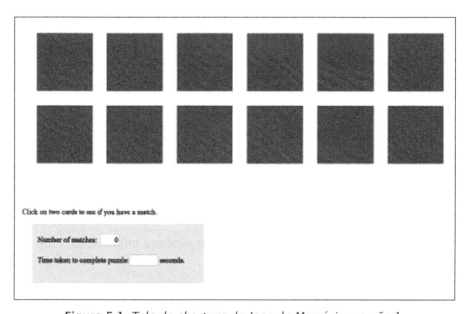

Figura 5-1. *Tela de abertura do Jogo da Memória, versão 1.*

A Figura 5-2 exibe o resultado depois de que o jogador clicou nas duas cartas (quadrados cinzas). Os polígonos representados não são coincidentes, portanto, depois de uma pausa o programa as substitui com imagens mostrando os versos das cartas, fazendo as cartas parecerem girar rapidamente.

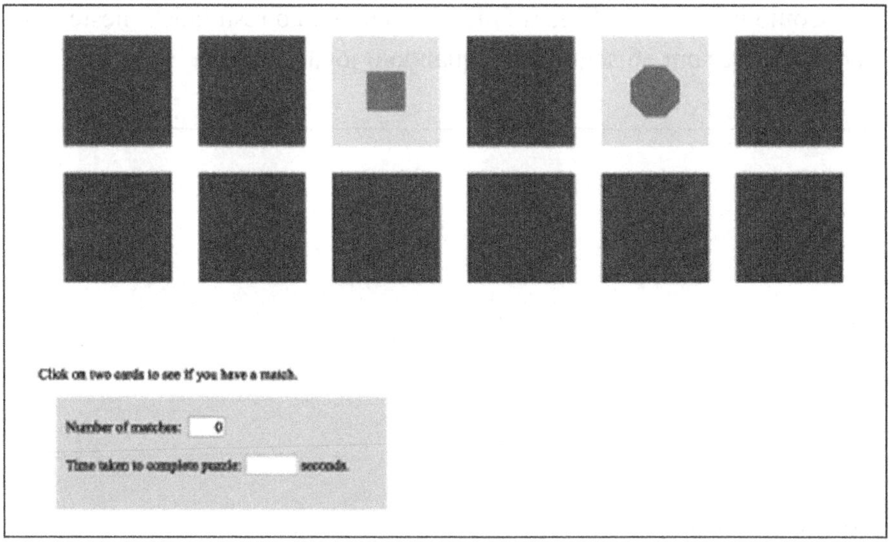

O Jogo da Memória (ou Jogo da Concentração)   **161**

Figura 5-2. *Duas frentes das cartas: nenhum par.*

Quando duas cartas formam pares, o aplicativo as remove e faz uma observação da coincidência no formulário (Figura 5-3).

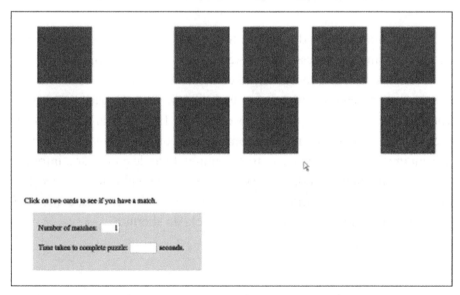

Figura 5-3. *O aplicativo removeu as duas cartas que formavam pares.*

Como ilustrado na Figura 5-4, o jogo mostra o resultado – neste caso, 6 combinações em 36 segundos – quando o jogador acaba.

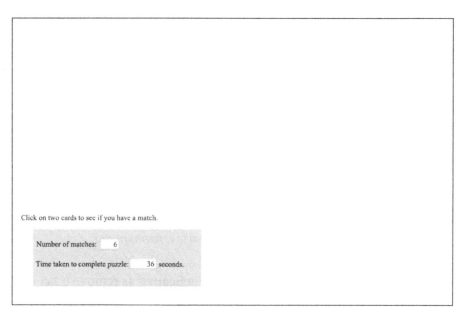

Figura 5-4. *Versão do jogo depois que o jogador terminou.*

Na segunda versão do jogo, as frentes das cartas mostram fotografias de pessoas em vez de pessoas. E note que embora muitos jogos de memória levem imagens em consideração como sendo as mesma somente se forem completamente idênticas, este é similar ao 2 de Copas combinando com o 2 de Ouros em um baralho de cartas. Para ilustrar um ponto de programação, vamos definir uma combinação como a mesma pessoa, mesmo em imagens diferentes. Isto requer um método de codificar a informação que utilizamos para determinar os estados de combinação. A versão 2 do jogo também demonstra como escrever textos sobre canvas, como você pode ver na Figura 5-5, a qual desenha a tela de abertura.

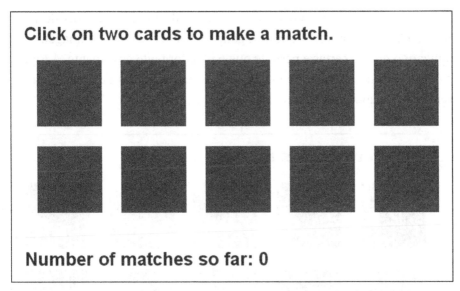

Figura 5-5. *O Jogo da memória, versão 2, tela de abertura.*

Para ver um resultado possível de clicar em duas cartas em nosso novo jogo, olhe a Figura 5-6.

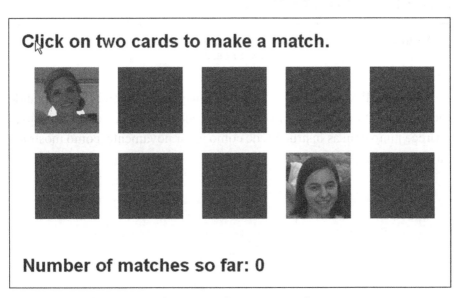

Figura 5-6. *A tela mostra fotos que não formam pares.*

Como o resultado mostra duas pessoas diferentes – depois de fazer uma pausa para permitir que o jogador visualize ambas as imagens – o aplicativo gira as cartas e permite que o jogador tente novamente. A Figura 5-7 mostra uma seleção bem-sucedida – duas imagens das duas pessoas (embora em quadros diferentes).

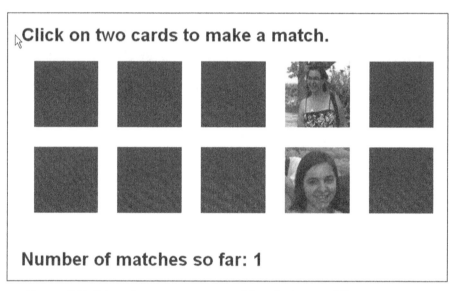

Figura 5-7. *Esta tela mostra uma combinação (cenas diferentes, mas a mesma pessoa).*

O aplicativo remove do quadro as imagens que combinam. Quando todas as cartas forem removidas, o tempo que levou para completar o jogo aparece junto com as instruções de como jogar novamente, como mostrado na Figura 5-8.

> **You finished in 188 secs.**
>
>
> **Re-load the page to try again.**

Figura 5-8. *A tela final do jogo (versão com fotos). Todas as imagens formaram pares, portanto, não aparece nenhuma carta.*

Você pode também jogar usando fotos disponíveis para download da página do livro do site web Friends of ED (www.friendsofed.com/), mas é mais divertido usar as suas próprias. Você pode começar com um número pequeno – digamos dois ou três pares de imagens – depois trabalhar com imagens da família toda, da classe ou do clube. E para a versão 1 do jogo, você pode substituir os polígonos com seus próprios desenhos.

Requisitos Críticos

As versões digitais dos jogos requerem maneiras de representar os versos das cartas (os quais são todos os mesmos) e as frentes com seus distintos polígonos ou fotos. Os aplicativos devem também ser capazes de dizer quais cartas combinam e onde as cartas estão no quadro. Além disso, os jogadores precisam de respostas. No jogo do mundo real, os participantes viram duas cartas e buscam uma combinação (a qual pode levar alguns segundos). Se não houver nenhuma, as cartas são giradas com a face para baixo novamente.

O programa do compurador deve mostrar as faces das cartas selecionadas e fazer uma pausa depois de revelar a segunda carta de modo que os jogadores tenham tempo de ver as duas faces. Esta pausa é um exemplo de algo necessário para implementação de um computador que ocorre mais ou menos, naturalmente quando as pessoas jogam o jogo. O aplicativo também deverá exibir o número corrente de pares encontrados e, quando o jogo terminar, o comprimento do tempo que os participantes levaram para encontrar todas elas. As versões dos polígonos e das fotos do programa utilizam abordagens diferentes para realizar estas tarefas.

Eis aqui um sumário do que as versões dos dois jogos devem fazer:
- Desenhar os versos das cartas.
- Embaralhar as cartas antes que um jogador faça uma seleção inicial de modo que o mesmo array de opções não apareça todas as vezes.
- Detectar quando um jogador clica uma carta, e fazer distinção entre um primeiro e um segundo clique.
- Ao detectar um click, mostrar a face da carta apropriada: desenhando polígonos; no caso da versão, um do jogo ou exibindo a fotografia correta para a versão dois.
- Remover pares que coincidem.
- Fazer um trabalho adequado mesmo se aqueles jogadores desagradáveis fizerem o inesperado, tal como clicar sobre a mesma carta duas vezes ou sobre um espaço vazio antes ocupado por uma carta.

Recursos do HTML5, CSS e do JavaScript

Vamos dar uma passada nos recursos do HTML5, CSS e do JavaScript que fornecem aquilo que precisamos para implementar os jogos. Iremos construir sobre os materiais que já foram abordados anteriormente: a estrutura geral dos documentos HTML; como desenhar retângulos, imagens, e caminhos constituídos por segmentos de linha sobre um elemento canvas; funções embutidas e programadas pelo usuário; objetos do programador; o elemento form, e arrays.

Os novos recursos do HTML5 e do JavaScript incluem o evento de expiração de tempo (time out), o uso de objetos Date para o cálculo de tempo decorrido, escrever e desenhar texto sobre canvas, e diversas técnicas úteis de programação que você irá achar valiosas nos futuros aplicativos.

Como nos capítulos anteriores, esta seção descreve os recursos do HTML5 e as técnicas de programação em termos gerais. Você pode ver todo o código do contexto dentro da seção "Construindo o Aplicativo". Se você preferir, pode pular para aquela seção para ver o código, depois voltar aqui para explicações de como funcionam os recursos.

Representando Cartas

Quando nós seguramos uma carta física em nossas mãos, podemos ver o que ela é. Existe uma frente e um verso da carta, e os versos são todos iguais. Podemos determinar claramente as posições das cartas sobre o tablado do jogo e se suas faces ou versos são mostrados. Para implementar um jogo de computador, devemos representar – em códigos – todas essas informações. A codificação é uma parte essencial de criar muitos aplicativos de computador, não apenas jogos.

Neste capítulo (e em todo o livro), eu descrevo uma maneira de realizar a tarefa. Tenha em mente, contudo, que raramente existe apenas uma maneira de implementar um recurso de um aplicativo. Dito isto, diferentes estratégias para construir um aplicativo provavelmente terão algumas técnicas em comum.

A nossa abordagem de manipular cartas irá empregar um objeto definido pelo programador. Criar um objeto definido pelo programador em JavaScript envolve escrever a função constructor; neste caso vamos chamá-la de Card. A vantagem de usar objetos definidos pelo programador é que JavaScript fornece a notação de pontos necessária para acessar a informação e o código para objetos de um tipo comum. Fizemos isto para os jogos da bala de canhão e do estilingue no Capítulo 4.

Daremos ao objeto Card propriedades que irão conter a localização da carta (sx e sy) e as dimensões (swidth e sheight), um ponteiro para uma função desenhar o verso para a carta, e para cada caso, a informação que especifica a frente (info) apropriada.

No caso de um polígono, o valor de info irá indicar o número de lados a serem desenhados. (Numa seção posterior iremos discutir o código para desenhá-lo.) Para a face da carta da foto, o valor será uma referência, img, para um objeto Image que nós criamos. O objeto irá conter uma imagem específica junto com um número (info) que amarra junto as imagens que formam pares. Para desenhar a imagem do arquivo, utilizaremos o método embutido drawImage.

Será desnecessário dizer que as cartas não existem como entidades físicas, com dois lados. O aplicativo desenha a frente e o verso das cartas sobre o canvas, onde o jogador espera vê-las. A função flipback desenha o verso da carta. Para dar aparência da remoção da carta, flipback efetivamente apaga uma carta desenhando um retângulo que é da cor do quadro.

Ambos os aplicativos utilizam uma função chamada makedeck para preparar o baralho, um processo que inclui a criação de objetos Card. Para a versão do jogo com polígonos, nós armazenamos o número de lados (de três a oito) dentro dos objetos Card. O aplicativo não desenha nenhum polígono durante a configuração, todavia. A versão com fotos configura um array chamado pairs, que lista os nomes dos arquivos de imagens para as fotos. Você pode seguir este exemplo para criar a sua própria família ou o Jogo da Memória de um grupo.

Sugestão: *Se você usar o código online para utilizar o jogo, como observado anteriormente, poderá fazer o download dos arquivos de imagens. Para criar o seu jogo particular, você precisa fazer o upload das imagens e depois alterar o código para referenciar seus arquivos. O código indica o que você precisa para fazer alteração.*

A função makedeck cria os objetos Image e utiliza o array pairs para definir a propriedade src para o objeto de imagem. Quando o código cria os objetos Card, ele coloca dentro do valor do índice que controla o array pairs de modo que as fotos emparelhadas tenham o mesmo valor. Como na versão dos polígonos, o aplicativo não desenha nenhuma imagem sobre o canvas durante a criação do baralho. Na tela, todas as cartas parecem ser as mesmas; todavia, a informação é diferente. Estas cartas estão em posições fixas – o embaralhamento é um processo posterior.

O código interpreta a informação da posição, as propriedades sx e sy, de modo diferente para as Cartas e os Polígonos. No primeiro caso, a informação referencia o canto superior esquerdo. No segundo caso, o valor identifica o centro do polígono. Todavia, você pode calcular um a partir do outro.

Usando Date para Temporização

Precisamos de uma maneira para determinar quanto tempo o jogador levou para fazer todas as combinações. JavaScript fornece um modo de medir o tempo decorrido. Você pode visualizar o código no contexto dentro da seção "Construindo o Aplicativo". Aqui eu forneço a explicação de como determinar o número de segundos entre dois eventos distintos dentro de um programa em execução.

'Uma chamada para Date() gera um objeto com informação de data e hora. As duas linhas

```
starttime = new Date();
starttime = Number(starttime.getTime());
```

armazenam o número em milissegundos (milhares de um segundo) uma vez que o início de 1970 está dentro da variável starttime. (O motivo pelo qual o JavaScript utiliza não é importante.)

Quando um de nossos dois programas de memória determina que o jogo acabou, ele invoca Date() novamente como segue:

```
var now = new Date();
var nt = Number(now.getTime());
var seconds = Math.floor(.5+(nt-starttime)/1000);
```

Este código

1. Cria um novo objeto Date e o armazena dentro da variável now.

2. Extrai a hora usando getTime, converte-a para Number, e a atribui à variável nt. Isto significa que nt contém o número de milissegundos desde o início de 1970 até o ponto no qual o código chamou Date. O programa então subtrai o tempo salvo de inicialização, starttime, da hora corrente, nt.

3. Divide por 1000 para obter em segundos.

4. Adiciona .5 e invoca Math.floor para arredondar o resultado para cima ou para baixo para segundos inteiros.

Se você precisar de mais precisão do que o segundo fornece, omita ou modifique a última etapa.

Você pode usar este código sempre que precisar para calcular o tempo decorrido entre dois eventos dentro do programa.

Fornecendo uma Pausa

Quando brincamos com o Jogo da Memória utilizando cartas verdadeiras, nós conscientemente fazemos uma pausa antes de girar para baixo as cartas que não coincidem. Mas como foi observado anteriormente, a implementação do nosso computador deve fornecer uma pausa de modo que os jogadores tenham tempo para ver as cartas diferentes. Você deve se lembrar dos Capítulos 3 e 4 nos quais os aplicativos de animação – da bola saltitante, da bala de canhão, e do estilingue – utilizam a função setInterval do JavaScript para configurar eventos a intervalos fixos de tempo. Nós podemos empregar uma função relacionada, setTimeout, em nossos jogos de memória. Para ver o código completo dentro do contexto, vá para a seção "Construindo o Aplicativo". Vamos ver como configurar o evento e o que acontece quando o tempo de pausa excede o limite.

A função setTimeout configura um evento único, o qual podemos usar para estabelecer uma pausa. A função choose, chamada quando um jogador clica sobre o canvas, primeiro verifica a variável firstpick para determinar se a pessoa fez uma primeira ou segunda seleção. Em ambos os casos, o programa desenha a carta sobre o canvas no mesmo ponto do verso da carta. Se o clique for uma segunda opção e as duas cartas formarem pares, o código define a variável matched para true ou false, dependendo de as cartas combinaram ou não. Se o aplicativo determinar que o jogo acabou, o código invoca

```
setTimeout(flipback,1000);
```

Isto leva para uma chamada para a função flipback em 1.000 milissegundos (1 segundo). A função flipback então usa a variável matched para determinar ou redesenhar os versos das cartas ou apagar as cartas desenhando retângulos com a cor de fundo da tabela nas localizações apropriadas do baralho.

Você pode usar setTimeout para configurar quaisquer eventos individuais decorridos. Você precisa especificar o intervalo de tempo e a função que você quis chamar quando o intervalo expira. Lembre-se de que a unidade de tempo é milissegundos.

Desenhando Textos

O HTML5 inclui um mecanismo para colocar textos sobre o canvas. Isto fornece um modo muito mais dinâmico e flexível para apresentar textos do que as versões anteriores. Você pode criar alguns bons efeitos combinando alocação de textos com o desenho de retângulos, linhas, arcos, e imagens os quais já demonstramos. Nesta seção, vamos delinear as etapas para a inserção de textos dentro de um elemento canvas, e incluiremos um pequeno exemplo que você pode tentar. Se você quiser, pule adiante para a seção "Construindo o Aplicativo" para visulaizar a descrição completa do código que produz o que você vê nas Figuras 5-5 até 5-8 para a versão das fotos do Jogo da Memória.

Para colocar textos sobre o canvas, vamos escrever o código que define a fonte, e depois usaremos fillText para desenhar uma sequência de caracteres iniciando numa localização x-y especificada. O exemplo seguinte cria palavras usando um conjunto eclético de fontes (veja a nota de cuidados posteriormente na seção).

```
<html>
<head>
  <title>Fonts</title>
<script type="text/javascript">
var ctx;
function init(){
  ctx = document.getElementById('canvas').getContext('2d');
  ctx.font="15px Lucida Handwriting";
  ctx.fillText("this is Lucida Handwriting", 10, 20);
  ctx.font="italic 30px HarlemNights";
  ctx.fillText("italic HarlemNights",40,80);
  ctx.font="bold 40px HarlemNights"
  ctx.fillText("HarlemNights",100,200);
  ctx.font="30px Accent";
  ctx.fillText("Accent", 200,300);
}
</script>
</head>
```

```
<body onLoad="init();">
<canvas id="canvas" width="900" height="400">
Your browser doesn't support the HTML5 element canvas.
</canvas>
</body>
</html>
```

Este documento HTML produz a tela mostrada na Figura 5-9.

Figura 5-9. *Textos em diferentes fontes sobre o canvas produzido, utilizando as funções font e fillText.*

Cuidado: *Assegure-se de escolher fontes que estarão presentes nos computadores de todos os seus jogadores. No Capítulo 10 você aprenderá como usar um recurso CSS, chamado font-family, que fornece um método sistemático de especificar uma fonte primária e métodos de segurança.*

Note que, embora o que você vê pareça ser um texto, você na verdade está vendo tinta sobre a tela – isto é, imagens de textos em bitmap, não um campo de texto que você pode modificar no lugar. Isto significa que para modificar o texto, precisamos escrever o código que irá apagar completamente a imagem corrente. Fazemos isto definindo o fillStyle para o valor que colocamos dentro da variável tablecolor anteriormente, e usamos fillRect na localização apropriada e com as dimensões necessárias.

Depois de criar a imagem do texto, a próxima etapa é definir fillStyle para uma cor diferente de tablecolor. Nós usaremos a cor que escolhemos para os versos das cartas. Para a tela de abertura exibir as fotografias do Jogo da Memória, eis aqui o código para definir a fonte usada para todo o texto:

```
ctx.font="bold 20pt sans-serif";
```

Usar a fonte sans-serif faz sentido, porque é uma fonte padrão presente em todos os computadores.

Juntando tudo o que fizemos até este ponto, eis aqui o código para exibir o número de combinações em um ponto particular dentro do jogo:

```
ctx.fillStyle= tablecolor;
ctx.fillRect(10,340,900,100);
ctx.fillStyle=backcolor;
ctx.fillText
   ("Number of matches so far: "+String(count),10,360);
```

As duas primeiras declarações apagam a pontuação corrente, e as duas próximas inserem dentro do resultado atualizado. A expressão "Número de combinações até agora:"+String(count) merece melhor explicação. Ela realiza duas tarefas:
- Pega a variável count, a qual é um número, e a transforma em uma sequência de caracteres.
- Concatena a constante string "Número de combinações até agora: " com o resultado de String(count).

A concatenação demonstra que o sinal de mais possui dois significados em JavaScript: Se os operandos forem números, o sinal indica adição. Se os operandos forem sequência de caracteres, ele indica que as duas strings devem ser concatenadas – colocadas juntas. Uma frase complexa para um símbolo único que possui diversos significados é sobrecarga do operador.

O que o JavaScript fará se um operando for uma string e o outro um número? A resposta vai depender do tipo de dados dos dois operadores.

Você verá exemplos de códigos nos quais o programador não insere os comandos para converter textos em números ou vice-versa, mas a declaração funciona por causa da ordem específica de operações.

Todavia, sugiro não dar chances. Em vez disso, tente se lembrar das regras que governam a interpretação do sinal de mais. Se você notar que o seu programa aumenta um número de, digamos, 1 a 11 para 111 quando você está esperando 1, 2, 3, o seu código está concatenando strings em vez de incrementar números, e você precisa converter strings para números.

Desenhando Polígonos

Criar polígonos fornece uma boa demonstração dos recursos de desenhos do HTML5. Para entender o processo de desenvolvimento de códigos usado aqui para desenhar polígonos, pense em figuras geométricas como um formato parecido com uma roda com raios emanando do seu centro para cada um de seus vértices. Os raios não vão aparecer nos desenhos, mas existem para ajudá-lo, como me ajudaram, a imaginar como desenhar um polígono. A Figura 5-10 ilustra isto com um triângulo.

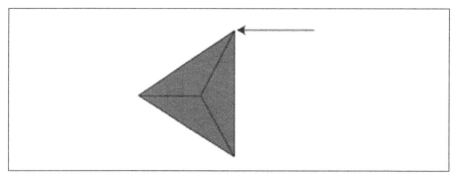

Figura 5-10. *Representar um triângulo como uma forma geométrica com aro pode ajudar no desenvolvimento do código para desenhar polígonos. A seta indica o primeiro ponto no caminho do desenho.*

Para determinar a medida do ângulo entre os raios, dividimos o valor 2*Math.PI (que representa um círculo completo) pelo número de lados que tem o polígono. Nós usamos o valor do ângulo e o método moveTo para desenhar os pontos do caminho.

O programa desenha o polígono com um caminho preenchido que começa no ponto (indicato por uma seta na Figura 5-10) especificado pela metade do valor do ângulo. Para chegar ao ponto, usamos o método `moveTo` junto com o raio, `Math.sin` e `Math.cos`. Depois usamos o método `lineTo` para mais pontos `n-1`, atuando no sentido horário. Para o triângulo, `n-1` é mais dois pontos. Para o octágono seriam mais sete. Depois de percorrer uma iteração `for` com os pontos `lineTo`, invocamos o método `fill` para produzir uma forma preenchida. Para ver as anotações completas do código, vá para a seção "Construindo o Aplicativo".

Observação: *Desenhar e redesenhar polígonos leva tempo, mas não causa problemas com este aplicativo. Se um programa apresentar um grande número de desenhos intrincados, prepará-los antecipadamente como imagens pode fazer sentido. Essa abordagem, contudo, exige que os usuários façam o download dos arquivos, o qual pode levar algum tempo. Você precisa fazer experimentações para ver qual metodologia funciona melhor antes de tudo.*

Embaralhando Cartas

Como foi observado anteriormente, um Jogo de Memória requer que o programa embaralhe as cartas antes de cada partida, uma vez que não queremos que as cartas apareçam na mesma posição todas as vezes. A melhor maneira de embaralhar conjuntos de valores é matéria de extensa pesquisa. No Capítulo 10, o qual descreve o Jogo de Cartas chamado blackjack ou 21, você encontrará uma referência para um artigo que descreve uma técnica que supomos ser o modo mais eficiente para produzir embaralhamento de cartas.

Para o Jogo da Memória, vamos implementar a maneira que eu brincava com esse jogo quando criança. Eu e os outros distribuíamos as cartas, depois pegávamos e trocávamos os pares. Quando pensávamos que tínhamos feito isso um número suficiente de vezes, começávamos a jogar. Nesta seção, vamos explorar mais alguns conceitos atrás desta abordagem. (Para examinar a função de embaralhar, você pode pular adiante para a seção "Construindo o Aplicativo").

Para escrever o JavaScript para o método swap de embaralhar, precisaremos definir primeiro "o número suficiente de vezes. Vamos fazer isso três vezes para o número de cartas do baralho, o qual representamos dentro da variável deck do array. Mas uma vez que não existam cartas, apenas dados que representam cartas, o que é que nós estamos trocando? A resposta é a informação que define exclusivamente cada carta. Para o Jogo da Memória com polígonos, esta é a propriedade info. Para o jogo de imagens, é info e img.

Para obter uma carta aleatoriamente, utilizaremos a expressão Math.floor(Math.random()*dl), onde dl, que significa deck length (comprimento do baralho), contém o número de cartas dentro do baralho. Faremos isto duas vezes para obter o par de cartas para ser (virtualmente) trocado. Isto poderia produzir o mesmo número, significando que uma carta é trocada consigo mesma, mas esse não é realmente um problema. Se isso acontecer, esta etapa dentro do processo não tem efeito. O código tem prioridade sobre um grande número de trocas, portanto, uma troca não fazendo nada pode estar correta.

Efetuar a troca é o próximo desafio, e isso requer algum armazenamento temporário. Utilizaremos uma variável, holder, para a versão com polígonos do jogo e duas variáveis, holderimg e holderinfo, para o caso das imagens.

Implementando o Clicar de uma Carta

A próxima etapa é explicar como implementar os movimentos do jogador, isto é, os cliques do jogador sobre uma carta. Em HTML5, nós podemos tratar os eventos de clique utilizando a mesma abordagem que fizemos para o evento mousedown (descrito no Capítulo 4). Utilizaremos o método addEventListener:

```
canvas1 = document.getElementById('canvas');
canvas1.addEventListener('click',choose,false);
```

Isto aparece dentro da função init. A função choose deve conter código para determinar que carta será escolhida para embaralhar. O programa deve também retornar as coordenadas do mouse quando o jogador clicar sobre o canvas. A metodologia para obter as coordenadas do mouse é também a mesma que foi abordada no Capítulo 4.

Infelizmente, diferentes navegadores implementam tratamentos de eventos do mouse de diferentes maneiras. Isso foi discutido no Capítulo 4, e eu repito a explicação aqui. O código seguinte funciona em Chrome, em Firefox e no Safari.

```
if ( ev.layerX || ev.layerX==0) {
  mx= ev.layerX;
  my = ev.layerY;
}
else if (ev.offsetX || ev.offsetX==0 ) {
  mx = ev.offsetX;
  my = ev.offsetY;}
```

Isto funciona porque se `ev.layerX` não existir, a ele será atribuído um valor de falso. Se existir, mas possuir valor de 0, o valor também será interpretado como falso, mas `ev.layerX==0` será verdadeiro. Portanto, se houver um valor correto para `ev.layerX`, o programa o utiliza. Caso contrário, o código dá uma olhada em `ev.offsetX`. Se nenhum deles funcionar, `mx` e `my` serão definidos.

Como as cartas são retângulos, percorrer o baralho e fazer operações de comparação é relativamente fácil usando as coordenadas do cursor do mouse (`mx`, `my`), a localização do canto superior esquerdo, e a largura e altura de cada carta. Eis aqui como construir a condição `if`:

```
if ((mx>card.sx)&&(mx<card.sx+card.swidth)&&(my>card.sy)&&(my<card.sy+card.sheight)) {
```

Observação: *O próximo capítulo, o qual descreve a maneira de criar marcação HTML em tempo de execução, mostra como configurar tratamentos de eventos para elementos específicos posicionados na tela ao contrário de usar o elemento canvas por inteiro.*

Nós limpamos a variável `firstpick` e a inicializamos como verdadeira, o que indica que esta é a primeira de suas seleções feitas por um jogador. O programa modifica o valor para falso depois da primeira seleção e volta para verdadeiro depois da segunda. Variáveis como esta, que alternam para frente e para trás dois valores, são chamadas de `flags` ou `toggles`.

Evitando Determinados Tipo de Fraudes

Observe que os casos específicos desta seção se aplicam apenas a estes jogos de memória, mas a lição em geral foi criada para construir qualquer aplicativo interativo. Existem pelo menos duas maneiras de um jogador frustrar o jogo. Clicar duas vezes sobre a mesma carta é uma; clicar sobre uma região onde uma carta foi removida (isto é, sobre a qual o quadro foi repintado) é outra.

Para lidar com o primeiro caso, depois da cláusula if-true que especifica se o mouse está em cima de uma determinada carta, insira a declaração if.

```
if ((firstpick) || (i!=firstcard)) break;
```

Esta linha de código dispara uma saída da declaração for se o valor (i) do índice estiver correto, o que ocorre quando: 1) esta é uma primeira seleção ou 2) esta não é uma primeira seleção e não corresponde à primeira carta escolhida.

Para evitar o segundo problema – clicar sobre uma carta "fantasma" – requer mais trabalho. Quando o aplicativo remove as cartas do painel, além de pintar sobre essa área da tela, podemos atribuir um valor (digamos -1) para a propriedade sx. Isto irá marcar a carta como tendo sido removida. Isto faz parte da função flipback. A função choose contém o código que examina a propriedade sx e faz a verificação (somente se sx for >=0). A função incorpora ambos os testes de fraude dentro da iteração for a seguir:

```
for (i=0;i<deck.length;i++){
 var card = deck[i];
 if (card.sx >=0)
  if ((mx>card.sx)&&(mx<card.sx+card.swidth)&&(my>card.sy)&&(my<card.sy+card.sheight)) {
   if ((firstpick)|| (i!=firstcard)) break;
  }
}
```

Dentro das três declarações if, a segunda é a cláusula integral da primeira. A terceira possui a única declaração break, a qual faz com que o controle saia da iteração for. Geralmente, eu recomendo a utilização de chaves (por exemplo, { e }) para as cláusulas if true e else, mas aqui eu usei o formato de barras (||) para declarações únicas para demonstrar a você esse formato e também porque ele me pareceu claro o bastante.

Agora vamos nos mexer para construir os nossos dois jogos de memória.

Construindo o Aplicativo e Fazendo suas Modificações

Esta seção apresenta o código completo para ambas as versões do jogo. Como os aplicativos contêm múltiplas funções, a seção fornece uma tabela para cada jogo que diz como cada função chama e é chamada.

A Tabela 5-1 é a função que lista a versão dos polígonos do Jogo da Memória. Observe que algumas destas invocações de função são feitas com base em eventos.

Tabela 5-1. Funções dentro da Versão do Jogo da Memória com Polígonos

Função	Invocada por / Chamada por	Chamadas
init	Invocada em response para o onLoad dentro da tag body	makedeck
shuffle		
choose	Invocada em response para o addEventListener dentro de init	Polycard
drawpoly (invocada como método draw de um polígono)		
flipback	Invocada em response para a chamada de setTimeout dentro de choose	
drawback	Invocada como o método draw para uma carta dentro de makedeck e flipback	
Polycard	Chamada dentro de choose	
shuffle	Chamada dentro de deit	
makedeck	Chamada dentro de deit	
Card	Chamada por makedeck	
drawpoly	Chamada como método draw de Polygon dentro de choose	

A Tabela 5-2 mostra os códigos comentados da versão completa do aplicativo com polígonos. Ao revisá-lo, pense nas similaridades com os aplicativos que foram descritos em outros programas. E lembre-se de que isto ilustra apenas uma maneira de dar nomes aos componentes do aplicativo e de programá-lo. Outras maneiras podem funcionar igualmente bem.

Sejam quais forem as escolhas que você fizer, coloque comentários dentro do seu código (usando duas barras por linha: //) e inclua linhas em branco. Você não precisa comentar todas as linhas, mas fazer um trabalho decente de comentários vai lhe servir bem quando você tiver de voltar ao seu código para fazer melhorias.

Tabela 5-2. Código Completo para a Versão do Jogo da Memória utilizando Polígonos

`<html>`	Iniciar tag `html`
`<head>`	Iniciar tag `head`
`<title>Memory game using polygons</title>`	Elemento `title` completo
`<style>`	Iniciar tag `style`
form {	Especificar títulos para o formulário
width:330px;	Definir a largura
margin:20px;	Definir a margem externa
background-color:pink;	Definir a cor
Padding:20px;	Definir o espaçamento interno
}	Fechar o estilo
input {	Definir os estilos para campos de entrada
text-align:right;	Definir alinhamento direito—adequado para números
}	Fechar estilos
`</style>`	Fechar o elemento `style`
`<script type="text/javascript">`	Iniciar o elemento `script`. A especificação do tipo não é necessária, mas está inclusa aqui porque você a verá.
var ctx;	Variável que guarda o contexto de canvas
var firstpick = true;	Declarar e inicializar `firstpick`
var firstcard;	Declarar uma variável para guardar a info que define a primeira seleção
var secondcard;	Declarar uma variável para guardar a info que define a segunda seleção
var frontbgcolor = "rgb(251,215,73)";	Definir o valor da cor de fundo para as frentes das cartas.
var polycolor = "rgb(254,11,0)";	Definir o valor da cor para os polígonos
var backcolor = "rgb(128,0,128)";	Definir o valor da cor de fundo para os versos das cartas

O Jogo da Memória (ou Jogo da Concentração)

`var tablecolor = "rgb(255,255,255)";`	Definir o valor da cor para o quadro (mesa)
`var cardrad = 30;`	Definir o raio para os polígonos
`var deck = [];`	Declarar o baralho, inicialmente um array vazio
`var firstsx = 30;`	Definir a posição de x da primeira carta
`var firstsy = 50;`	Definir a posição de y da primeira carta
`var margin = 30;`	Definir o espaçamento entre cartas
`var cardwidth = 4*cardrad;`	Definir a largura da carta para quatro vezes o raio dos polígonos
`var cardheight = 4*cardrad;`	Definir a altura da carta para quatro vezes o raio dos polígonos
`var matched;`	Esta variável é definida dentro de choose e usada dentro de `flipback`
`var starttime;`	Esta variável é definida dentro de `init` e é usada para calcular tempo decorrido
`function Card(sx,sy,swidth,sheight,info) {`	Cabeçalho para a função `Card`, configurar objetos da carta
`this.sx = sx;`	Definir a coordenada horizontal
`this.sy = sy;`	... coordenada vertical
`this.swidth = swidth;`	... largura
`this.sheight = sheight;`	.... Altura
`this.info = info;`	... info (o número de lados)
`this.draw = drawback;`	Especificar como desenhar
`}`	Fechar a função
`function makedeck() {`	Cabeçalho da função para configurar o baralho
`var i;`	Usada na iteração for
`var acard;`	Variável para guardar o primeiro par de cartas
`var bcard;`	Variável para guardar o segundo par de cartas
`var cx = firstsx;`	Variável para guardar a coordenada x. Ponto de partida da primeira posição de x
`var cy = firstsy;`	Irá guardar a coordenada y. Ponto de partida da primeira posição de y.
`for(i=3;i<9;i++) {`	Iteração para gerar cartas para triângulos até octágonos
`    acard = new Card(cx,cy,cardwidth,cardheight,i);`	Criar uma carta e posição
`    deck.push(acard);`	Adicionar a deck
`    bcard = new Card(cx,cy+cardheight+margin, cardwidth,cardheight,i);`	Criar uma carta com o mesmo `info`, mas abaixo da carta anterior sobre a tela
`    deck.push(bcard);`	Adicionar a deck
`    cx = cx+cardwidth+ margin;`	Incrementar para permitir largura da carta mais margem

182 O Guia Essencial do HTML5

`acard.draw();`	Desenhar a carta sobre o canvas
`bcard.draw();`	Desenhar a carta sobre o canvas
`}`	Fechar iteração for
`Shuffle();`	Embaralhar as cartas
`}`	Fechar a função
`function shuffle() {`	Cabeçalho para a função shuffle
`var i;`	Variável para guardar uma referência para uma carta
`var k;`	Variável para guardar uma referência para uma carta
`var holder;`	Variável necessária para fazer a permuta (swap)
`var dl = deck.length`	Variável para guardar o número de cartas dentro do baralho
`var nt;`	Índice para o número de permutas
`for (nt=0;nt<3*dl;nt++) {`	Iteração for
`i = Math.floor(Math.random()*dl);`	Obter uma carta aleatória
`k = Mathfloor(Math.random()*dl);`	Obter uma carta aleatória
`holder = deck[i].info;`	Armazenar a info para i
`deck[i].info = deck[k].info;`	Inserir em i info para k
`deck[k].info = holder;`	Colocar dentro de k o que estava em k
`}`	Fechar iteração for
`}`	Fechar função
`function Polycard(sx,sy,rad,n) {`	Cabeçalho de função para Polycard
`this.sx = sx;`	Configurar a coordenada de x
`this.sy = sy;`	... de y
`this.rad = rad;`	...do raio do polígono
`this.draw = drawpoly;`	...de como desenhar
`this.n = n;`	...do número de lados
`this.angle = (2*Math.PI)/n`	Calcular e armazenar o ângulo
`}`	Fechar a função
`function drawpoly() {`	Cabeçalho da função
`ctx.fillStyle= frontbgcolor;`	Definir o segundo plano da frente
`ctx.fillRect(this.sx-2*this.rad,this.sy-2*this.rad,4*this.rad,4*this.rad);`	O canto do retângulo está acima e à esquerda do centro do polígono
`ctx.beginPath();`	Iniciar o caminho
`ctx.fillStyle=polycolor;`	Mudar a cor do polígono
`var i;`	Índice da variável
`var rad = this.rad;`	Extrair o raio
`ctx.moveTo(this.sx+rad*Math.cos(-.5*this.angle),this.sy+rad*Math.sin(-.5*this.angle));`	Mover para cima para o primeiro ponto
`for (i=1;i<this.n;i++) {`	Iteração for para os pontos sucessivos

O Jogo da Memória (ou Jogo da Concentração) 183

ctx.lineTo(this.sx+rad*Math.cos((i-.5)*this.angle),this.sy+rad*Math.sin((i-.5)*this.angle));	Configurar desenho dos segmentos de linha
}	Fechar iteração for
ctx.fill();	Preencher caminho
}	Fechar função
function drawback() {	Cabeçalho da função
ctx.fillStyle = backcolor;	Definir cor de fundo da carta
ctx.fillRect(this.sx,this.sy,this.swidth,this.sheight);	Desenhar retângulo
}	Fechar função
function choose(ev) {	Cabeçalho da função para choose (clicar sobre uma carta)
var mx;	Variável para guardar a posição x do mouse
var my;	Variável para guardar a posição y do mouse
var pick1;	Variável para guardar referência para o objeto Polygon criado
var pick2;	Variável para guardar referência para o objeto Polygon criado
if (ev.layerX || ev.layerX == 0) {	Podemos usar layerX e layerY?
mx= ev.layerX;	Definir mx
my = ev.layerY;	Definir my
}	Fechar se verdadeiro
else if (ev.offsetX || ev.offsetX == 0) {	Podemos usar offsetX e offset?
mx = ev.offsetX;	Definir mx
my = ev.offsetY;	Definir my
}	Fechar else
var i;	Declarar variável para indexações dentro da iteração for
for (i=0;i<deck.length;i++){	Fazer iteração por todo o baralho
var card = deck[i];	Extrair uma referência de carta para simplificar o código
if (card.sx >=0)	Verificar se essa carta não foi marcada como tendo sido removida
if ((mx>card.sx)&&(mx<card.sx+card.swidth)&&(my>card.sy)&&(my<card.sy+card.sheight)) {	E depois verifique se o mouse está em cima desta carta
if ((firstpick)|| (i!=firstcard)) break;	Se estiver, verifique se o jogador não está clicando sobre a primeira carta novamente, e se isto for verdadeiro, abandone a iteração for
}	Fechar a cláusula if true
	Fechar iteração for

`if (i<deck.length) {`	A iteração `for` foi deixada anteriormente?
`if (firstpick) {`	Se for esta a primeira seleção...
`firstcard = i;`	...Definir `firstcard` para referenciar a carta dentro do baralho
`firstpick = false;`	Definir `firstpick` para `false`
`pick1 = new Polycard(card.sx+cardwidth*.5,card.sy+cardheight*.5,cardrad,card.info);`	Criar polígono com suas coordenadas na posição central
`pick1.draw();`	Desenhar polígono
`}`	Fechar se primeira seleção
`else {`	Caso contrário...
`secondcard = i;`	...Definir `secondcard` para referenciar a carta dentro do baralho
`pick2 = new Polycard(card.sx+cardwidth*.5,card.sy+cardheight*.5,cardrad,card.info);`	Criar polígono com suas coordenadas na posição central
`pick2.draw();`	Desenhar polígono
`if (deck[i].info==deck[firstcard].info) {`	Verificar uma combinação
`matched = true;`	Definir `matched` para verdadeiro
`var nm = 1+Number(document.f.count.value);`	Incrementar o número de combinações
`document.f.count.value = String(nm);`	Exibir a nova pontuação
`if (nm>= .5*deck.length) {`	Verificar se o jogo acabou
`var now = new Date();`	Obter nova informação `Date`
`var nt = Number(now.getTime());`	Extrair e converter a hora
`var seconds = Math.floor(.5+(nt--starttime)/1000);`	Calcular os segundos decorridos
`document.f.elapsed.value = String(seconds);`	Saída da hora
`}`	Fechar se este for o final do jogo
`}`	Fechar se houver uma combinação
`else {`	Caso contrário...
`matched = false;`	Definir `matched` para falso
`}`	Fechar a cláusula `else`
`firstpick = true;`	Redefinir `firstpick`
`setTimeout(flipback,1000);`	Configurar a pausa
`}`	Fechar se não for a primeira seleção
`}`	Fechar seleção correta (clicar em uma carta —para iteração `for` que foi abandonada anteriormente)
`}`	Fechar a função

O Jogo da Memória (ou Jogo da Concentração) 185

`function flipback() {`	Cabeçalho da função — tratamento de `flipback` depois da pausa
`if (!matched) {`	Se não houver combinação...
`deck[firstcard].draw();`	...Desenhar o verso da carta
`deck[secondcard].draw();`	...Desenhar o verso da carta
`}`	...Fechar a cláusula
`else {`	Caso contrário precisa remover cartas
`ctx.fillStyle = tablecolor;`	Definir cor para o quadro/mesa
`ctx.fillRect(deck[secondcard].sx,deck[secondcard].sy,deck[secondcard].swidth,deck[secondcard].sheight);`	Desenhar sobre a carta
`ctx.fillRect(deck[firstcard].sx,deck[firstcard].sy,deck[firstcard].swidth,deck[firstcard].sheight);`	Desenhar sobre a carta
`deck[secondcard].sx = -1;`	Definir this de modo que a carta não será checada
`deck[firstcard].sx = -1;`	Definir this de modo que a carta não será checada
`}`	Fechar se não houver combinação
`}`	Fechar a função
`function init(){`	Cabeçalho da função `init`
`ctx = document.getElementById('canvas').getContext('2d');`	Definir `ctx` para fazer todos os desenhos
`canvas1 = document.getElementById('canvas');`	Definir `canvas1` para tratamento do evento
`canvas1.addEventListener('click',choose,false);`	Configurar tratamento do evento
`makedeck();`	Criar o baralho
`document.f.count.value = "0";`	Inicializar pontuação visível
`document.f.elapsed.value = "";`	Limpar qualquer valor antigo
`starttime = new Date();`	Primeira etapa para definir tempo inicial
`starttime = Number(starttime.getTime());`	Reutilizar a variável para definir os milissegundos a partir do marcador (**benchmark**)
`shuffle();`	Embaralhar os valores de `info` da carta
`}`	Fechar a função
`</script>`	Fechar o elemento `script`
`</head>`	Fechar elemento `head`
`<body onLoad="init();">`	Tag **Body**, configurar `init`
`<canvas id="canvas" width="900" height="400">`	Tag inicial de `canvas`
`Your browser doesn't support the HTML5 element canvas.`	Mensagem de aviso
`</canvas>`	Fechar elemento canvas
` `	Quebra de linha antes das instruções

Click on two cards to see if you have a match.	Instruções
<form name="f">	Tag inicial de Form
Number of matches: <input type="text" name="count" value="0" size="1"/>	Rótulo e elemento de entrada usados para saída
<p>	Quebra de parágrafo
Time taken to complete puzzle: <input type="text" name="elapsed" value=" " size="4"/> seconds.	Rótulo e elemento de entrada usados para saída
</form>	Fechar form
</body>	Fechar body
</html>	Fechar html

Você pode alterar este jogo modificando a fonte, o tamanho da fonte, a cor, e a cor de fundo para o formulário. Mais maneiras de fazer modificações particulares serão sugeridas posteriormente nesta seção.

A versão do Jogo da Memória que usa imagens tem a mesma estrutura da versão com polígonos. Ela não requer uma função separada para desenhar a imagem. A Tabela 5-3 é a listagem de funções para a versão do jogo.

Tabela 5-3. Funções da Versão com Fotos do Jogo da Memória

Função	Invocada por/Chamada por	Chamadas
init	Invocada em resposta ao onLoad dentro da tag body	Makedeck shuffle
choose	Invocada em resposta ao addEventListener dentro de init	
flipback	Invocada em resposta à chamada de setTimeout dentro de choose	
drawback	Invocada como método draw para uma carta dentro de makedeck e flipback	
shuffle	Chamada dentro de init	
makedeck	Chamada dentro de init	
Card	Chamada por makedeck	

O código para a versão de fotos do Jogo da Memória é similar àquele para a versão com polígonos. A maior parte da lógica é a mesma. Mas como este exemplo demonstra a escrita de textos sobre canvas, o documento HTML não possui um elemento form. O código que segue dentro da

O Jogo da Memória (ou Jogo da Concentração)

Tabela 5-4, com comentários sobre as linhas que são diferentes. Eu também indico onde você iria inserir os nomes dos arquivos de imagens das suas fotografias. Antes de olhar esta segunda versão do Jogo da Memória, pense sobre quais partes provavelmente são as mesmas e quais podem ser diferentes.

Tabela 5-4. Código Completo para a Versão com Fotos do Jogo da memória

`<html>`	
`<head>`	
`<title>Memory game using pictures</title>`	Elemento `title` completo
`<script type="text/javascript">`	
`var ctx;`	
`var firstpick = true;`	
`var firstcard = -1;`	
`var secondcard;`	
`var backcolor = "rgb(128,0,128)";`	
`var tablecolor = "rgb(255,255,255)";`	
`var deck = [];`	
`var firstsx = 30;`	
`var firstsy = 50;`	
`var margin = 30;`	
`var cardwidth = 100;`	Você pode precisar alterar isto se quiser que suas imagens tenham uma largura diferente...
`var cardheight = 100;`	...e/ou altura
`var matched;`	
`var starttime;`	
`var count = 0;`	Necessário para guardar internamente a pontuação
`var pairs = [`	O array de pares dos arquivos de imagens das cinco pessoas
`["allison1.jpg","allison2.jpg"],`	É aqui que você insere os nomes dos seus arquivos de imagens
`[ "grant1.jpg","grant2.jpg"],`	...
`["liam1.jpg","liam2.jpg"],`	...

188 O Guia Essencial do HTML5

["aviva1.jpg","aviva2.jpg"],	...
["daniel1.jpg","daniel2.jpg"]	Você pode usar qualquer número de imagens combinadas, mas observe como o array que contém o último par não possui uma vírgula depois do colchete
]	
function Card(sx,sy,swidth,sheight, img, info) {	
this.sx = sx;	
this.sy = sy;	
this.swidth = swidth;	
this.sheight = sheight;	
this.info = info;	Indica as combinações
this.img = img;	Referência a Img
this.draw = drawback;	
}	
function makedeck() {	
var i;	
var acard;	
var bcard;	
var pica;	
var picb;	
var cx = firstsx;	
var cy = firstsy;	
for(i=0;i<pairs.length;i++) {	
pica = new Image();	Cria o objeto Image
pica.src = pairs[i][0];	Definido para o primeiro arquivo
acard = new Card(cx,cy,cardwidth,cardheight,pica,i);	Criar Card
deck.push(acard);	
picb = new Image();	Criar o objeto Image
picb.src = pairs[i][1];	Definido para o segundo arquivo
bcard = new Card(cx,cy+cardheight+margin,cardwidth,cardheight,picb,i);	Criar Card
deck.push(bcard);	

`    cx = cx+cardwidth+ margin;`	
`    acard.draw();`	
`    bcard.draw();`	
`  }`	
`}`	
`function shuffle() {`	
`var i;`	
`var k;`	
`var holderinfo;`	Lugar temporário para a permuta
`var holderimg;`	Lugar temporário para a permuta
`var dl = deck.length`	
`var nt;`	
`for (nt=0;nt<3*dl;nt++) { //do the swap 3 times deck.length times`	
`  i = Math.floor(Math.random()*dl);`	
`  k = Math.floor(Math.random()*dl);`	
`  holderinfo = deck[i].info;`	Salvar info
`  holderimg = deck[i].img;`	Salvar img
`  deck[i].info = deck[k].info;`	Colocar info de k para i
`  deck[i].img = deck[k].img;`	Colocar img de k para i
`  deck[k].info = holderinfo;`	Definir para o info original
`  deck[k].img = holderimg;`	Definir para o img original
`  }`	
`}`	
`function drawback() {`	
`ctx.fillStyle = backcolor;`	
`ctx.fillRect(this.sx,this.sy,this.swidth,this.sheight);`	
`}`	
`function choose(ev) {`	
`  var out;`	
`  var mx;`	
`  var my;`	
`  var pick1;`	
`  var pick2;`	

`if ( ev.layerX  || ev.layerX == 0) {`	Lembrete: Este é o código para tratar diferenças entre os três navegadores
`mx= ev.layerX;`	
`my = ev.layerY;`	
`} else if (ev.offsetX || ev.offsetX == 0) {`	
`mx = ev.offsetX;`	
`my = ev.offsetY;`	
`}`	
`var i;`	
`for (i=0;i<deck.length;i++){`	
`var card = deck[i];`	
`if (card.sx >=0) //this is the way to avoid checking for clicking on this space`	
`if ((mx>card.sx)&&(mx<card.sx+card.swidth)&&(my>card.sy)&&(my<card.sy+card.sheight)) {`	
`if ((firstpick)|| (i!=firstcard)) {`	
`break;}`	
`}`	
`if (i<deck.length) {`	
`if (firstpick) {`	
`firstcard = i;`	
`firstpick = false;`	
`ctx.drawImage(card.img,card.sx,card.sy,card.swidth,card.sheight);`	Desenhar a foto
`}`	
`else {`	
`secondcard = i;`	
`ctx.drawImage(card.img,card.sx,card.sy,card.swidth,card.sheight);`	Desenhar a foto
`if (card.info==deck[firstcard].info) {`	Verificar se existe uma combinação
`matched = true;`	
`count++;`	Incrementar count
`ctx.fillStyle= tablecolor;`	
`ctx.fillRect(10,340,900,100);`	Apagar área onde haverá um texto
`ctx.fillStyle=backcolor;`	Redefinir a cor do texto
`ctx.fillText("Number of matches so far: "+String(count),10,360);`	Escrever pontuação

O Jogo da Memória (ou Jogo da Concentração)

`if (count>= .5*deck.length) {`	
`var now = new Date();`	
`var nt = Number(now.getTime());`	
`var seconds = Math.floor(.5+(nt-starttime)/1000);`	
`ctx.fillStyle= tablecolor;`	
`ctx.fillRect(0,0,900,400);`	Apagar toda a tela
`ctx.fillStyle=backcolor;`	Definir para desenhar
`out="You finished in "+String(seconds)+" secs.";`	Preparar o texto
`ctx.fillText(out,10,100);`	Escrever o texto
`ctx.fillText("Reload the page to try again.",10,300);`	Escrever o texto
`}`	
`}`	
`else {`	
`matched = false;`	
`}`	
`firstpick = true;`	
`setTimeout(flipback,1000);`	
`}`	
`}`	
`}`	
`function flipback() {`	
`var card;`	
`if (!matched) {`	
`deck[firstcard].draw();`	
`deck[secondcard].draw();`	
`}`	
`else {`	
`ctx.fillStyle = tablecolor;`	
`ctx.fillRect(deck[secondcard].sx,deck[secondcard].sy,deck[secondcard].swidth,deck[secondcard].sheight);`	
`ctx.fillRect(deck[firstcard].sx,deck[firstcard].sy,deck[firstcard].swidth,deck[firstcard].sheight);`	
`deck[secondcard].sx = -1;`	
`deck[firstcard].sx = -1;`	
`}`	
`}`	

`function init(){`	
`ctx = document.getElementById('canvas').getContext('2d');`	
`canvas1 = document.getElementById('canvas');`	
`canvas1.addEventListener('click',choose,false);`	
`makedeck();`	
`shuffle();`	
`ctx.font="bold 20pt sans-serif";`	Definir fonte
`ctx.fillText("Click on two cards to make a match.",10,20);`	Exibir instruções como textos sobre canvas
`ctx.fillText("Number of matches so far: 0",10,360);`	Exibir pontuação
`starttime = new Date();`	
`starttime = Number(starttime.getTime());`	
`}`	
`</script>`	
`</head>`	
`<body onLoad="init();">`	
`<canvas id="canvas" width="900" height="400">`	
`Your browser doesn't support the HTML5 element canvas.`	
`</canvas>`	
`</body>`	
`</html>`	

Embora estes dois programas sejam jogos verdadeiros, eles podem ser melhorados. Por exemplo, o jogador não pode perder. Depois de rever este material, tente criar uma maneira de forçar uma derrota, talvez limitando o número de movimentos ou estabelecendo um limite de tempo.

Estes aplicativos iniciam o relógio quando são carregados. Alguns jogos esperam para começar a marcação de tempo até que o jogador realize a primeira ação. Se você quiser experimentar esta abordagem mais amistosa, você precisaria configurar uma variável lógica para falso e criar um mecanismo dentro da função choose para verificar se esta variável foi definida para verdadeira. Uma vez que ela não tenha sido, você teria de incluir código para definir a variável starttime.

Este é um jogo para um único participante. Você pode imaginar uma maneira de torná-lo um jogo para duas pessoas. Provavelmente você iria precisar que as pessoas participem uma de cada vez, mas o programa pode manter as pontuações em separado para cada participante.

Algumas pessoas gostam de configurar jogos com níveis de dificuldade. Para fazer isso, você poderia aumentar o número de cartas, diminuir o tempo de pausa, ou tomar outras providências.

Você pode modificar este aplicativo usando suas próprias imagens. Você pode, naturalmente, usar imagens de amigos e de membros da família, mas você poderia também criar um jogo educacional com imagens que representem itens ou conceitos tais como nomes de notas musicais e símbolos, países e capitais, mapas de cidades e nomes, e outras coisas. Você pode alterar também o número de pares. O código faz referência ao comprimento dos vários arrays, portanto, você não precisa varrer o código e mudar o número de cartas dentro do baralho. Você pode precisar ajustar os valores das variáveis cardwidth e cardheight, todavia, para dispor as cartas sobre a tela.

Uma outra possibilidade, naturalmente, é usar um baralho padrão com 52 cartas (ou 54 com com os trunfos). Para um exemplo usando cartas de jogar, pule para o Capítulo 10, o qual leva você para criar um Jogo de Cartas chamado vinte-e-um (blackjack). Para qualquer jogo de combinações, você precisará desenvolver uma maneira de representar a informação que define quais cartas combinam.

Testando e Fazendo o Upload do Aplicativo

Quando nós, desenvolvedores, verificamos nossos programas, tendemos a fazer a mesma coisa em cada passo. Usuários, jogadores, e clientes, todavia, frequentemente fazem coisas estranhas. Eis porque pedir para que outros testem os nossos aplicativos é uma boa ideia. Portanto, peça aos amigos para testar o seu jogo. Você deve sempre procurar pessoas que não tiveram participação na criação do aplicativo para testá-lo. Você pode descobrir problemas que não conseguiu identificar.

O documento para a versão com polígonos do Jogo da Memória contém o jogo completo, uma vez que o programa desenha e redesenha polígonos em execução. A versão com fotos do jogo requer que você faça o upload das imagens. Você pode variar este jogo utilizando imagens de arquivos da Web (fora de sua página Web). Note que o array `pairs` precisa possuir endereços completos.

Resumo

Neste exemplo, você aprendeu como implementar duas versões do jogo conhecido como Jogo da Memória ou jogo da concentração, usando técnicas de programação e recursos do HTML5. Isto incluía:

- Exemplos de funções definidas pelo programador e objetos definidos pelo programador
- Como desenhar polígonos sobre canvas usando `moveTo` e `lineTo` junto com os métodos trigonométricos de `Math`
- Orientação sobre como usar um formulário para mostrar informações para os jogadores
- Um método para desenhar textos com uma fonte específica sobre o canvas
- Instruções sobre como desenhar imagens sobre canvas
- Usar `setTimeout` para forçar uma pausa
- Utilizar objetos `Date` para calcular o tempo decorrido

Os aplicativos demonstraram modos de representar informações para implementar duas versões de um jogo familiar. O próximo capítulo irá se afastar temporariamente do uso de canvas para demonstrar a criação dinâmica e o posicionamento de elementos HTML. Ele irá também apresentar o uso do elemento video do HTML5.

Capítulo 6

Jogo de Perguntas

Neste capítulo, iremos abordar

- Criar HTML por código
- Posicionar e reposicionar elementos HTML
- Responder aos cliques do mouse
- Arrays de arrays
- Jogar com o vídeo

Introdução
Este capítulo demonstra como os elementos HTML podem ser criados dinamicamente e depois posicionados e reposicionados na tela. Isto é um contraste não apenas para desenhar sobre o elemento canvas, mas também para a outra maneira de criar páginas Web estáticas. A nossa meta é produzir um Jogo de Perguntas no qual o jogador deve combinar os nomes de países e das capitais. Utilizaremos um array de arrays para guardar a informação necessária e construir sobre o jogo, para oferecer feedback ao jogador, e ainda jogar um clip de vídeo como recompensa por obter as respostas corretas. A habilidade de exibir diretamente o vídeo (ou naturalmente) usando o HTML5 é um grande melhoramento sobre o sistema antigo, o qual requer o uso do elemento `<object>` e plug-ins criados por terceiros no

computador do jogador. Em nosso jogo, o vídeo serve somente como um papel inferior, mas o fato de os desenvolvedores e projetistas poderem usar HTML5 e JavaScript para produzir um vídeo específico em um ponto específico durante a execução de um aplicativo é muito importante.

A informação básica para o Jogo de Perguntas consiste do par de nomes de um país e da capital para os países do G20. (Nota: a União Europeia é uma das entradas.) O programa escolhe aleatoriamente quatro pares de países/capitais e os apresenta dentro das caixas da tela. A Figura 6-1 mostra uma tela de abertura.

Figura 6-1. *Uma tela de abertura para o Jogo de Perguntas*

Os jogadores tentam combinar um país e sua capital clicando primeiro em um e depois no outro, e os blocos mudam de cor para indicar o sucesso. A Figura 6-2 mostra a combinação correta de Canadá e Ottawa, e a Figura 6-3 mostra uma segunda combinação. Note que os blocos foram coloridos internamente e a Pontuação vai para 1 e depois para 2.

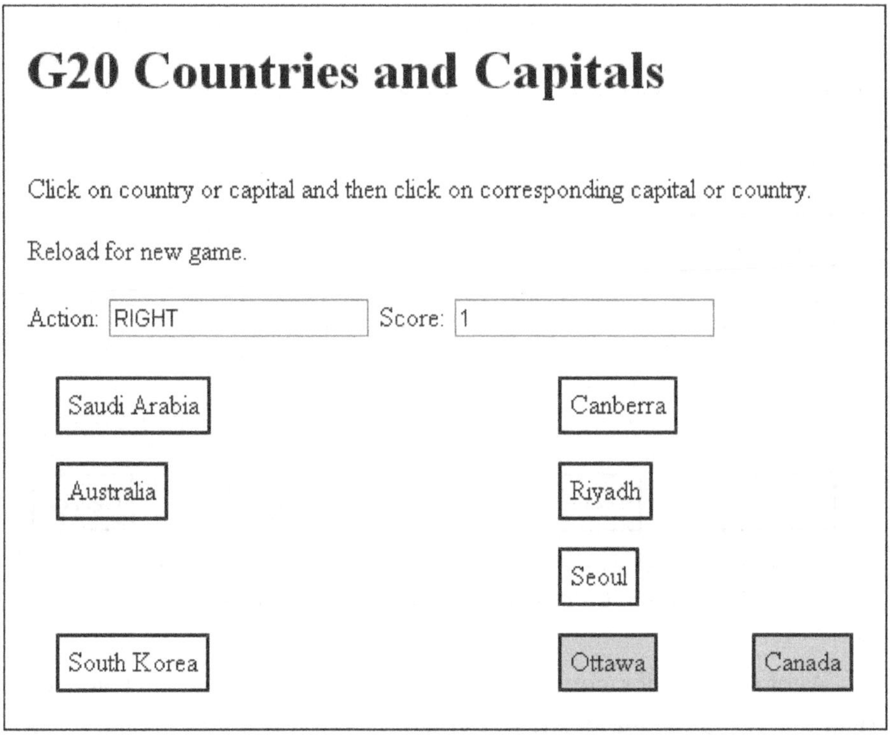

G20 Countries and Capitals

Click on country or capital and then click on corresponding capital or country.

Reload for new game.

Action: RIGHT   Score: 1

Saudi Arabia		Canberra	
Australia		Riyadh	
		Seoul	
South Korea		Ottawa	Canada

Figura 6-2. *Um par combinado corretamente.*

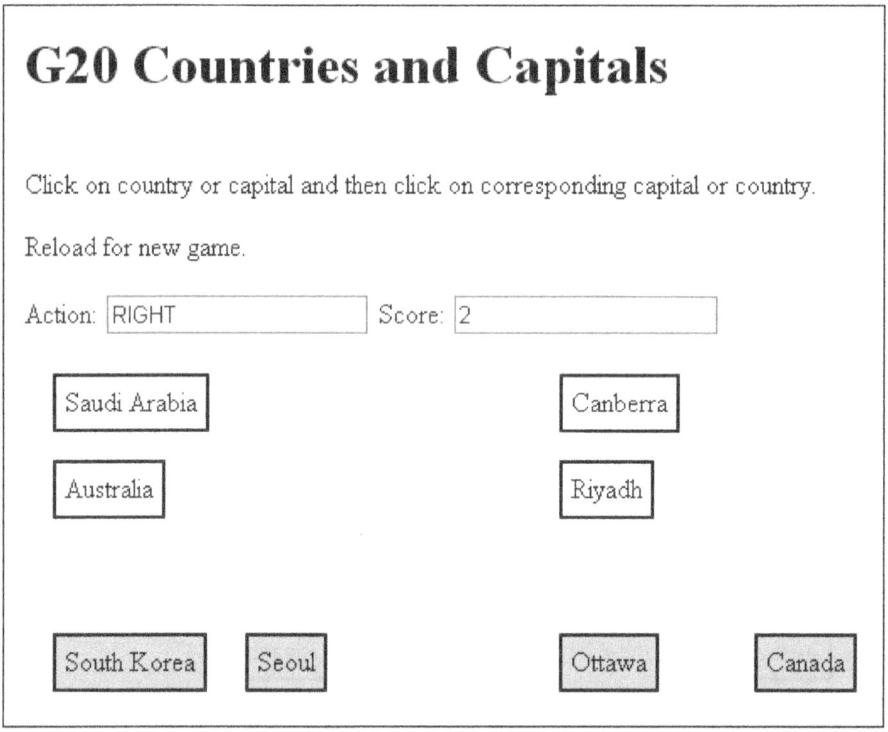

G20 Countries and Capitals

Click on country or capital and then click on corresponding capital or country.

Reload for new game.

Action: RIGHT   Score: 2

| Saudi Arabia | Canberra |
| Australia | Riyadh |

[South Korea] [Seoul]   [Ottawa] [Canada]

Figura 6-3. *Uma segunda combinação bem-sucedida.*

Agora o jogador comete um equívoco emparelhando Riyadh com Austrália. A Figura 6-4 mostra o resultado: o programa movimenta o bloco Riyadh, mas o campo de Ação indica Errado. A pontuação continua sendo 2, e os blocos permanecem brancos.

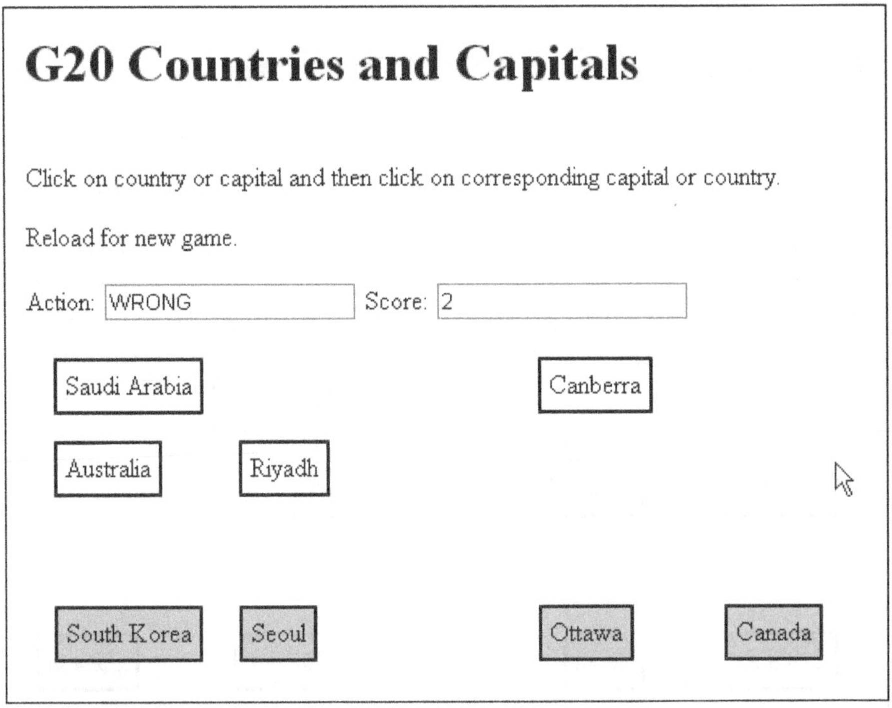

G20 Countries and Capitals

Click on country or capital and then click on corresponding capital or country.

Reload for new game.

Action: WRONG   Score: 2

Saudi Arabia   Canberra

Australia   Riyadh

South Korea   Seoul   Ottawa   Canada

Figura 6-4. *Depois de duas jogadas corretas e uma incorreta.*

O programa do Jogo de Perguntas permite que o jogador tente novamente, como mostrado na Figura 6-5.

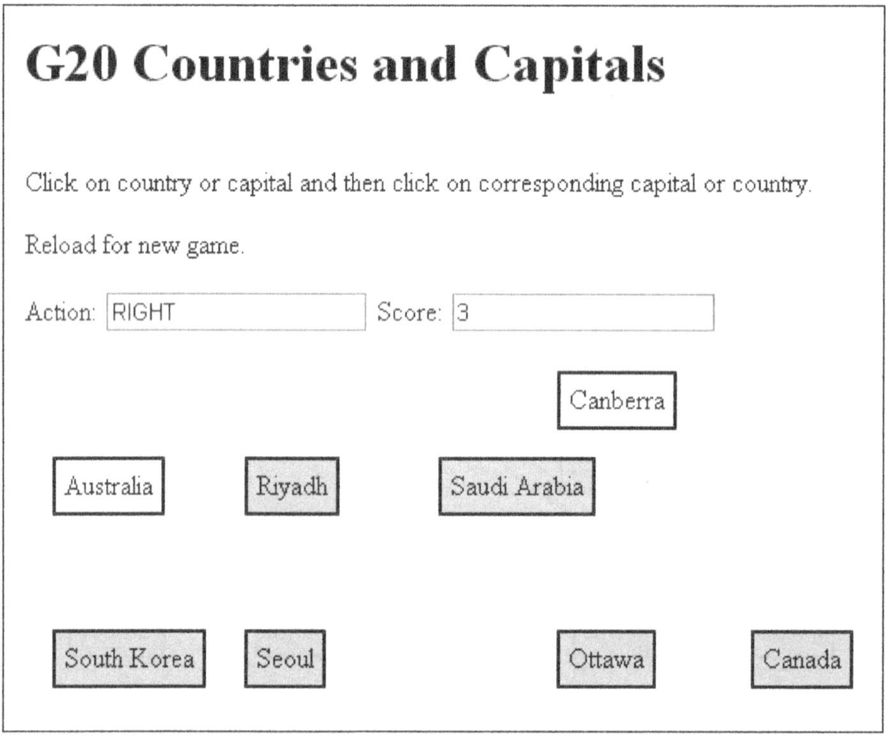

G20 Countries and Capitals

Click on country or capital and then click on corresponding capital or country.

Reload for new game.

Action: RIGHT   Score: 3

Canberra

Australia   Riyadh   Saudi Arabia

South Korea   Seoul   Ottawa   Canada

Figura 6-5. *Selecionando a combinação correta para Riyadh.*

Esta segunda versão do Jogo de Perguntas fornece mais feedback para o jogador. Clicar em um país ou capital muda a sua cor para castanho--amarelado, como na Figura 6-6. Se a combinação que foi tentada estiver correta, os blocos ficam dourados no primeiro jogo. Caso contrário, a cor muda de preto para branco.

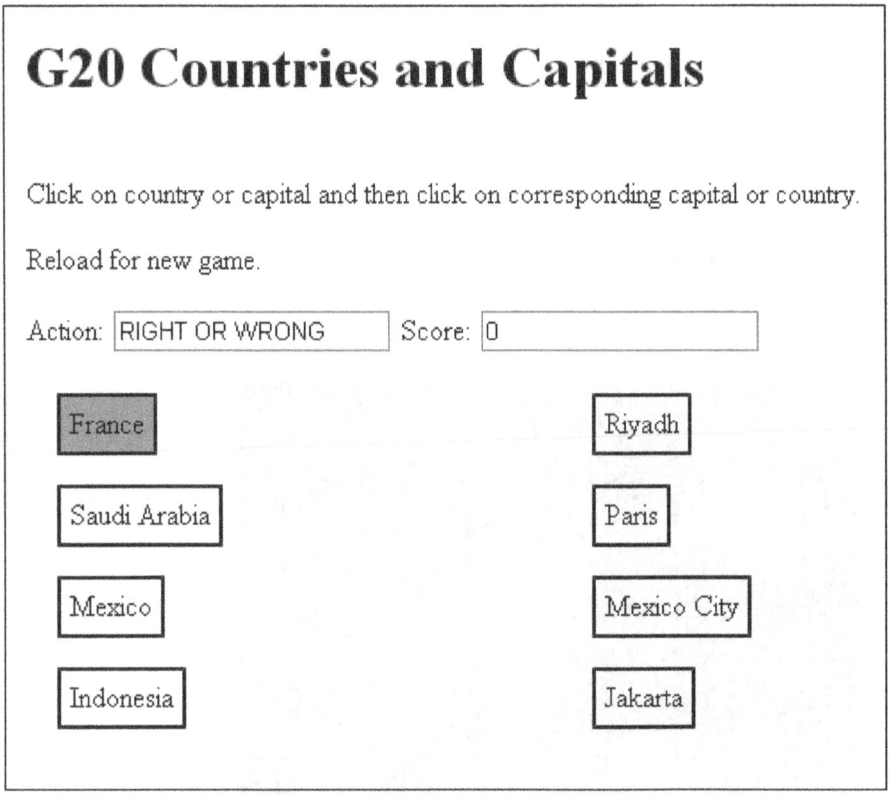

Jogo de Perguntas 201

G20 Countries and Capitals

Click on country or capital and then click on corresponding capital or country.

Reload for new game.

Action: [RIGHT OR WRONG]   Score: [0]

[France]   [Riyadh]

[Saudi Arabia]   [Paris]

[Mexico]   [Mexico City]

[Indonesia]   [Jakarta]

Figura 6-6. *Uma primeira seleção muda de cor.*

Combinar corretamente todos os quatro resulta em um curto videoclip. A Figura 6-7 mostra o início do vídeo.

Figura 6-7. *Depois do sucesso, um videoclip.*

Um jogo ou, na verdade, qualquer aplicativo, deve se comunicar efetivamente com o usuário. Algumas vezes, você pode querer ser sutil, mas uma boa regra é fornecer retorno para todas as ações do usuário, ou pelo menos pensar cuidadosamente e tomar uma decisão consciente para não fornecer resposta direta. As modificações de cores são respostas. O vídeo é uma resposta: o jogador que completa o jogo obtém uma recompensa visual.

Este programa deve ser considerado um ponto de partida. Como projetista, você precisará tomar decisões sobre tentativas repetitivas, finalização do jogo, sugestões, e assim por diante. Eu decidi fazer deste jogo uma seleção aleatória de quatro perguntas de um conjunto de 20. Você poderia considerar estes grupos de quatro questões dentro de um jogo mais demorado. Você poderia apresentar um país junto com várias alternativas para sua capital. E você poderia usar imagens (elementos img com os valores de src definidos pelo código) no lugar de nomes. Consulte a seção "Construindo o Aplicativo e Fazendos suas Modificações" para obter mais ideias.

O nosso programa do Jogo de Perguntas cria elementos HTML que modificam e se movem pela tela como resultado da ação do jogador. Ele usa também arrays de arrays para guardar informações, e inclui um vídeo que é executado no ponto específico do jogo. É difícil imaginar um jogo sofisticado atualmente que não incluísse tais elementos. Além do mais, este programa sugere o potencial dos jogos para educação, certamente uma área que vale a pena explorar.

Requisitos Críticos

Um Jogo de Perguntas requer um modo de armazenar informações ou, usando um termo mais sofisticado, uma base de conhecimentos. Precisamos de uma maneira de escolher questões específicas para perguntar, espero que de modo aleatório, de modo que o jogador encontre um conjunto diferente de desafios de cada vez. Uma vez que o que estamos armazenando, são simplesmente pares de nomes, podemos utilizar uma técnica simples.

Em seguida, precisamos apresentar questões ao jogador e fornecer resposta, algo diferente de cada vez. Neste exemplo, o jogador vê os nomes do países e das capitais em blocos sobre a tela, e depois clica sobre os blocos apropriados para indicar uma possível combinação. Isto significa que nós precisamos de um modo para gerar JavaScript para detectar cliques do mouse sobre blocos específicos e depois reposicionar o primeiro bloco clicado como sendo o próximo para o segundo bloco. Queremos um emparelhamento correto para ser indicado por uma alteração na cor bem como do texto, e um aumento da pontuação.

Note que não estamos utilizando o elemento <canvas>. Poderíamos, e você pode ler o Comentário a seguir para uma comparação da marcação e do canvas HTML criados dinamicamente. O aplicativo do Jogo da Forca do Capítulo 9 inclui elementos HTML criados dinamicamente e desenhos sobre o elemento canvas.

Uma vez que o vídeo é um avanço importante para HTML5, eu quis demonstrá-lo dentro de um exemplo. Um aspecto crítico de usar vídeos como "recompensa" para um jogo bem-sucedido é a necessidade de ocultar o vídeo até esse momento dentro do jogo e depois começar a tocá-lo. O que torna isso mais desafiador é que atualmente nem todos os navegadores aceitam a mesma codificação de vídeos. Tem mais, como foi mencionado, anteriormente, a nova capacidade dentro do HTML5 significa que os desenvolvedores podem fazer uso muito preciso de vídeos sem confiar em plug-ins criados por terceiros.

Recursos do HTML5, CSS e do JavaScript

Vamos agora mergulhar dentro dos recursos específicos do HTML5, CSS e do JavaScript que fornecem aquilo que precisamos para implementar o Jogo de Perguntas. Outra vez estaremos construindo sobre o que foi explicado anteriormente, com alguma redundância apenas no caso de você ter pulado alguma coisa durante o seu aprendizado.

Armazenar e Recuperar Informações Dentro de Arrays

Você deve se lembrar de que um array é uma sequência de valores e que uma variável pode ser configurada como um array. Os componentes individuais de um array podem ser qualquer tipo de dado – incluindo outros arrays. Lembre-se de que nos jogos de memória do Capítulo 5, nós utilizamos uma variável de arrays chamada pairs na qual cada elemento era ele mesmo um array de dois elementos, os arquivos de imagens com fotos que combinavam.

```
var pairs = [
         ["allison1.jpg","allison2.jpg"],
         [ "grant1.jpg","grant2.jpg"],
         ["liam1.jpg","liam2.jpg"],
         ["aviva1.jpg","aviva2.jpg"],
         ["daniel1.jpg","daniel2.jpg"]
```

O array pairs tinha cinco elementos, cada um dos quais era um array. Os arrays interiores consistiam de dois elementos, sendo cada um destes elementos uma sequência de caracteres, o nome de um arquivo de imagem.

No aplicativo do Jogo de Perguntas, utilizaremos novamente um array de arrays. Para exibir o Jogo de Perguntas, nós configuramos uma variável chamada facts como um array para guardar as informações sobre os membros do G20. Cada elemento do array facts é um array propriamente dito. Meu primeiro pensamento ao criar o aplicativo foi que estes arrays interiores iriam guardar cada um dois elementos, o nome do país e o nome da capital. Posteriormente, eu adicionei um terceiro elemento para guardar se este país/capital tivesse ou não sido escolhido nesta etapa do Jogo de Perguntas. Isto significaria que os arrays interiores teriam três elementos diferentes: duas sequências de caracteres e um valor booleano (verdadeiro/falso).

Os componentes individuais de um array são acessados ou definidos usando colchetes. Arrays em JavaScript são indexados começando de zero e terminando no número total de elementos dentro do array menos um. Um artifício para lembrar que a indexação começa a partir de zero é imaginar o array todo alinhado para cima. O primeiro elemento estará no começo; o segundo, em uma unidade de distância; o terceiro, em duas unidades de distância, e assim por diante.

O comprimento do array é guardado dentro de um atributo do array chamado length. Para acessar o primeiro componente do array facts, você usa fact[0]; para o segundo elemento, fact[2], e assim por diante. Você verá isso dentro dos códigos.

Uma maneira comum de fazer alguma coisa com cada elemento dentro de um array é usar uma iteração for. (Ver também a explicação para configurar o gradiente dentro das paredes da caixa delimitadora do Capítulo 3.)

Suponhamos que você possua um array chamado prices e a sua primeira tarefa é escrever código para aumentar cada um dos preços em 15%. Depois, cada preço precisa ser aumentado de no mínimo 1, mesmo que 1 seja mais que 15%. Você poderia usar a construção da Tabela 6-1 para executar esta tarefa. Como você pode ver na coluna Explicação, a iteração for faz a mesma coisa para cada componente do array, usando a variável indexadora i deste exemplo. Este exemplo também mostra o uso do método Math.max.

Tabela 6-1. Aumentando Preços dentro de um Array usando uma Iteração For

Código	Explicação
for(var i=0;i<prices.length;i++) {	Crie as declarações dentro dos parênteses, alterando o valor de i, começando em 0 e aumentando em 1 (isto é o que faz i++) até que o valor seja não menor que prices.length, o número de elementos dentro do array.
prices[i] += Math.max⮕(prices[i]*.15,1);	Lembre-se de interpretar isto de dentro para fora. Calcule .15 vezes o i ésimo elemento do array prices. Veja qual é maior, este valor ou 1. Se for este valor, isso é o que Math.max retorna. Se для 1 (se 1 for maior que prices[i]*.15), utilize 1. Adicione este valor para o valor corrente de prices[i]. Isso é o que += faz.
}	Fechamento da iteração for

Note que o código não estabelece explicitamente o tamanho do array prices. Em vez disso, ele é representado dentro da expressão prices.length. Isso é bom porque significa que o valor do comprimento muda automaticamente se e quando você adiciona elementos para o array. Naturalmente, em nosso exemplo nós sabemos que o número é 20, mas em outras situações é melhor manter as coisas flexíveis. Este aplicativo pode ser um modelo para um Jogo de Perguntas envolvendo qualquer número de fatos quando um fato for duas peças de informação.

O nosso array facts é um array de arrays, o que significa que você verá o seguinte dentro do código:

facts[i][0] nome do país
facts[i][1] nome da capital
facts[i][2] valor verdadeiro/falso indicando que este país foi usado

> **Nota:** *Se a base de conhecimentos foi muito mais complexa ou se eu estivesse compartilhando a informação ou a acessando de algum outro lugar, eu poderia precisar usar alguma coisa diferente de array de arrays. Eu também poderia armazenar o conhecimento básico a partir de um documento HTML em separado, talvez usando um arquivo em XML (Linguagem de Marcação Estendida). JavaScript possui funções para ler e acessar XML.*

O projeto para o Jogo de Perguntas é apresentar um conjunto de quatro fatos escolhidos randomicamente para cada jogo, portanto, definimos uma variável nq (que significa um número dentro do Jogo de Perguntas) como sendo 4. Isso nunca muda, mas torná-la uma variável significa que se quiséssemos mudá-la, seria fácil fazer isso.

O HTML que foi criado dinamicamente (consulte a próxima seção) irá tomar duas colunas na tela, com os países na coluna da esquerda e as capitais à direita. Não quero que os pares sejam alinhados, portanto, eu utilizo o recurso Math.random para posicionar as capitais dentro das diferentes posições nq. Penso nelas como se fossem compartimentos. A lógica, apresenta aqui dentro do pseudocódigo, é a seguinte:

```
Faça uma seleção aleatória, a partir de facts.length 0. Se este fato foi usado,
tente novamente
Marque esta opção como usada.
Crie um novo HTML como sendo um bloco para o país e o lugar dentro da próxima
posição à esquerda.
Faça uma seleção aleatória, 0 a 3, para determinar o compartimento para a capital.
Se este compartimento estiver ocupado, tente novamente.
Marque este compartimento como usado.
```

Portanto, como codificamos isto? Como indicado anteriormente, o array fact contém arrays e o terceiro elemento dos arrays interiores é uma variável booleana. Inicialmente, os valores de cada um será falso, significando que os elementos ainda não foram usados no jogo. Depois de um tempo, naturalmente, alguns facts terão sido usados, portanto, eu uso um outro tipo de iteração, uma construção do-while que irá continuar tentando até que chegue a um fato que não foi usado:

```
do {c = Math.floor(Math.random()*facts.length);}
while (facts[c][2]==true)
```

O do-while é encerrado assim que facts[c][2] for falso, isto é, quando o elemento do índice c estiver disponível para uso.

Utilizamos códigos semelhantes para determinar o compartimento para a capital. Definimos um array chamado slots. Agora, poderíamos ter criado os valores dentro dos slots arrays booleanos, mas em vez disso vamos armazenar o valor c que contém o índice dentro do array facts uma vez que o código determina qual é esse valor. Para um valor inicial para cada elemento de slots, utilizaremos um valor arbitrário de -100. Os valores usados estão dentro da faixa de 0 a 19 (`facts.length`). O código é:

```
do {s = Math.floor(Math.random()*nq);}
    while (slots[s]>=0)
    slots[s]=c;
```

Criando HTML Durante a Execução do Programa

Um documento HTML consiste tipicamente do texto e da marcação que você inclui quando inicialmente escreve o documento. Todavia, você também pode adicionar ao documento enquanto o arquivo está sendo interpretado pelo navegador, especificamente quando o JavaScript dentro do elemento script está sendo executado (chamado de tempo de execução ou runtime). Isto é o que eu quero dizer ao criar HTML dinamicamente. Para o aplicativo do Jogo de Perguntas, eu criei dois tipos de elementos que nós adicionaremos, com os nomes "country" e "cap". Para cada um destes, inserimos um elemento do tipo `div`, um tipo de elemento geral que é adequado para os nossos propósitos aqui. (Fique ciente de que o HTML5 adicionou diversos outros tipos – por exemplo, `header`, `footer`, `article` e `section` – que transmitem significado mais específico e deveriam ser considerados para os seus aplicativos. O Capítulo 1 mostra um uso de section (seção), e no Capítulo 10, mostrarei o footer (rodapé).)

O `div` é um tipo de bloco, significando que ele pode conter outros elementos, bem como textos, e ele é exibido com quebras de linhas antes e depois. A Tabela 6-2 mostra os métodos que utilizaremos.

Tabela 6-2. Métodos para Criar HTML

Código	Explicação
`createElement`	Cria o elemento HTML
`appendChild`	Adiciona o elemento ao documento anexando-o a alguma coisa dentro do documento
`getElementbyID`	Obtém uma referência para o elemento

Um artifício necessário para os aplicativos como este vai aparecer com valores `id` exclusivos para os elementos que são criados. Faremos isto usando uma variável que é incrementada para cada conjunto de país/capital. O valor id consiste desse número, convertido para uma string e depois precedido por um "c" ou um "p"? Como eu estou usando "c" para país e "p" me veio à mente ao pensar na capital. A propósito, os valores id não precisam ser números ou aceitar qualquer formato particular. Como você pode ver, em nosso aplicativo, eles são uma única letra seguido por números.

O país e a capital que formam pares terão o mesmo número, portanto, podemos utilizar os valores de id para checar uma combinação. Utilizamos um método de String, substring, que extrai uma porção de qualquer sequência de caracteres. Vamos dar uma olhada em alguns exemplos. Para usar substring, você especifica a posição inicial e, opcionalmente, mais um além da posição final. Isto é, a string extraída começa com o primeiro parâmetro e sobe até o segundo. Se o nosso código não incluir o segundo parâmetro, a extração vai para o fim da string. Suponhamos que você tivesse uma variável

```
var class ;
```

para nomes de cursos ou de classes. A maioria dos colégios utiliza modelos específicos para esses nomes, tais como três letras para departamento e depois talvez quatro números para indicar o curso específico. Agora vamos supor que a variável class foi atribuído o valor "MAT1420". Nesse caso,

```
class.substring(0,3) produziria "MAT"
class.substring(3) produziria "1420"
class.substring(3,7) produziria "1420"
class.substring(3,6) produziria "142"
class.substring(3,4) produziria "1"
```

> **Sugestão:** *JavaScript e muitas outras linguagens também fornecem um método de string chamado substr que funciona de maneira um pouco diferente. O segundo argumento de substr é o comprimento do pedaço da string. Para o exemplo do nome class, class.substr(0,3), coincidentemente, também produz "MAT"*
> *class.substr(3,4) produz "1420"*
> *class.substr(3,1) produz "1"*

Em nossa implementação do Jogo de Perguntas, nós utilizamos a porção da string que começa a partir da posição de número 1, isto é, da segunda posição, até o final da string.

Uma vez que nós criamos estes novos elementos HTML, nós usamos addEventListener para configurar eventos e tratadores de eventos. O método addEventListener é usado para uma variedade de eventos. Lembre-se de que nós o utilizamos no elemento canvas do Capítulo 4.

Para o aplicativo do Jogo de Perguntas, a declaração seguinte define o mecanismo do JavaScript para "ouvir" cliques para cada elemento e invocar a função pickelement que criaremos.

```
thingelem.addEventListener('click',pickelement,false);
```

(O falso nesta declaração se refere a envolver tecnicamente outros possíveis ouvintes para este evento.)

Dentro da função pickelement, você verá o código que contém o termo this, tal como

```
thisx= this.style.left;
```

No código, this tem referência a instância corrente, isto é, ao elemento que o jogador clicou. Nós configuramos escutas para cada elemento do evento, portanto, quando o elemento pickelement for executado, o código pode referir ao elemento específico que ouviu o clique usando o this. Quando o jogador clica no bloco Brasil, o código o conhece, onde através do "conhecimento" eu estou antropomorfizando o programa mais do que gostaria. Traduzindo em outras palavras, a mesma função pickelement será invocada para todos os blocos que colocarmos na tela, mas, utilizando this, o código pode referenciar para um elemento específico que o jogador clica de cada vez.

> **Observação:** *Se nós não tivéssemos este elemento e a capacidade de criar o* addEventListener *e referenciar os atributos usando o* this, *e em vez disso tivéssemos desenhado coisas sobre o canvas, precisaríamos executar cálculos e comparações para determinar onde estava o cursor do mouse e depois procurar a informação correspondente de alguma maneira para verificar as combinações. (Reveja os códigos para o estilingue do Capítulo 4.) Em vez disso, o mecanismo do JavaScript faz a maior parte do trabalho, e faz isso com mais eficiência – maior rapidez – do que poderíamos, escrevendo nós mesmos os códigos.*

Depois que o novo HTML foi criado, os seus conteúdos são definidos usando o atributo innerHTML. A seguir, o novo elemento é adicionado ao documento ao ser anexado como filho (child) do elemento body. Isto pode parecer estranho, mas é assim que as coisas acontecem.

```
d.innerHTML = (
"<div class='thing' id='"+uniqueid+"'>placeholder</div>");
document.body.appendChild(d);
```

O texto placeholder será substituído e todas as coisas serão reposicionadas. Nós definimos o texto atribuindo um valor para o atributo textContent. Em seguida, vamos olhar como usar CSS com o nosso código para posicionar os elementos e mudar a cor deles.

Você verá o código no contexto completo dentro da seção Construindo o Aplicativo.

Alterando Elementos ao Modificar CSS Usando Código do JavaScript

As Folhas de Estilos em Cascata (CSS) permitem que você especifique a formatação de partes de um documento HTML. O Capítulo 1 mostrou um exemplo bastante básico de CSS, o qual é poderoso e útil mesmo para HTML estático. Essencialmente, a ideia é usar CSS para a formatação, isto é, a aparência do aplicativo, e reservar HTML para a estruturação do conteúdo. Consulte *Getting StartED with CSS*, do autor David Powers (Friends of ED, 2009), para maiores informações sobre CSS.

Dê uma rápida olhada no que usamos aqui para gerar dinamicamente os blocos criados que contêm os nomes do país e da capital.

Um elemento style dentro do documento HTML contém um ou mais estilos. Cada estilo se refere a

- um tipo de elemento usando o nome do tipo de elemento; ou
- um elemento específico, usando o valor id; ou
- uma classe de elementos.

No Capítulo 1, nós usamos um estilo para o elemento body e para os elementos da seção. Para o vídeo, utilizaremos uma referência a um elemento específico. Eis aqui um fragmento dos códigos, começando com o que vai dentro do elemento style:

`#vid {position:absolute; visibility:hidden; z-index: 0; }`

onde vid é o id usado dentro do elemento video que está dentro do elemento body.

`<video id="vid" controls="controls" preload="auto">`

Entraremos em detalhes sobre isto logo, quando discutirmos o elemento video e sua visibilidade.

Agora vamos definir a formatação para uma classe de elementos. A classe é um atributo que pode ser especificada dentro de qualquer tag que inicialize um elemento. Para este aplicativo, eu inventei uma classe thing. Sim, eu sei que não satisfaz. Ela referencia uma coisa que o nosso código irá colocar na tela. O estilo é

`.thing {position:absolute;left: 0px; top: 0px; border: 2px; border-style: double;` ↪
`background-color: white; margin: 5px; padding: 5px; }`

O período antes de thing indica que esta é uma especificação de classe. A posição é definida para absoluta e no topo e à esquerda incluindo valores que podem ser modificados através de código.

A definição absoluta referencia a maneira que a posição é especificada dentro da janela do documento – como coordenadas específicas. A alternativa é relativa, a qual você usaria se a parte do documento estivesse dentro de um bloco de contenção que pudesse estar em qualquer lugar da tela. A unidade de medida é o pixel e, portanto, as posições da esquerda e do topo são dadas como 0px para 0 pixels, e as medidas para borda, margem, e espaçamentos são 2 pixels, 5 pixels, e 5 pixels, respectivamente.

Agora vamos ver como usar os atributos de estilos para posicionar e formatar os blocos. Por exemplo, depois de criar um elemento dinâmico para guardar um país, podemos usar as seguintes linhas de código para obter uma referência para a coisa que foi recém-criada, colocar os textos que contêm o nome do país dentro do elemento, e depois posicioná-lo em um ponto específico da tela.

```
thingelem = document.getElementBy(uniqueid);
thingelem.textContent=facts[c][0];
thingelem.style.top = String(my)+"px";
thingelem.style.left = String(mx)+"px";
```

Aqui, my e mx são números. Definir style.top e style.left requer uma string, portanto, o nosso código converte os números para strings e adiciona o "os" nos finais das strings.

Queremos modificar a cor das duas caixas quando houver uma combinação correta. Podemos fazer isto relativamente bem ao modificar o topo e a esquerda para reposicionar o bloco. Todavia, o nome do atributo para JavaScript é ligeiramente diferente do que aquele dentro da CSS: sem traços.

```
elementinmotion.style.backgroundColor = "gold";
this.style.backgroundColor = "gold";
```

O dourado é uma das definições das cores estabelecidas, incluindo vermelho, branco, azul etc. que podem ser referenciados através de um nome. Alternativamente, você pode usar os valores hexadecimais RGB disponíveis a partir de programas, tais como Corel Paint Shop Pro, Adobe Photoshop, ou Adobe Flash. Para a segunda versão do jogo, eu usei tan (castanho-amarelado) e branco.

Sugestão: *Você pode especificar um fonte dentro da seção de estilos. Você pode inserir "fontes Web seguras" dentro de qualquer mecanismo de busca e obter uma lista de fontes presumivelmente disponíveis em todos os navegadores e em todos os computadores. Entretanto, uma abordagem alternativa seria especificar uma lista classificada de fontes de modo que se a primeira não estiver disponível, o navegador tentará encontrar a próxima. Consulte o Capítulo 8 para mais informações.*

Feedback de Textos Utilizando Formulário e Elementos de Entrada

O jogador recebe feedback de duas maneiras dentro dos dois aplicativos: nas duas versões, um bloco selecionado sempre é modificado. Na segunda versão do jogo, o primeiro bloco clicado é modificado para castanho-amarelado. Se a combinação estiver correta, a cor de ambos os blocos é definida para dourado. Caso contrário, ambos os blocos revertem para branco. O feedback para o texto é dado usando campos de entrada de um elemento form. Este formulário não é usado para entrada e, portanto, não existem botões, quer como elemento button separado quer como elemento de entrada do tipo submit.

As duas linhas seguintes definem um campo de entrada para a DIREITA e a outra, para um a mais do que o valor anterior. Note que o valor deve ser convertido de texto para número antes de ser incrementado, depois convertido de volta.

```
document.f.out.value = "RIGHT";
document.f.score.value =String(1+Number(document.f.score.value));
```

E se o nosso jogador trapaceiro clicar duas vezes sobre o mesmo bloco? Temos o código que verifica isto.

```
if (makingmove) {
 if (this==elementinmotion) {
    elementinmotion.style.backgroundColor = "white";
    makingmove = false;
    return;
}
```

Isto faz com que o jogador inicie de novo com um novo movimento, se ele clicar duas vezes sobre o mesmo bloco. Uma vez que o bloco mudará de volta para branco, isto deve ficar claro para o jogador.

Apresentando um Vídeo

O HTML5 fornece o novo elemento video para apresentação de vídeos, quer como parte de um documento estático HTML quer sob o controle de JavaScript. Isto pode bem se tornar um novo padrão. Para mais informações, consulte *The Definitive Guide to HTML5*, Video de Silvia Pfeiffer (Apress, 2010).

Resumindo, o vídeo pode vir em diferentes tipos de arquivos, assim como fazem as imagens. Os tipos de arquivos variam com base nos contêineres para o vídeo e o áudio associados, bem como o vídeo e o áudio são codificados. O navegador precisa saber como tratar o contêiner e como decodificar o vídeo para exibir as telas – as imagens paradas que constituem o vídeo – em sucessões na tela, e como decodificar o áudio para enviar o som para os alto-falantes do computador.

Vídeos envolvem uma quantidade considerável de dados, de modo que as pessoas ainda estão trabalhando nas melhores maneiras de comprimir a informação, tirar vantagem, por exemplo, do que é similar entre telas sem perder muito da qualidade. Sites Web agora são mostrados em pequenas telas de telefones celulares bem como em telas de TV com alta definição; portanto, é importante tirar vantagem de qualquer conhecimento sobre qual será o dispositivo de exibição usado. Com isto em mente, embora possamos esperar que os criadores de navegadores padronizem para um formato no futuro, o elemento video do HTML5 fornece uma maneira de lidar com a falta de padronização referenciando múltiplos arquivos. Desenvolvedores, portanto, e isso inclui aqueles que como nós estamos criando este aplicativo do Jogo de Perguntas, precisam produzir diferentes versões do mesmo vídeo.

Fiz o download do vídeo com fogos de artifícios Fourth of July e depois usei uma ferramenta livre (conversor de vídeo Miro) para criar três versões diferentes com diferentes formatos do mesmo vídeoclip curto. Depois usei o novo elemento video do HTML5 bem como o elemento source para codificar referências para todos os três arquivos de vídeo. O atributo codecs dentro do elemento source fornece informações do que é a codificação para o arquivo especificado dentro do atributo src.

```
<video controls="controls">
<source src="sfire3.mp4" type='video/mp4; codecs="avc1.42E01E, mp4a.40.2"'>
<source src="sfire3.theora.ogv" type='video/ogg; codecs="theora, vorbis"'>
<source src="sfire3.webmvp8.webm" type="video/webm; Códigoc="vp8, vorbis"'">
</video>
```

Incluir controls="controls" coloca os controles familiares na tela para permitir que o jogador/usuário comece ou pause o videoclip. Este código, que faz parte do documento padrão HTML, produz o que é mostrado na Figura 6-8.

Figura 6-8. *Vídeoclip com controles*

Note que o display irá variar ligeiramente com os diferentes navegadores.

A tag para o elemento video fornece outros atributos, incluindo largura e altura padrão e autoplay e preload. Estes diferentes arquivos source são indicados dentro do HTML. O atributo type fornece informações tanto para os códigos do vídeo como do áudio, e você deve usar as aspas simples e duplas. Isto é, aspas duplas indicam alguma coisa que está dentro da aspa simples mais longa. O navegador interpreta o HTML começando do primeiro elemento source. Assim que a determinação de que este é um tipo de arquivo que o navegador pode exibir for feita, o download desse arquivo é feito para o computador do cliente.

Esta é a maneira básica de apresentar um vídeo. Entretanto, como foi mencionado anteriormente, para o nosso Jogo de Perguntas nós vamos ocultar este vídeo até que seja o momento de tocá-lo. Para fazer isto, definiremos um estilo para o elemento video especificando a visibilidade com hidden. Também precisamos que o vídeoclip fique na frente de qualquer outro elemento, incluindo os elementos que são criados dinamicamente dentro do código. Colocar elementos na frente dos outros elementos é controlado pelo z-index, o qual você poderia considerar a terceira dimensão depois de x e de y. Para fazer isto precisaremos do seguinte estilo:

```
#vid {position:absolute; visibility:hidden; z-index: 0; }
```

Este estilo especifica as definições originais. O código irá modificá-lo quando for hora de tocar o video. #vid referencia o id do elemento video.

```
<video id="vid" controls="controls" preload="auto">
<source src="sfire3.mp4" type='video/mp4; codecs="avc1.42E01E, mp4a.40.2"'>
<source src="sfire3.theora.ogv" type='video/ogg; codecs="theora, vorbis"'>
<source src="sfire3.webmvp8.webm" type="video/webm; Códigoc="vp8, vorbis"'">
Your browser does not accept the video tag.
</video>
```

Queremos não apenas que o vídeo apareça, queremos também que ele fique na frente. Para fazer isto, modificaremos o z-index. Pense em z como a dimensão que sai da tela em direção ao usuário.

Note que a posição nunca é modificada, mas o z-index funciona somente se a posição tiver sido especificada dentro de um estilo.

Quando o código calcula que chegou a hora do videoclipe, ele altera a visibilidade e o z-index e depois invoca o método play.

```
v = document.getElementById("vid");
v.style.visibility = "visible";
v.style.zIndex = "10000";
v.play();
```

Sugestão: *A CSS tem a sua própria linguagem, que algumas vezes envolve hífens dentro dos termos. Um termo CSS para expressar como os elementos estão dispostos na tela é o* z-index, *o termo JavaScript é* zIndex.

Com este conhecimento considerável de JavaScript, HTML e CSS, estamos prontos para descrever os detalhes do aplicativo do Jogo de Perguntas.

Construindo o Aplicativo e Fazendo suas Modificações

A base do conhecimento para o Jogo de Perguntas é representada dentro da variável facts, a qual é um array de arrays. Se você quiser modificar o Jogo de Perguntas para outro tópico, um que seja constituído por um par de nomes ou outro texto, você apenas precisa mudar `facts`. Naturalmente, você também precisaria modificar o texto que aparece como elemento `h1` dentro do elemento `body` para permitir que o jogador conheça a categoria de perguntas. Eu defini uma variável chamada `nq`, para número em cada pergunta (o número de pares que deve aparecer na tela) como sendo 4. Você pode, claro, alterar este valor se você quiser apresentar um número diferente de pares para o jogador. As outras variáveis são usadas para as posições originais dos blocos e para guardar a informação do status, tal como se for um primeiro ou segundo clique.

Eu criei três funções para este aplicativo: `init`, `setupgame` e `pickelement`. Eu poderia ter combinado `init` e `setupgame`, mas as criei separadamente para facilitar um botão de `replay`. A Tabela 6-3 descreve estas funções, o que elas chamam e como são chamadas.

Tabela 6-3. Funções dentro do Aplicativo do Jogo de Perguntas

Função	Invocada por / Chamada por	Chamadas
init	Invocada pela ação do onLoad dentro da tag <body>	setupgame
setupgame	Chamada por init	
pickelement	Chamada como resultado das chamadas de addEventListener dentro de setupgame	

A função setupgame é onde o HTML é criado para os blocos. Resumidamente, uma expressão que usa Math.random é avaliada para pegar uma das linhas dentro do array facts. Se essa linha tiver sido usada, o código tenta novamente. Quando uma linha não utilizada for encontrada, ela é marcada como usada (o terceiro elemento, valor de índice 2) e os blocos são criados.

Jogo de Perguntas **219**

Uma abordagem alternativa seria remover um fato usado do array e continuar indo até que todas as linhas tenham sido usadas. Dê uma olhada de novo no uso de splice (junções) do Capítulo 4 para uma ideia de como você poderia conseguir isto.

O bloco para a capital é colocado randomicamente em um dos quatro compartimentos disponíveis. Isto produz os países e as capitais dentro de duas colunas, porém misturadas. A função `pickelement` faz uma coisa se for um primeiro clique, e uma outra ser for um segundo clique, determinado pelo valor de `makingmove`, o qual é inicializado como falso e depois é definido para verdadeiro durante o primeiro clique.

A Tabela 6-4 fornece a explicação do código linha a linha.

Tabela 6-4. O Código Completo para o Aplicativo do Jogo de Perguntas

Código	Explicação
<html>	Iniciando tag `html`
<head>	Iniciando tag `head`
<title>Quiz</title>	Elemento `title` completo
<style>	Início de uma seção `style`
.thing {position:absolute;left: 0px; ↵ top: 0px; border: 2px; ↵ border-style: double; ↵ background-color: white; margin: 5px; ↵ padding: 5px; }	Um estilo para todos os elementos da classe `thing`. A posição original está no topo e no canto esquerdo da janela. Há uma borda espessa e uma cor branca de fundo.
</style>	Fim do elemento `style`
<script>	Iniciar elemento `script`
var facts = [	Início da declaração da variável `facts`, array de arrays
["China","Beijing",false],	Cada linha é um array completo, 3 elementos, `país`, `capital`, `falso`
O campo de falso será modificado se esta linha for escolhida para ser apresentada	
["India","New Delhi",false],	
["European Union","Brussels",false],	
["United States","Washington, DC",false],	
["Indonesia","Jakarta",false],	
["Brazil","Brasilia",false],	
["Russia","Moscow",false],	
["Japan","Tokyo",false],	

220　O Guia Essencial do HTML5

Código	Explicação
["Mexico","Mexico City",false],	
["Germany","Berlin",false],	
["Turkey","Ankara",false],	
["France","Paris",false],	
["United Kingdom","London",false],	
["Italy","Rome",false],	
["South Africa","Pretoria",false],	
["South Korea","Seoul",false],	
["Argentina","Buenos Aires",false],	
["Canada","Ottawa",false],	
["Saudi Arabia","Riyadh",false],	
["Australia","Canberra",false]	
];	Fechamento do array
var thingelem;	Declaração da variável para elementos criados
var nq = 4;	Número de pares apresentados ao jogador
var elementinmotion;	Variável para guardar o primeiro elemento que foi clicado
var makingmove = false;	Variável para distinguir primeira situação de clique e segunda situação de clique
var inbetween = 300;	Variável contendo a distância entre as duas colunas originais
var col1 = 20;	Variável contendo a posição horizontal da primeira coluna
var row1 = 200;	Variável contendo a posição vertical da primeira coluna
var rowsize = 50;	Variável contendo a altura de uma linha (do próprio bloco e do espaçamento) para criação de todas as linhas
var slots = new Array(nq);	Uma variável do array para guardar os compartimentos da coluna direita que foram preenchidos
function init(){	Início da função init
setupgame();	Chamado setupgame();
}	Fechamento da função init
function setupgame() {	Início da função setupgame
var i;	Variável usada para as iterações for
var c;	Variável usada para escolha da linha (array interior) de facts
var s;	Variável usada para escolha de compartimentos

Jogo de Perguntas 221

Código	Explicação
var mx = col1;	Variável contendo a posição horizontal
var my = row1;	Variável contendo a posição vertical inicial
var d;	Variável contendo o elemento html criado
var uniqueid;	Variável que contém o id criado
for (i=0;i<facts.length;i++) {	Início de uma iteração for para marcar todos os fatos que não estão sendo usados
facts[i][2] = false;	Definir (redefinir) o terceiro valor, índice 2, como sendo falso
}	Fechamento da iteração for
for (i=0;i<nq;i++) {	Início de uma iteração for para definir todos os compartimentos não usados
slots[i] = -100;	Valores utilizados serão de 0 a 19
}	Fechamento da iteração for
for(i=0;i<nq;i++) {	Início da iteração for para escolher pares nq país/capital.
Lembre-se de que o nosso nq foi definido para 4, 4 pares país-capital	
do {c = Math.floor(Math.↪ random()*facts.length);}	Início da iteração do/while. O que está dentro dos parênteses é feito pelo menos uma vez. A variável c é definida para um valor randômico de 0 a 1 menor que o comprimento do array
while (facts[c][2]==true)	Faça isto novamente se este array interior (par país/capital) foi escolhido
facts[c][2]=true;	Fora da iteração, agora definir este array pair país/capital como sendo usado
uniqueid = "c"+String(c);	Construir o id para o bloco do país
d = document.createElement↪ ('country');	Criar um elemento html do tipo country
d.innerHTML = (	Definir seu innerHTML como sendo
"<div class='thing' id='"+uniqueid+"'>placeholder</div>");	... uma div da classe thing com id. Os conteúdos do elemento serão modificados
document.body.appendChild(d);	Adicionar este elemento ao documento como filho do elemento body
thingelem = document.getElementById(uniqueid);	Obter um ponteiro para o elemento recém-criado
thingelem.textContent=↪ facts[c][0];	Definir seu textContent para o nome do país
thingelem.textContent=↪ facts[c][0];	Definir seu textContent para o nome do país
thingelem.style.top =↪ String(my)+"px";	Posicioná-lo verticalmente modificando o estilo do topo

Código	Explicação
`thingelem.style.left =` `String(mx)+"px";`	... e horizontalmente modificando o estilo de esquerda
`thingelem.addEventListener('click',` `pickelement,false);`	Configurar para escutar o evento de clique
`uniqueid = "p"+String(c);`	Construir agora o `id` para o bloco da capital
`d = document.createElement('cap');`	Criar um novo elemento
`d.innerHTML = (`	Definir seu `innerHTML` como sendo
`"<div class='thing'` `id='"+uniqueid+"'>placeholder</div>");`	Uma `div`, classe `thing`, com `id`. `placeholder` será modificado
`document.body.appendChild(d);`	Adicione isto ao documento como filho do elemento `body`
`thingelem = document.getElementById(uniqueid);`	Obter um ponteiro para o elemento `thing`
`thingelem.textContent=facts[c][1];`	Definir seu `textContent` para o nome da capital
`do {s = Math.floor` `(Math.random()*nq);}`	Iniciar uma iteração do `while`, o código dentro do parênteses é executado pelo menos uma vez. Determinar uma escolha aleatória a partir dos compartimentos vazios
`while (slots[s]>=0)`	Mas repetir se este compartimento JÁ tiver sido tomado
`slots[s]=c;`	Armazene o número do/da país/capital
`thingelem.style.top = String` `(row1+s*rowsize)+"px";`	Posicione este bloco de acordo com a fórmula, baseada em qual compartimento e tamanho da linha, verticalmente
`thingelem.style.left = String` `(col1+inbetween)+"px";`	Posicione este bloco horizontalmente dentro da segunda coluna (dentro e acima de `col1`)
`thingelem.addEventListener('click',` `pickelement,false);`	Configurar para escutar eventos de clique
`my +=rowsize;`	Aumentar o valor de `my` para preparar para o próximo bloco
`}`	Fechar iteração
`document.f.score.value = "0";`	Definir pontuação para 0
`return false;`	Isto é feito para impedir um recarregamento da página HTML
`}`	Fechar função `setupgame`
`function pickelement(ev) {`	Início da função `pickelement`
`var thisx;`	Variável para guardar a posição horizontal deste elemento (o elemento que recebeu o evento do clique)
`var thisxn;`	Variável para guardar o número representado por `thisx`, o qual é um texto

Jogo de Perguntas

Código	Explicação
`if (makingmove) {`	Este é um segundo clique?
`    thisx= this.style.left;`	Definir `thisx`
`thisx = thisx.substring`↵`(0,thisx.length-2);`	Remover o px da string.
`    thisxn =`↵`Number(thisx) + 110;`	Transforme isto em um número e depois adicione um fator absurdo para posicionar o elemento que foi clicado primeiro, à direita do elemento `this`
`elementinmotion.style.left =`↵`String(thisxn)+"px";`	`elementinmotion` guarda o clique do primeiro elemento. Posiciona-o horizontalmente para o valor calculado de `thisxn`.
`elementinmotion.style.top =`↵`this.style.top;`	Posiciona-o verticalmente o mesmo para o elemento `this`
`    makingmove = false;`	Definir makingmove de volta para falso
`if (this.id.substring(1)==`↵`elementinmotion.id.substring(1)) {`	Verificar se esta é uma combinação comparando os ids, depois de usar `substring` para remover o primeiro caractere
`elementinmotion.style.`↵`backgroundColor = "gold";`	Se houver uma combinação, mude a cor de `elementinmotion` e
`this.style.backgroundColor = "gold";`	do elemento `this`
`document.f.out.value = "RIGHT";`	Saída do valor "Correto"
`document.f.score.value = String`↵`(1+Number(document.f.score.value));`	Incrementar os pontos (é preciso mudar o valor para número, adicionar 1, e depois mudar de volta para texto)
`}`	Fechar cláusula se combinação for verdadeira
`else {`	Caso contrário
`    document.f.out.value = "WRONG";}`	Mostrar o valor "Errado"
`}`	Fechar cláusula `else`
`else {`	Se não for um segundo clique
`    makingmove = true;`	Checar `makingmove`
`    elementinmotion = this;`	Salvar este elemento dentro da variável `elementinmotion`
`}`	Terminar cláusula `else`
`}`	Finalizar `pickelement`
`</script>`	Finalizar script
`</head>`	Finalizar cabeçalho
`<body onLoad="init();">`	Iniciar tag body. Configurar chamada para `init` ao carregar.
`<h1>G20 Countries and`↵`capitals </h1> `	Cabeçalho da tela

Código	Explicação
Click on country or capital↪ and then click on corresponding↪ capital or country.	Direções
<p>	Parágrafo
Reload for new game.	Direções
<form name="f" >	Início de form
Action: <input name="out" type=↪ "text" value="RIGHT OR WRONG"/>	Rótulo do texto e depois um campo de entrada
Score: <input name="score" type=↪ "text" value="0"/>	Rótulo do texto e depois um campo de entrada
Score: <input name="score" type=↪ "text" value="0"/>	Rótulo do texto e depois um campo de entrada
</form>	Fechar formulário
</p>	Fechar parágrafo
</body>	Fechar body
</html>	Fechar html

A primeira providência para fazer modificações neste aplicativo é escolher o conteúdo do seu Jogo de Perguntas. Ele precisa ser um par de valores. Os valores aqui são nomes, guardados dentro de textos, mas eles poderiam ser números, ou números e textos. Você também poderia criar tags img e usar a informação guardada dentro do array para definir os valores de src dos elementos img. Mais complicado, mas ainda fácil de fazer é incorporar um áudio. Comece com simplicidade, com alguma coisa parecendo com os fatos do G20, e depois seja mais ousado.

Você pode modificar a aparência do aplicativo modificando o HTML original e/ou o HTML criado. Você pode modificar ou adicionar para a seção CSS.

Você pode modificar facilmente o número de perguntas, ou modificar o jogo de quatro questões para uma etapa de quatro questões e fazer com que uma nova rodada ocorra automaticamente depois de um determinado número de tentativas ou ao clicar de um botão. Você precisaria decidir se os pares país/capital vão ser repetidos de uma etapa para a outra.

Você também pode incorporar um recurso de tempo. Existem duas abordagens gerais: fazer o rastreamento do tempo e simplesmente exibi-lo quando o jogador completa um jogo/etapa bem-sucedido/a (consulte o Jogo da memória do Capítulo 5) ou estabelecer um limite de tempo. A primeira abordagem permite que alguém concorra consigo mesmo, mas não impõe nenhuma pressão significativa. A segunda estabelece uma pressão sobre o jogador e você pode diminuir o tempo permitido para etapas sucessivas. Isso poderia ser implementado usando o comando setTimeout.

A Tabela 6-5 mostra o código para a segunda versão do jogo, a qual inclui alterar uma primeira seleção para castanho-amarelado, e o video. Como ocorreu em outros capítulos com múltiplas versões, pense sobre o que é igual neste jogo, e o que nós modificamos ou adicionamos.

Tabela 6-5. O Código Completo para a Segunda Versão do Aplicativo para o Jogo de Perguntas

Código	Explicação
`<html>`	
`<head>`	
`  <title>Quiz (multiple videos)</title>`	
`<style>`	
`.thing {position:absolute;left: 0px;`↪ `top: 0px; border: 2px; border-style:`↪ `double; background-color: white;`↪ `margin: 5px; padding: 5px; }`	
`.thing {position:absolute;left: 0px;`↪ `top: 0px; border: 2px; border-style:`↪ `double; background-color: white;`↪ `margin: 5px; padding: 5px; }`	
`#vid {position:absolute; visibility:`↪ `hidden; z-index: 0; }`	Estilos para o elemento video.
`</style>`	
`  <script type="text/javascript">`	
`    var facts = [`	
`      ["China","Beijing",false],`	
`      ["India","New Delhi",false],`	
`      ["European Union","Brussels",false],`	
`      ["United States","Washington, DC",false],`	
`      ["Indonesia","Jakarta",false],`	
`      ["Brazil","Brasilia",false],`	
`      ["Russia","Moscow",false],`	

Código	Explicação
["Japan","Tokyo",false],	
["Mexico","Mexico City",false],	
["Germany","Berlin",false],	
["Turkey","Ankara",false],	
["France","Paris",false],	
["United Kingdom","London",false],	
["Italy","Rome",false],	
["South Africa","Pretoria",false],	
["South Korea","Seoul",false],	
["Argentina","Buenos Aires",false],	
["Canada","Ottawa",false],	
["Saudi Arabia","Riyadh",false],	
["Australia","Canberra",false]	
];	
var thingelem;	
var nq = 4;	
var elementinmotion;	
var makingmove = false;	
var inbetween = 300;	
var col1 = 20;	
var row1 = 200;	
var rowsize = 50;	
var slots = new Array(nq);	
function init(){	
setupgame();	
}	
function setupgame() {	
var i;	
var c;	
var s;	
var mx = col1;	
var my = row1;	
var d;	
var uniqueid;	
for (i=0;i<facts.length;i++) {	

Jogo de Perguntas 227

Código	Explicação
facts[i][2] = false;	
}	
for (i=0;i<nq;i++) {	
slots[i] = -100;	
}	
for(i=0;i<nq;i++) {	
do {c = Math.floor↪(Math.random()*facts.length);}	
while (facts[c][2]==true)	
facts[c][2]=true;	
uniqueid = "c"+String(c);	
d = document.createElement↪('country');	
d.innerHTML = (	
"<div class='thing'↪ id='"+uniqueid+"'>placeholder</div>");	
document.body.appendChild(d);	
thingelem = document.↪getElementById(uniqueid);	
thingelem.textContent=facts[c][0];	
thingelem.style.top =↪ String(my)+"px";	
thingelem.style.left =↪ String(mx)+"px";	
thingelem.addEventListener↪('click',pickelement,false);	
uniqueid = "p"+String(c);	
d = document.createElement↪('cap');	
d.innerHTML = (	
"<div class='thing'↪ id='"+uniqueid+"'>placeholder</div>");	
document.body.appendChild(d);	
thingelem = document.↪getElementById(uniqueid);	
thingelem.textContent=facts[c][1];	
do {s = Math.floor↪(Math.random()*nq);}	
while (slots[s]>=0)	

228 O Guia Essencial do HTML5

Código	Explicação
`    slots[s]=c;`	
`    thingelem.style.top =↪` `String(row1+s*rowsize)+"px";`	
`    thingelem.style.left =↪` `String(col1+inbetween)+"px";`	
`    thingelem.addEventListener↪` `('click',pickelement,false);`	
`    my +=rowsize;`	
`    }`	
`    document.f.score.value = "0";`	
`    return false;`	
`}`	
`function pickelement(ev) {`	
`    var thisx;`	
`    var thisxn;`	
`    var sc;`	Variável para o número de combinações corretas
`    if (makingmove) {`	
`        if (this==elementinmotion) {`	Verificar se o jogador não clicou duas vezes no mesmo bloco
`elementinmotion.style.backgroundColor =↪` `"white";`	Se clicou, redefinir cor para branco
`            makingmove = false;`	Redefinir makingmove
`            return;`	Retornar
`        }`	Fim da cláusula if
`        thisx= this.style.left;`	
`        thisx = thisx.substring↪` `(0,thisx.length-2);`	
`        thisxn = Number(thisx) + 115;`	
`        elementinmotion.style.left =↪` `String(thisxn)+"px";`	
`        elementinmotion.style.top =↪` `this.style.top;`	
`    makingmove = false;`	
`        if (this.id.substring(1)==↪` `elementinmotion.id.substring(1)) {`	
`            elementinmotion.↪` `style.backgroundColor = "gold";`	

Jogo de Perguntas

Código	Explicação
`        this.style.`↪ `backgroundColor = "gold";`	
`        document.f.out.value = "RIGHT";`	
`        sc = 1+Number`↪ `(document.f.score.value);`	Pegar pontuação, converter para número, e incrementar em 1
`        document.f.score`↪ `.value = String(sc);`	
`        if (sc==nq) {`	Se o jogo acabou
`          v = document`↪ `.getElementById("vid");`	...encontrar elemento `video`
`          v.style`↪ `.visibility = "visible";`	...definir visibilidade para visível
`          v.style.zIndex="10000";`	...definir zIndex para um número muito grande
`          v.play();`	...executar o video
`        }`	...fechar cláusula `if`
`      }`	
`      else {`	
`        document.f.out`↪ `.value = "WRONG";`	
`        elementinmotion.`↪ `style.backgroundColor = "white";`	
`      }`	
`    }`	
`    else {`	
`      makingmove = true;`	
`      elementinmotion = this;`	
`      elementinmotion.style.`↪ `backgroundColor = "tan";`	Definir cor do primeiro bloco para castanho-amarelado
`    }`	
`  }`	
`</script>`	
`</head>`	
`<body onLoad="init();">`	
`<h1>G20 Countries and capitals </h1> `	
`Click on country or capital and then`↪ `click on corresponding capital or country.`	
`<p>`	
`Reload for new game.`	

Código	Explicação
<form name="f" >	
Action: <input name="out" type=↪ "text" value="RIGHT OR WRONG"/>	
Score: <input name="score" type=↪ "text" value="0"/>	
</form>	
</p>	
<video id="vid" controls=↪ "controls" preload="auto">	Video com controles
<source src="sfire3.mp4" type='video/↪ mp4; codecs="avc1.42E01E, mp4a.40.2"'>	Origem do arquivo mp4
<source src="sfire3.theora.ogv" type=↪ 'video/ogg; codecs="theora, vorbis"'>	Origem do arquivo ogv
<source src="sfire3.webmvp8.webm" type=↪ "video/webm; Códigoc="vp8, vorbis"'">	Origem do arquivo webm
Your browser does not accept the video tag.	Mensagem para navegadores não compatíveis
</video>	Fechamento da tag
</body>	
</html>	

Para fazer as suas modificações deste jogo, considere outras questões de geografia ou mesmo de outras categorias inteiramente diferentes. Como foi sugerido anteriormente, você poder criar um ou dois pares com imagens de informação. O tratamento do vídeo pode variar dependendo do conteúdo ou mesmo do desempenho do jogador.

Você pode identificar links aos sites web que discutem os fatos ou às localizações dos mapas do Google como mini-prêmios para respostas corretas — ou como indicações.

Você pode não gostar do modo como os blocos do Jogo de Perguntas permanecem na tela enquanto o vídeo é mostrado. Você pode removê-los usando uma iteração que torna todo elemento invisível. Veja adiante no aplicativo do Jogo da Forca do Capítulo 9 para mais ideias.

Testando e Fazendo o Upload do Aplicativo

O recurso de randomicidade do jogo não impacta os testes. Se você desejar, pode substituir escolhas fixas depois da codificação de Math.random, fazer a maior parte dos testes, e depois remover estas linhas de código e testar novamente. O importante a fazer para este e para jogos semelhantes é se certificar de que os seus testes envolvam tanto respostas corretas como incorretas. Você também precisa clicar no nome do país primeiro e depois na capital, e depois repetir isso de outra maneira. Verifique as mudanças de cor e as pontuações. Se você adicionar um recurso para novas rodadas, certifique-se de que os pontos permaneçam ou sejam redefinidos como quiser.

> **Alerta:** *O jogador pode trapacear! Não existem verificações para impedir que o jogador repita um movimento correto. Veja se você pode fazer esta melhoria dentro dos códigos. Você pode adicionar um novo elemento para os arrays interiores dentro de facts para marcar uma questão respondida corretamente.*

O jogo básico do G20 está completo dentro do arquivo HTML (o qual você poder fazer o download no endereço www.friendsofed.com/downloads.html). O jogo com recompensa do vídeo requer que você faça o download do vídeo no site Friends of Ed ou use o seu próprio. Para tocar o vídeo de sua própria escolha, você deve:

- Criar ou adquirir o vídeo
- Produzir as diferentes versões, supondo que você queira oferecer suporte a diferentes navegadores
- Fazer o upload de todos os seus arquivos para o servidor

Você pode precisar trabalhar com a equipe do seu servidor para se certiificar de que os diferentes tipos de vídeo estão especificados adequadamente. Isto envolve uma coisa chamada arquivo htaccess. O HTML5 ainda é novo e este modo de apresentar o arquivo de vídeo dentro de páginas web pode ser novo para a equipe de suporte do servidor.

Alternativamente, você pode identificar um vídeo já online e usar URLs absolutos como atributos src nos elementos de origem dentro dos elementos de video.

Resumo

Neste capítulo, nós implementamos um Jogo de Perguntas simples que pedia a um jogador para combinar os nomes de países e de capitais. O aplicativo usou as seguintes técnicas de programação e recursos do HTML5:

- Criar HTML durante runtime usando document.createElement, document.getElementById, e document.body.appendChild
- Configurar tratadores de eventos para os eventos de clique do mouse usando addEventListener
- Mudar cor de objetos na tela usando código para modificar as definições da CSS
- Um array de arrays para guardar o conteúdo do Jogo de Perguntas
- Iterações for para fazer repetições sobre o array
- Iterações do-while para fazer uma seleção randômica de conjunto de perguntas não utilizados
- Substring para determinar uma combinação correta
- Elementos de video e de origem para exibir o vídeo codificado em formatos aceitáveis em diferentes navegadores.

Você pode fazer uso do HTML criado dinamicamente e reposicionado junto com o desenho sobre canvas que você aprendeu nos capítulos anteriores. A implementação do Jogo da Forca, descrita no Capítulo 9, faz exatamente isso. Você pode utilizar um vídeo como pequena parte do aplicativo, como foi feito aqui, ou como a maior parte de um site web. No próximo capítulo vamos retornar com desenhos sobre telas quando construirmos um labirinto, e depois vamos viajar através dele.

Capítulo 7

Labirintos

Neste capítulo nós vamos abordar:

- Respondendo a eventos do mouse
- Cálculo de colisões entre círculos e linhas
- Respondendo a teclas de direção
- Entrada de formulários
- Codificação, salvamento, decodificação, e restauração de informações do armazenamento local usando `try` and `catch` para testes se a codificação for reconhecida
- Usando `join` e `split` para codificar e decodificar informações
- Usando JavaScript: dentro de um botão para invocar funções
- Botões de rádio

Introdução

Neste capítulo, vamos continuar a nossa exploração das técnicas de programação e dos recursos do HTML5 e JavaScript, desta vez usando programas que constroem e percorrem labirintos. Os jogadores terão a habilidade de desenhar um conjunto de paredes para formar um labirinto. Eles poderão salvar e carregar seus labirintos, e percorrê-los usando detecção de colisão para ter certeza de não atravessar nenhuma das paredes.

As técnicas gerais de programação incluem o uso de arrays para tudo que precisa ser desenhado sobre o canvas, bem como de um array em separado para o conjunto de paredes do labirinto. O número de paredes não é conhecido antes que o jogo comece, portanto, uma abordagem flexível é requerida. Uma vez construído o labirinto, veremos como responder às pressões das teclas de direção e como detectar colisões entre uma peça que faz parte do jogo – um símbolo (token) com formato de pentágono – e as paredes. Com o HTML5, poderemos tratar eventos do mouse de modo que o jogador possa pressionar o botão do mouse para baixo e depois arrastar e liberar o botão para definir cada parede de um labirinto; responder às teclas de direção para mover o símbolo; e salvar e recuperar o layout das paredes do computador local. Como sempre, construiremos mais de uma versão do aplicativo. No primeiro, tudo estará contido dentro de um arquivo HTML. Isto é, o jogador constrói um labirinto, pode viajar através dele, e opcionalmente pode salvá-lo no computador local ou restaurar um conjunto de paredes salvo anteriormente. Na segunda versão, existe um programa para criar os labirintos e um segundo arquivo que oferece ao jogador a opção de labirintos específicos para atravessar, usando botões de rádio. Talvez uma pessoa pudesse construir os labirintos em um determinado computador e depois pedir a um amigo para atravessá-los.

O recurso de armazenar localmente o HTML5, aceita somente sequências de caracteres; portanto, veremos como podemos jusar JavaScript para codificar a informação dos labirintos dentro de uma sequência de caracteres e depois decodificá-lo de volta para reconstruir as paredes do labirinto. A informação que foi salva permanecerá no computador mesmo depois que ele for desligado.

As capacidades individuais que nós discutiremos neste capítulo: construir estruturas, usando as teclas de direção para mover uma peça do jogo, verificação de colisões, e codificação, salvamento e restauração de dados do computador do usuário, todos poderão ser reutilizados em uma variedade de jogos e aplicativos de projetos.

Observação: *Os arquivos HTML são geralmente chamados de scripts, ao passo que o termo programa é tipicamente reservado para linguagens tais como Java ou C. Isto porque JavaScript é uma linguagem interpretada: as declarações são traduzidas de uma só vez em tempo de execução. Em contraste, programas em Java e em C são compilados, isto é, traduzidos completamente todos de imediato, com os resultados armazenados para uso posterior. Alguns de nós não somos tão rígidos e usamos os termos script, programa, aplicativo, ou, simplesmente arquivo para documentos HTML com JavaScript.*

A Figura 7-1 mostra a tela de abertura, tanto para o programa de uma única linha, quanto para o primeiro script do segundo programa.

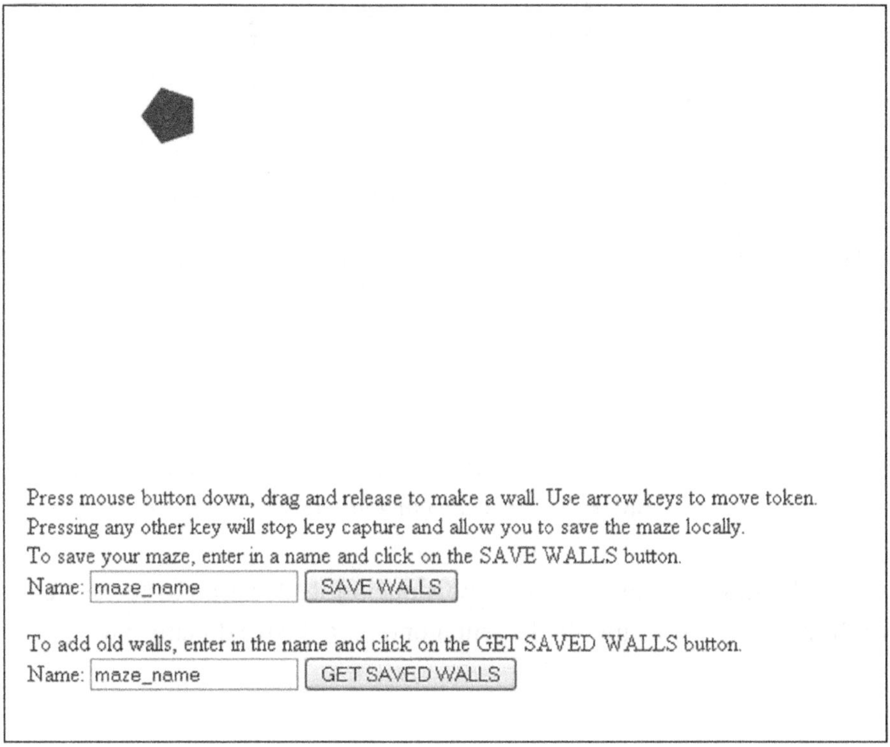

Figura 7-1. Tela de abertura para o jogo do labirinto.

A Figura 7-2 mostra a tela depois que algumas paredes bastante úmidas foram colocadas sobre o canvas.

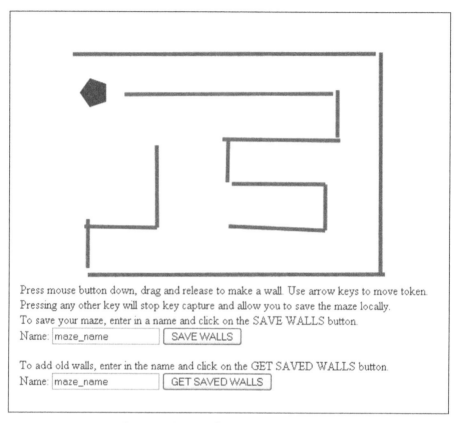

Figura 7-2. *Paredes para um labirinto.*

A Figura 7-3 mostra a tela depois que o jogador usou as teclas de direção para mover o símbolo do pentágono para dentro do labirinto.

Labirintos **237**

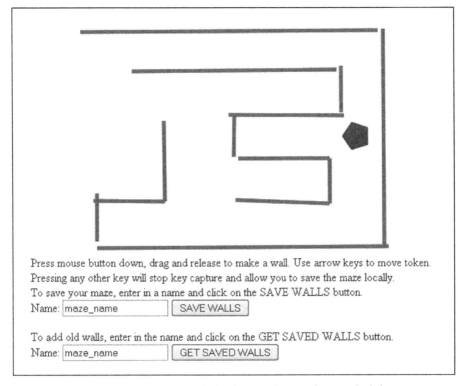

Figura 7-3. *Movendo o símbolo do pentágono dentro do labirinto.*

Se o jogador quiser salvar um conjunto de paredes, ele/ela digita um nome e clica sobre o botão. Para recuperar as paredes, as quais serão adicionadas a qualquer coisa que estiver sobre o canvas, o jogador digita um nome e pressiona o botão GET SAVED WALLS. Se não houver nada salvo com esse nome, nada acontece.

O aplicativo com dois scripts apresenta o segundo script ao jogador com uma opção. A Figura 7-4 mostra a tela de abertura.

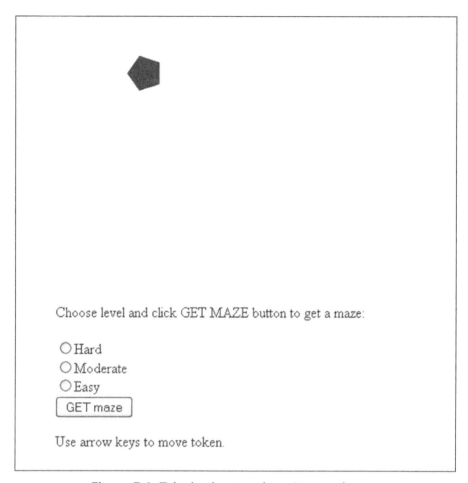

Figura 7-4. *Tela de abertura do script travelmaze.*

O aplicativo com dois scripts assume que alguém usou o primeiro script para criar e salvar três labirintos com os nomes específicos usados no segundo script. Além do mais, o mesmo navegador deve ser usado para criar um labirinto e para as atividades do labirinto de viagem. Faço isto para demonstrar o recurso de armazenamento local do HTML5, o qual é similar a cookies – um modo de os desenvolvedores de aplicativos Web armazenarem informações sobre os usuários.

Labirintos **239**

Nota: *Cookies, e agora localStorage do HTML5, são a base do que chamamos de mercado de comportamento. Eles trazem conveniência para nós – não precisamos nos lembrar de determinados itens de informação tais como senhas – mas eles também são uma maneira de sermos rastreados e alvo de vendas. Não estou aqui tomando uma posição, apenas fazendo observação sobre o recurso.*

A Figura 7-5 mostra um labirinto fácil.

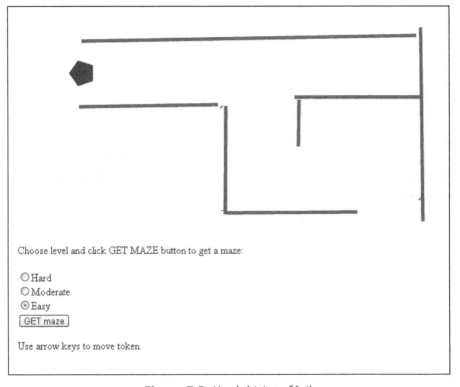

Figura 7-5. *Um labirinto fácil.*

A Figura 7-6 um labirinto ligeiramente mais difícil.

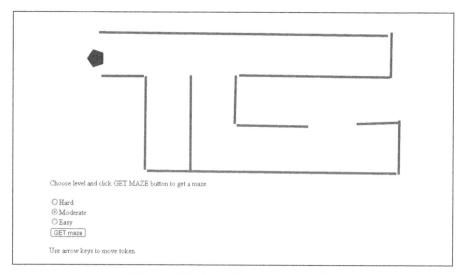

Figura 7-6. *Um labirinto moderado.*

A Figura 7-7 mostra um labirinto mais difícil, principalmente porque o jogador precisa manter distância do primeiro ponto de entrada com relação ao botão do labirinto para percorrê-lo. Naturalmente, cabe ao jogador/criador projetar os labirintos.

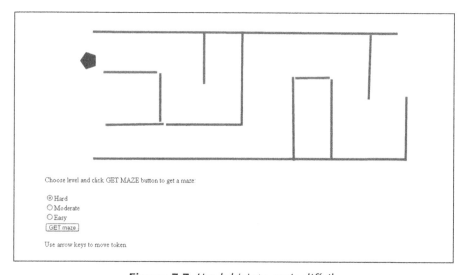

Figura 7-7. *Um labirinto mais difícil.*

Um recurso importante é que dentro do aplicativo com dois scripts, ao clicar o botão GET maze (criar labirinto) força o labirinto corrente para ser apagado e o labirinto recentemente selecionado ser desenhado. Isso é diferente do que acontece dentro tanto do programa todos em um quanto a parte de criação da segunda versão, quando paredes velhas são adicionadas às quais estão presentes. Como também tem sido o caso de outros exemplos, estes são apenas fragmentos de programas, criados para demonstrar recursos do HTML5 e técnicas de programação. Há muita oportunidade para melhoria para criar você mesmo os seus projetos.

Requisitos Críticos

O aplicativo do labirinto requer a exibição de um tablado para jogos atualizado constantemente, à medida que as paredes são levantadas e o símbolo do pentágono se move.

A tarefa de construir o labirinto requer responder aos eventos do mouse para coletar as informações necessárias para construir a parede. O aplicativo exibe a parede sendo construída.

A tarefa de viajar pelo labirinto requer respostas às teclas de direção para mover o símbolo do pentágono. O jogo não deve permitir que o símbolo atravesse qualquer parede.

As operações de salvamento e recuperação requerem que o programa codifique a informação sobre as paredes, salve-a no computador local, e depois recupere-a e use-a para criar e exibir as paredes salvas. Labirintos são estruturas moderadamente complexas: um conjunto com algum número de paredes, com cada parede definida por coordenadas de início e de fim, isto é, pares de números que representam posições x,y sobre o canvas. Para o recurso de armazenamento local a ser usado, esta informação precisa ser transformada em uma única sequência de caracteres.

A versão com dois documentos faz uso de botões de rádio para selecionar um labirinto.

Recurso do HTML5, CSS e do JavaScript

Agora vamos dar uma olhada nos recursos específicos do HTML5 e do JavaScript que fornecem o que precisamos para implementar o aplicativo do labirinto. Ele será construído sobre o material abordado nos capítulos anteriores: a estrutura geral de um documento HTML; usar funções definidas pelo programador, incluindo objetos definidos pelo programador; desenhar caminhos constituídos por segmentos de linhas sobre o elemento canvas (os jogos da Bala de Canhão e do estilingue do Capítulo 4 e o Jogo da Memória do Capítulo 5) e eventos do mouse sobre elementos HTML (o Jogo de Perguntas do Capítulo 6). Abordaremos novos recursos e também um tipo diferente de evento: obter a entrada do jogador ao pressionar as teclas de direção, chamado de captura de teclas; e usar armazenamento local para salvar informações no computador local, mesmo depois que o navegador foi fechado e o computador desligado. Lembre-se, você pode pular adiante para a seção "Construindo o Aplicativo" para ver todos os códigos com comentários e retornar para esta seção para ler as explicações dos recursos e técnicas individuais.

Representação de Paredes e do Token

Para começar, definiremos uma função, para definir um objeto de parede, e uma outra função, Token, para definir um objeto token. Definiremos estas funções de uma maneira mais generalizada do que a requerida por este aplicativo, mas eu acredito que isto já seja o suficiente: a generalidade não afeta muito, se qualquer coisa, em termos de desempenho, ao passo que oferece a nós a liberdade de usar o código para outros aplicativos, tal como um jogo com peças diferentes para jogar. Eu escolhi o símbolo do pentágono porque gostei dele, e uso mypent como o nome da variável para a peça do jogo.

As propriedades definidas por uma parede consistem de pontos de início e final especificados pelas ações do mouse. Eu dei a elas os nomes de sx, sy, fx e fy. A parede também possui uma largura e uma string strokestyle, e um método draw é especificado como drawAline. A razão de isto ser mais geral que o necessário é porque todas as paredes têm a mesma largura e string de estilo, e todas utilizarão a função drawAline. Quando chegar a hora de salvar as paredes para o armazenamento local, eu salvo apenas os valores de sx, sy, fx e fy. Você pode usar as mesmas técnicas para codificar mais informação se e quando você escrever outros programas e precisar armazenar valores.

O token (símbolo do pentágono) que se move pelo labirinto é definido através de uma chamada para a função Token. Esta função é similar à função Polygon definida para o polígono do Jogo da Memória. A função Token armazena o centro do símbolo, sx e sy, junto com um raio (rad), número de lados (n), um fillstyle, e é associada à função drawtoken para o método draw e à função movetoken para o método moveit. Além disso, uma propriedade chamada angle é calculada imediatamente como (2*Math.PI)/n. Lembre-se de que dentro do sistema radiano para medir ângulos, 2*Math.PI representa um círculo completo, portanto, este número dividido pelo número de lados será o ângulo do centro até as extremidades de cada lado.

Como aconteceu com os aplicativos anteriores (veja o Capítulo 4), depois que um objeto é criado, o código o adiciona ao array everything. Eu também adiciono paredes ao array walls. É este array que é usado para salvar a informação sobre a parede para o armazenamento local.

Eventos do Mouse para Construir e Posicionar uma Parede

Lembre-se de que nos capítulos anteriores utilizamos HTML5 e JavaScript para definir um evento e especificar um tratador de eventos. A função init contém códigos que configuram o tratamento de eventos para o jogador pressionando o botão principal do mouse, movendo o mouse, e liberando o botão.

```
canvas1 = document.getElementById('canvas');
canvas1.addEventListener('mousedown',startwall,false);
canvas1.addEventListener('mousemove',stretchwall,false);
canvas1.addEventListener('mouseup',finish,false);
```

Também utilizaremos uma variável chamada inmotion para fazer o rastreamento se o botão do mouse está ou não baixado. A função startwall determina as coordenadas do mouse (ver Capítulos 4 e 5 para acessar as coordenadas do mouse depois de um evento), cria um novo objeto Wall com uma referência armazenada dentro da variável global curwall, adiciona a parede para o array everything, desenha todos os itens dentro de everything, e define inmotion como sendo verdadeira. Se inmotion não for verdadeira, o código obtém as coordenadas do mouse e as utiliza para definir os valores de fx e fy de curwall. Isto ocorre diversas vezes à medida que o jogador move o mouse com o botão pressionado para baixo. Quando o botão é liberado, a função finish é chamada. Esta função define inmotion de volta para falsa e adiciona a curwall para um array chamado walls.

Detectando as Teclas de Direção

Detectar se uma tecla foi pressionada e determinar qual delas é chamada de captura de teclas. Este é outro tipo de evento que o HTML5 e o JavaScript podem tratar. Precisamos configurar uma resposta para um evento de teclas, o qual é semelhante a configurar uma resposta a um evento do mouse. O código começa invocando o método addEventListener, desta vez para a janela:

```
window.addEventListener('keydown',getkeyAndMove,false);
```

A janela é o objeto que contém o documento definido pelo arquivo HTML. O terceiro parâmetro, o qual poderia ser omitido porque falso é o default, referencia a ordem de responder ao evento por outros objetos. Isso não é um problema para este aplicativo.

Isto significa que a função getkeyAndMove será invocada se e quando uma tecla for pressionada.

> **Sugestão:** *Tratamento de eventos é uma grande parte da programação. A programação baseada em eventos é frequentemente mais complexa do que demonstra este livro. Por exemplo, você pode precisar considerar se um objeto contido ou um objeto contenedor também deveria responder ao evento, ou o que fazer se o usuário tiver múltiplas janelas abertas. Dispositivos tais como telefones celulares podem detectar eventos tais como inclinar ou agitar ou usar seus dedos para atingir a tela. A incorporação de um vídeo pode envolver a invocação de determinadas ações quando o vídeo tiver terminado. O JavaScript do HTML5 não é totalmente consistente com relação a tratamentos de*

> *eventos (configurar um tempo que expirou ou um intervalo de tempo não utiliza addEventListener), mas neste momento, você sabe o bastante para fazer pesquisas para identificar o evento que você desejar, tente em múltiplas possibilidades imaginar com o que o evento precisa para estar associado (por exemplo, à janela ou ao elemento canvas ou a algum outro objeto), e depois escreva a função para ser o tratador de eventos.*

Agora, como você pode esperar neste momento, os códigos para obter a informação para o qual a tecla foi pressionada envolve códigos diferentes para diferentes navegadores. O código seguinte, usando duas maneiras de obter o número correspondente à tecla, funciona em todos os navegadores correntes que reconhecem os outros recursos novos do HTML5:

```
if(event == null)
{
  keyCode = window.event.keyCode;
    window.event.preventDefault();
}
else
{
  keyCode = event.keyCode;
    event.preventDefault();
}
```

O método `preventDefault` faz o que ele promete: evita qualquer ação default, tal como uma ação de atalho especial que está associada a uma tecla particular em um navegador particular. As únicas teclas de interesse neste aplicativo são as teclas de direção. A declaração `switch` seguinte move o Token referenciado pela variável `mypent`; isto é, a informação da localização é modificada de modo que a próxima vez que `everything` for desenhado, o símbolo do pentágono se moverá. (Isto não é totalmente verdadeiro. A função `moveit` contém uma verificação de colisão para assegurar que não batemos em qualquer parede primeiro, mas isso será descrito mais tarde.)

```
switch(keyCode)
{
  case 37: //left arrow
   mypent.moveit(-unit,0);
   break;
  case 38: //up arrow
   mypent.moveit(0,-unit);
   break;
  case 39: //right arrow
```

```
    mypent.moveit(unit,0);
    break;
  case 40: //down arrow
    mypent.moveit(0,unit);
    break;
  default:
    window.removeEventListener('keydown',getkeyAndMove,false);
}
```

> **Sugestão:** *Coloque comentários dentro do seu código como demonstrado pelos comentários que indicam o keyCode para as diferentes teclas de direção. Os exemplos deste livro não possuem comentários porque eu forneci uma explicação para cada linha de código dentro das tabelas relevantes, portanto, este é o caso de fazer o que eu digo, não o que eu faço/faz (a maioria). Os comentários são críticos para projetos em equipe e para lembrar o que está acontecendo quando você retornar para o seu antigo trabalho. Em JavaScript, você pode usar duas barras (//) para indicar que o resto da linha é um comentário ou cercar múltiplas linhas com /* e */. Comentários são ignorados pelo interpretador do JavaScript.*

Como é que eu soube que o `keycode` para a seta esquerda era 37? Você pode procurar códigos na Web (por exemplo, www.w3.org/2002/09/tests/keys.html) ou pode escrever o código que emite uma declaração de aviso:

```
alert(" You just pressed keycode "+keyCode);
```

A ação default para o nosso aplicativo do labirinto, a qual ocorre quando a tecla não é uma das quatro teclas de direção, para o tratamento de eventos sobre o teclado. A hipótese aqui é que o jogador quer digitar um nome para salvar ou recuperar informações sobre a parede para e de um armazenamento local. Em muitos aplicativos, a ação apropriada a ser tomada seria uma mensagem, possivelmente usando `alert`, para permitir que o usuário saiba quais são as teclas esperadas.

Detecção de Colisões: o Símbolo e Qualquer Parede

Para atravessar um labirinto, você não deve mover o símbolo do pentágono através de qualquer parede. Reforçaremos esta restrição escrevendo uma função, `intersect`, que retorna `true` se um círculo com determinado centro e um radio sofrem intersecção de um segmento de linha. Para esta tarefa, temos de ser precisos em nossa linguagem: um segmento de linha é parte de uma linha, indo de sx, sy para fx, fy. Cada parede corresponde a um finito segmento de linha. A linha propriamente dita é infinita. A função intersect é chamada para cada parede dentro do array walls.

> **Sugestão:** *A minha explicação a respeito da matemática dentro do cálculo de intersecção é bem resumida, mas pode ser ousada se você não tiver estudado matemática em algum momento. Sinta-se livre para pular este tópico e aceite o código como ele está se você não quiser trabalhar com ele.*

A função intersect é baseada na ideia de uma linha parametrizada. Especificamente, a forma parametrizada de uma linha é (escrevendo uma fórmula matemática, no sentido oposto ao código)

Equação a: x = sx + t*(fx-sx);
Equação b: y = sy + t*(fy-sy);

À medida que o parâmetro t vai de 0 a 1, o x e o y aceitam os valores correspondentes de x, y sobre o segmento de linha. A meta é determinar se um círculo com centro cx,cy e raio rad sobrepõe o segmento de linha. Um modo de fazer isto é determinar o ponto mais próximo sobre a linha para cx,cy e ver se a distância desse ponto é menor que rad. Na Figura 7-8, você verá um esquema de parte de uma linha com o segmento de linha pintado com uma linha sólida e o resto do que é mostrado da linha indicada por pontos. O valor de t em uma extremidade é 0 e a outra extremidade é 1. Existem dois pontos c1x,c1y e c2x, c2y. O ponto c1x,c1y está mais próximo da linha fora do segmento de linha crítico. O ponto c2x,c2y está mais próximo em algum lugar no meio do segmento de linha. O valor de t estaria entre 0 e 1.

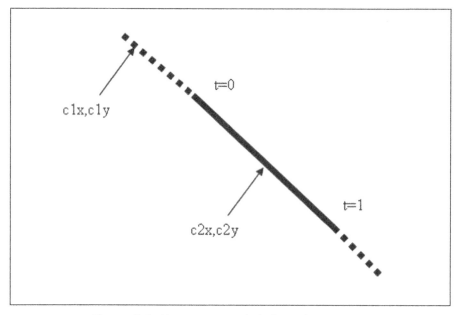

Figura 7-8. *Um segmento de linha e dois pontos.*

A fórmula para a distância entre os dois pontos (x,y) e (cx,cy) é

distance = ((cx-x)*(cx-x)+(cy-y)*(cy-y)).5

Substituindo por x e por y usando as equações a e b, obtemos uma fórmula para a distância.

Equação c: distance = ((cx-sx+t*(fx-sx))*(cx- sx + t*(fx-sx))+(cy- sy + t*(fy-sy))*(cy- sy + t*(fy-sy))).5

Para os nossos objetivos, queremos determinar o valor de t quando a distância estiver no mínimo. Lições de cálculo e raciocínio sobre o mínimo versus o máximo nesta situação nos diz primeiro que podemos usar a distância ao quadrado no lugar da distância e desse modo evitar de fazer a raiz quadrada. Além do mais, o valor está no mínimo quando a derivada (com relação a t) é zero. Pegar a derivada e definir essa expressão para zero, produz o valor de t no qual cx,cy está mais próximo da linha. Dentro do código, nós definimos duas variáveis extras, dx e dy, para tornar as expressões mais simples.

```
dx = fx-sx
dy = fy-sy;
    t= 0.0 -((sx-cx)*dx+(xy-cy)*dy)/((dx*dx)+(dy*dy))
```

Isto irá produzir um valor para t. O 0,0 é usado para forçar os cálculos a serem considerados como números com pontos flutuantes (números com partes fracionadas, não restritos a números inteiros).

Usaremos as equações a e b para obter o ponto x,y correspondente ao valor de t. Este é o ponto x,y mais próximo a cx,cy. Se o valor de t for menor que 0, checamos o valor de t = 0, e se for maior que 1, verificamos o valor para t = 1. Isto significa que o ponto mais próximo não era um ponto sobre o segmento de linha, portanto, verificaremos a extremidade apropriada do segmento de linha mais próxima a esse ponto.

É a distância de cx,cy ao ponto mais próximo perto o bastante para ser chamado de colisão? Novamente usaremos o quadrado das distâncias e não as distâncias. Avaliamos o valor da distância ao quadrado de cx, cy para o x,y calculado. Se for menor que o raio ao quadrado, existe uma intersecção do círculo com o segmento de linha. Se não for, não existe intersecção. Usar a distância ao quadrado não faz diferença: se existir um mínimo para o valor ao quadrado, então existe um mínimo para o valor.

Agora a boa notícia aqui é que a maioria das equações não faz parte dos códigos. Eu fiz o trabalho de antemão para determinar a expressão da derivada. A função intersect é a seguinte, com comentários:

```
function intersect(sx,sy,fx,fy,cx,cy,rad) {
    var dx;
    var dy;
    var t;
    var rt;
    dx = fx-sx;
    dy = fy-sy;
    t =0.0-((sx-cx)*dx+(sy-cy)*dy)/((dx*dx)+(dy*dy)); // t mais próximo
    if (t<0.0) { // mais próximo além do segmento de linha no início
        t=0.0; }
    else if (t>1.0) { // mais próximo além do segmento de linha no final
        t = 1.0;
    }
```

```
dx = (sx+t*(fx-sx))-cx; // usar t para definir uma coordenada de x
dy = (sy +t*(fy-sy))-cy; // usar t para definir uma coordenada de y
rt = (dx*dx) +(dy*dy); //distância ao quadrado
if (rt<(rad*rad)) { // mais perto do que o raio ao quadrado?
  return true; } // há uma intersecção
else {
  return false;} // não há uma intersecção
}
```

Em nosso aplicativo, o jogador pressiona uma tecla de direção e, baseado nessa tecla, a próxima posição do símbolo do pentágono é calculada. Chamamos a função intersect para verificar se haveria uma intersecção do símbolo (aproximado com um círculo) e uma parede. A intersect retorna true, o símbolo não é movido. A verificação para assim que houver uma intersecção. Esta é uma técnica comum para verificação de colisões.

Usando Armazenamento Local

A Web foi projetada originalmente para que os arquivos fossem baixados do servidor para o local, assim chamado o computador cliente para visualização, mas sem armazenamento permanente sobre o computador local. Com o tempo, as pessoas e as organizações que constroem sites web decidiram que algum tipo de armazenamento local seria vantajoso. Portanto, alguém surgiu com a ideia de usar pequenos arquivos chamados cookies para rastreamento de coisas, tais como IDs armazenados para a conveniência do usuário bem como do proprietário do site web. O uso de cookies, objetos compartilhados por Flash, e agora o armazenamento local do HTML5 cresceu consideravelmente com a Web comercial. Ao contrário da situação para os aplicativos mostrados aqui, o usuário frequentemente não sabe que a informação está sendo armazenada e por quem, e para que propósito a informação é acessada.

O recurso localStorage do HTML5 é específico para navegadores. Isto é, um labirinto salvo usando Chrome não está disponível para alguém que utiliza o Firefox.

Vamos dar uma olhada mais de perto no uso do armazenamento local examinando um pequeno aplicativo que salva informações de data e hora.

O armazenamento local e a função Date, apresentada no Capítulo 1, fornece uma maneira de armazenar informações de data e hora. Pense em um local de armazenamento com um banco de dados no qual sequências de caracteres são armazenadas, cada uma com um nome específico. O nome é chamado de chave (key), a sequência propriamente dita é o valor (value), e o sistema é chamado pares de chave/valor. O fato de o armazenamento local armazenar strings é uma restrição, mas a próxima seção mostra como contornar isso.

A Figura 7-9 mostra uma tela tirada da tela de abertura de um aplicativo simples que salva uma data.

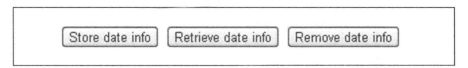

Figura 7-9. *Um aplicativo simples para salvar uma data.*

O usuário tem três opções: armazenar informações sobre a data e hora correntes, recuperar a última informação salva, e remover a informação de data. A Figura 7-10 mostra o que acontece ao clicar "Recuperar informação de data" na primeira vez usando o aplicativo (ou depois que a data foi removida).

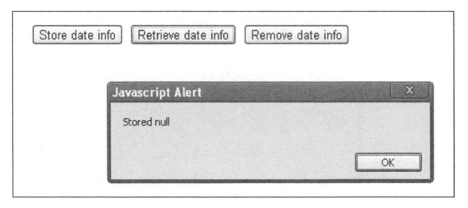

Figura 7-10. *Data ainda não salva ou depois de removida.*

O nosso aplicativo usa uma caixa de alerta do JavaScript para mostrar uma mensagem. O usuário precisa clicar o botão OK para remover a caixa do alerta da tela.

Figura 7-11 mostra a mensagem depois que o usuário clica o botão "Armazenar informação de data".

Figura 7-11. *Depois de armazenar a informação de data.*

Se o usuário mais tarde clicar sobre o botão "Recuperar informação de data", ele verá uma mensagem similar à Figura 7-12.

Figura 7-12. *Recuperando informação de data armazenada*

Você pode oferecer aos seus jogadores uma maneira de remover a informação armazenada usando um botão "Remover informação de data". A Figura 7-13 mostra o resultado.

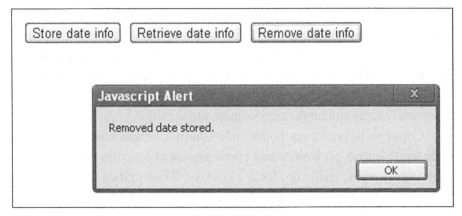

Figura 7-13. *Depois de remover uma informação armazenada.*

O HTML5 permite que você salve, procure, e remova um par chave/valor, usando métodos para o objeto embutido localStorage.

O comando localStorage.setItem("lastdate",olddate) configura um novo par chave/valor ou substitui qualquer valor anterior com a chave igual a lastdate. A declaração

```
last = localStorage.getItem("lastdate");
```

atribui o valor procurado para a variável last. No código do nosso exemplo simples, nós apenas exibimos os resultados. Você pode também checar por alguma coisa com valor nulo e fornecer uma mensagem mais amigável.

O comando localStorage.removeItem("lastdate") remove o par chave/valor tendo lastdate como chave.

Para o nosso aplicativo simples de data, nós definimos o atributo onClick para cada objeto button como sendo algum código JavaScript. Por exemplo:

```
<button onClick="javascript:store();">Store date info. </button>
```

faz com que store() seja invocada quando o botão é clicado.

Você pode estar imaginando se alguém pode ler qualquer uma das informações salvas dentro do armazenamento local. A resposta é que o acesso a cada par chave/valor dentro de localStorage (e dentro de outros tipos de cookies) é restrito ao site web que armazenou a informação. Este é um recurso de segurança.

O navegador Chrome permite testes do armazenamento local com scripts do HTML5 armazenados no computador local. Firefox não permite. Isto significa que para testar estes aplicativos dentro do Firefox, você precisará fazer o upload do arquivo para um servidor.

Como os navegadores podem não suportar armazenamento local ou pode haver outros problemas tais como limites excedentes definidos pelo usuário para armazenamento local e cookies, é boa prática incluir alguma verificação de erros. Você pode usar a função typeof do JavaScript para checar se localStorage é aceito pelo navegador:

if (typeof(localStorage)=="undefined")

A Figura 7-14 mostra o resultado de carregar o aplicativo de data e clicar sobre o botão "Informação de Armazenar data" dentro de uma versão antiga do Internet Explorer. (No momento que você lê este livro, a última versão do IE pode ter sido lançada e este não será um problema.)

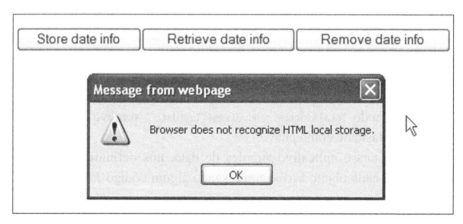

Figura 7-14. *O navegador não reconheceu localStorage.*

JavaScript também fornece um mecanismo geral para evitar a exibição de erros. A declaração composta try and catch tentará executar o mesmo código e se ele não funcionar, vai para a cláusula catch.

```
try {
    olddate = new Date();
    localStorage.setItem("lastdate",olddate);
    alert("Stored: "+olddate);
}
catch(e) {
    alert("Error with use of local storage: "+e);}
}
```

Se você removeu o if (typeof(localStorage) test e tentou o código no IE antigo, você veria a mensagem mostrada na Figura 7-15.

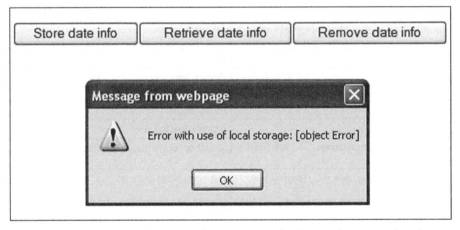

Figura 7-15. *Erro do navegador, encontrado dentro de um try/catch.*

A Tabela 7-1 mostra o aplicativo de data completo. Lembre-se: você pode precisar fazer o upload disto para um servidor para testá-lo.

Tabela 7-1. Código Completo para o Aplicativo de Data

Código	Explicação
<html>	Abertura da tag html
<head>	Abertura da tag head
<title>Local Storage test</title>	Título completo

Código	Explicação
`<script>`	Abertura do script
`function store() {`	Armazenar função header
`  if (typeof(localStorage) == "undefined") {`	Verifica se localStorage é reconhecido
`    alert("Browser does not recognize HTML local storage.");`	Exibir mensagem de alerta
`  }`	Fechar cláusula if
`  else {`	Caso contrário
`    try {`	Configurar cláusula try
`      olddate = new Date();`	Definir nova Date
`      localStorage.setItem("lastdate",olddate);`	Fazer armazenamento local usando chaveamento "lastdate"
`      alert("Stored: "+olddate);`	Exibir mensagem para mostrar o que foi armazenado
`    }`	Fechar cláusula try
`    Catch(e) {`	Iniciar cláusula catch: se houver um problema
`      alert("Error with use of local storage: "+e);}`	Exibir mensagem
`  }`	Fechar cláusula try
`  Return false;`	Retornar falso para impedir qualquer atualização de página
`}`	Fechar função
`function remove() {`	Remover função header
`  if (typeof(localStorage) == "undefined") {`	Verifica se localStorage é reconhecido
`    alert("Browser does not recognize HTML local storage.");`	Exibir mensagem de alerta
`  }`	Fechar cláusula if
`  else {`	Caso contrário
`    localStorage.removeItem('lastdate');`	Remover o item armazenado usando o chaveamento 'lastdate'.
`    alert("Removed date stored.");`	Exibir mensagem indicando o que foi feito
`  }`	Fechar cláusula
`  return false;`	Retornar falso para impedir qualquer atualização de página
`}`	Fechar função
`function fetch() {`	Cabeçalho da função header
`  if (typeof(localStorage) == "undefined") {`	Verificar se localStorage é reconhecido.

Código	Explicação
`alert("Browser does not recognize HTML local storage.");`	Exibir mensagem de alerta
`}`	Fechar cláusula `if`
`else {`	Caso contrário
`alert("Stored "+localStorage.getItem('lastdate'));`	Procurar o item armazenado sob o chaveamento `'lastdate'` e exibi-lo.
`}`	Fechar cláusula
`return false;`	Retornar falso para impedir qualquer atualização de página
`}`	Fechar função
`</script>`	Fechar elemento `script`
`</head>`	Fechar elemento `head`
`<body>`	Abrir tag `body`
`<button onClick="javascript:store();">Store date info </button>`	Botão para armazenar
`<button onClick="javascript:fetch();">Retrieve date info </button>`	Botão para recuperar, isto é, procurar o dado armazenado.
`<button onClick="javascript:remove();">Remove date info </button>`	Botão para remover
`</body>`	Fechando tag `body`
`</html>`	Fechando tag `html`

Combinar a função `Date` com a função `localStorage` permite que você faça muitas coisas. Por exemplo, você pode calcular o tempo decorrido entre o atual do jogador e o último uso do aplicativo ou, talvez, o jogador que vence dois jogos. No Capítulo 5, nós utilizamos `Date` para computar o tempo decorrido usando o método `getTime`. Lembre-se que `getTime` armazena o número de milissegundos desde 1 de janeiro de 1970. Você pode converter esse valor para uma string, armazená-la, e depois quando você for procurá-la de volta, fazer o cálculo aritmético para o tempo decorrido.

Os pares chave/valor de `localStorage` permanecem até que sejam removidos, ao contrário de cookies JavaScript, para os quais você pode definir uma duração.

Codificando Dados para Armazenamento Local

Por questões de simplicidade, o primeiro aplicativo consiste de apenas um documento HTML. Você pode usar esta versão para criar labirintos, armazenar e recuperá-los, e mover o símbolo através do labirinto. A segunda versão do aplicativo envolve dois documentos HTML. Um script é o mesmo do primeiro aplicativo e pode ser usado para construir, atravessar, e salvar labirintos bem como viajar por eles . O segundo script é apenas para viajar a partir de uma lista fixa de labirintos salvos. Um conjunto de botões de rádio permite ao jogador escolher as opções fácil, moderado, e difícil, supondo que alguém criou e salvou os labirintos com os nomes easymaze, moderatemaze e hardmaze. Estes nomes podem ser qualquer coisa que você queira e tantos quanto desejar. Você apenas precisa ser consistente entre o que você cria em um programa e o que você referencia dentro do segundo programa.

Agora vamos falar do problema que localStorage apenas armazena sequência de caracteres. O aplicativo descrito aqui deve armazenar informação suficiente sobre as paredes de modo que elas possam ser adicionadas ao canvas. Na versão com um documento apenas, as paredes antigas são normalmente adicionadas a qualquer coisa que esteja sobre o canvas. A versão com dois documentos apaga qualquer labirinto antigo e carrega aquele que foi requisitado. Eu uso dois formulários, cada um com um campo de entrada para o nome e um botão submit. O jogador escolhe o nome para salvar um labirinto e deve se lembrar dele para recuperá-lo.

O dado a ser armazenado é uma sequência de caracteres, isto é, um pedaço de texto. Criaremos o texto que contém a informação para um conjunto de paredes fazendo o seguinte para cada parede:

- Combinar sx, sy, fx, fy dentro de um array chamado w para uma única parede.
- Usando o método join, usar o array w para gerar uma string separada por sinais de +.
- Adicionar cada uma dessas strings para um array chamado allw, para todas as paredes.
- Usando o método join novamente, usar o array allw para produzir uma string chamada sw.

A variável da string sw irá conter todas as coordenadas (quatro números para cada parede) para todas as paredes. A próxima etapa é usar o método localStorage.setItem para armazenar sw sob o nome fornecido pelo jogador. Fazemos isto usando a construção try and catch explicada na última seção.

```
try {
 localStorage.setItem(lsname,sw);
}
catch (e) {
 alert("data not saved, error given: "+e);
}
```

Esta é uma técnica geral que irá tentar alguma coisa, suprimir qualquer mensagem de erro, e se houver um erro, ele irá invocar o código dentro do bloco catch.

> **Nota:** *Isto pode não funcionar sempre como você pretende. Por exemplo, ao executar este aplicativo no Firefox diretamente em um computador, ao contrário de um arquivo que foi baixado de um servidor, a declaração localStorage não causa um erro, mas nada é armazenado. Este código funciona quando o arquivo HTML é baixado de um servidor usando Firefox e o script de criação funciona tanto como um arquivo local como quando os arquivos são baixados utilizando Chrome. A versão com dois scripts deve ser testada usando um servidor para cada um dos navegadores.*

Recuperar a informação funciona de maneira correspondente. O código extrai o nome fornecido pelo jogador para definir a variável lsname e depois usa

```
swalls = localStorage.getItem(lsname);
```

para definir a variável swalls. Se esta não for nula, nós usamos o método split de string para fazer o oposto de join: dividir a string sobre o símbolo dado (nós fazemos a divisão a cada ponto e vírgula) e atribuímos os valores para os elementos sucessivos de um array. As linhas relevantes são

```
wallstgs = swalls.split(";");
```

e

```
sw = wallstgs.split("+");
```

Em seguida, o código usa a informação recém-recuperada e a informação fixa para a largura da parede e para o estilo da parede para criar um novo objeto `Wall`:

```
curwall = new Wall(sx,sy,fx,fy,wallwidth,wallstyle);
```

Finalmente, há um código para adicionar `curwall` tanto para o array `everything` quanto para o array `walls`.

Botões de Rádio

Botões de Rádio são conjuntos de botões nos quais somente um membro do conjunto pode ser selecionado. Se o jogador fizer uma nova seleção, a opção antiga é desselecionada. Eles são uma opção apropriada para a seleção difícil/moderada/fácil para este aplicativo. Eis aqui a marcação HTML dentro da seção <body>:

```
<form name="gf" onSubmit="return getwalls()" >
<br/>
<input type="radio" value="hard" name="level" />Hard <br/>
<input type="radio" value="moderate" name="level" />Moderate <br/>
<input type="radio" value="easy" name="level" />Easy<br/>
<input type="submit" value="GET maze"/><br/>
</form>
```

Observe que todos os três elementos de entrada possuem o mesmo nome. Isto é o que define o grupo de botões dos quais somente um pode ser selecionado. Neste caso, a marcação cria um array chamado `level`. A função `getwalls` será mostrada por completo na próxima seção. Ela é similar à função dentro do script `todos-em-um`. Entretanto, neste caso, o nome do item `localStorage` é determinado pelos botões de rádio. O código é

```
for (i=0;i<document.gf.level.length;i++) {
 if (document.gf.level[i].checked) {
  lsname= document.gf.level[i].value+"maze";
   break;
 }
}
```

A iteração `for` repassa todos os itens de entrada. O teste de `if` se baseia no atributo `checked`. Quando ele detecta uma condição verdadeira, a variável lsname é construída a partir do atributo de valor desse item, e a declaração break faz com que uma execução da iteração seja interrompida. Se você quiser que os seus botões de rádio comecem com um dos itens de checked, utilize um código como este:

<input type="radio" value="easy" name="level" checked />

ou

<input type="radio" value="easy" name="level" checked="true" />

Construindo o Aplicativo e Fazendo suas Modificações

Agora vamos dar uma olhada nos códigos para os aplicativos do labirinto, primeiro o script todos-em-um e depois o segundo script da versão com dois scripts.

A Tabela 7-2 mostra as funções dentro do script para criar, salvar, recuperar, e viajar pelo labirinto. Note que muitas das invocações de funções são feitas através dos tratadores de eventos: as chamadas onLoad, onSubmit, addEventListener. Estes não invocam as funções diretamente ou imediatamente, mas configuram a chamada para ser feita quando ocorre o evento indicado.

Tabela 7-2. Funções dentro do Aplicativo do Labirinto

Função	Invocada por / Chamada por	Chamadas
init	Invocada pela ação de onLoad dentro da tag body	Drawall
drawall	init startwall stretchwall getkeyAndMove getwalls	Método draw para Walls e para o símbolo: drawtoken and drawAline
Token	Cláusula var declarando mypent	
Wall	startwall	

262 O Guia Essencial do HTML5

Função	Invocada por / Chamada por	Chamadas
drawtoken	drawall usando método draw para o objeto token dentro do array everything	
movetoken	getkeyAndMove usando o método moveit para mypent	intersect
drawAline	drawall usando método draw para objetos de Wall dentro do array everything	
startwall	Invocada pela ação de uma chamada de addEventListener dentro de init	drawall
stretchwall	Invocada pela ação de uma chamada de addEventListener dentro de init	drawall
finish	Invocada pela ação de uma chamada de addEventListener dentro de init	
getkeyAndMove	Invocada pela ação de uma chamada de addEventListener dentro de init	movetoken usando o método moveit para mypent
savewalls	Invocada pela ação de onSubmit para o formulário sf	
getwalls	Invocada pela ação de onSubmit para o formulário gf	drawall

Tabela 7-3 mostra o código completo para o aplicativo do labirinto, com comentários.

Tabela 7-3. Código Completo para o Aplicativo do Labirinto Todos-em-um

Código	Explicação
`<html>`	Abertura da tag html
`<head>`	Abertura da tag head
`<title>Build maze & travel maze</title>`	Elemento title completo
`<script type="text/javascript">`	Abertura da tag script
`var cwidth = 900;`	Para limpar o canvas
`var cheight = 350;`	Para limpar o canvas
`var ctx;`	Para guardar contexto de canvas
`var everything = [];`	Para guardar everything
`var curwall;`	Para wall em progresso
`var wallwidth = 5;`	Fixar largura da parede
`var wallstyle = "rgb(200,0,200)";`	Fixar cor da parede
`var walls = [];`	Guardar todas as paredes

Labirintos 263

Código	Explicação
var inmotion = false;	Flag enquanto a parede está sendo construída por arraste
var unit = 10;	Unidade de movimento para token
function Token(sx,sy,rad,stylestring,n) {	Cabeçalho da função para construir token
this.sx = sx;	Definir propriedade de sx
this.sy = sy;	... de sy
this.rad = rad;	... de rad (raio)
this.draw = drawtoken;	Definir o método draw
this.n = n;	... n número de lados
this.angle = (2*Math.PI)/n	Calcular e definir ângulo
this.moveit = movetoken;	Definir método moveit
this.fillstyle = stylestring;	Definir cor
}	Fechar função
function drawtoken() {	Cabeçalho da função drawtoken
ctx.fillStyle=this.fillstyle;	Definir cor
var i;	Índice
var rad = this.rad;	Definir raio
ctx.beginPath();	Começar caminho
ctx.moveTo(this.sx+rad*Math.cos (-.5*this.angle),this.sy+rad*Math.sin (-.5*this.angle));	Mover para o primeiro vértice do polígono do token (que é um pentágono)
for (i=1;i<this.n;i++) {	Iteração for para desenhar os n lados do token: 5 lados neste caso
ctx.lineTo(this.sx+rad*Math.cos ((i-.5)*this.angle),this.sy+rad*Math.sin ((i-.5)*this.angle));	Especificar linha para o próximo vértice, configurando o desenho de um lado do pentágono
}	Fechar for
ctx.fill();	Desenhar token
}	Fechar função
function movetoken(dx,dy) {	Cabeçalho da função
this.sx +=dx;	Incrementar valor de x
this.sy +=dy;	Incrementar valor de y
var i;	Índice
var wall;	Usado para cada parede
for(i=0;i<walls.length;i++) {	Fazer iteração sobre todas as paredes
wall = walls[i];	Extrair i ésima parede

Código	Explicação
`if (intersect(wall.sx,`↪`wall.sy,wall.fx,wall.fy,this.sx,this.sy,`↪`this.rad)) {`	Verificar intersecções. Se houver uma intersecção entre a nova posição do token e esta parede específica
`this.sx -=dx;`	... retornar valor de x — não fazer este movimento
`this.sy -=dy;`	... retornar valor de y — não fazer este movimento
`break;`	Abandonar iteração `for` porque não é necessário fazer mais verificações se houver colisão com uma parede
`}`	Fechar cláusula `if true`
`}`	Fechar iteração `for`
`}`	Fechar função
`function Wall(sx,sy,fx,fy,width,stylestring) {`	Cabeçalho da função para criar `Wall`
`this.sx = sx;`	Configurar propriedade de `sx`
`this.sy = sy;`	... de `sy`
`this.fx = fx;`	... de `fx`
`this.fy = fy;`	... de `fy`
`this.width = width;`	... largura
`this.draw = drawAline;`	Definir método `draw`
`this.strokestyle = stylestring;`	... `strokestyle`
`}`	Fechar função
`function drawAline() {`	Cabeçalho da função `drawAline`
`ctx.lineWidth = this.width;`	Definir largura da linha
`ctx.strokeStyle = this.strokestyle;`	Definir `strokestyle`
`ctx.beginPath();`	Iniciar caminho
`ctx.moveTo(this.sx,this.sy);`	Mover para início de linha
`ctx.lineTo(this.fx,this.fy);`	Definir término de linha
`ctx.stroke();`	Desenhar a linha
`}`	Fechar função
`var mypent = new Token(100,100,20,"rgb(0,0,250)",5);`	Configurar `mypent` com um formato de pentágono para ser a peça do jogo
`everything.push(mypent);`	Adicionar a `everything`
`function init(){`	Cabeçalho da função `init`
`ctx = document.getElementById`↪`('canvas').getContext('2d');`	Definir o `ctx` (contexto) para todos os desenhos
`canvas1 = document.getElementById('canvas');`	Definir `canvas1`, usado para eventos
`canvas1.addEventListener('mousedown',`↪`startwall,false);`	Configurar tratamento para `mousedown`

Labirintos 265

Código	Explicação
canvas1.addEventListener('mousemove',↪ stretchwall,false);	Configurar tratamento para mousemove
canvas1.addEventListener('mouseup',finish,↪ false);	Configurar tratamento para mouseup
window.addEventListener('keydown',↪ getkeyAndMove,false);	Configurar tratamento para o uso das teclas de direção
drawall();	Desenhar everything
}	Fechar função
function startwall(ev) {	Cabeçalho da função startwall
var mx;	Guardar coordenada x do mouse
var my;	Guardar coordenada y do mouse
if (ev.layerX || ev.layerX == 0) {	Podemos usar layerX para determinar a posição do mouse? Necessário porque os navegadores são diferentes.
mx= ev.layerX;	Definir mx
my = ev.layerY;	Definir my
} else if (ev.offsetX↪ || ev.offsetX == 0) {	Caso contrário podemos usar offsetX?
mx = ev.offsetX;	Definir mx
my = ev.offsetY;	Definir my
}	Fechar cláusula
curwall = new Wall(mx,my,mx+1,my+1,wallwidth ,wallstyle);	Criar nova parede. Ela é pequena neste ponto
inmotion = true;	Definir inmotion para true
everything.push(curwall);	Adicionar curwall para everything
drawall();	Desenhar everything
}	Fechar função
function stretchwall(ev) {	Cabeçalho da função stretchwall para aquela que usa o arraste do mouse para esticar a parede enquanto o mouse é arrastado.
if (inmotion) {	Verificar if inmotion
var mx;	Guardar coordenada x do mouse
var my;	Guardar coordenada y do mouse
if (ev.layerX || ev.layerX == 0) {	Podemos usar layerX?
mx= ev.layerX;	Definir mx
my = ev.layerY;	Definir my
} else if (ev.offsetX↪ || ev.offsetX == 0) {	Caso contrário podemos usar offsetX? Isto é necessário para navegadores diferentes

Código	Explicação
mx = ev.offsetX;	Definir mx
my = ev.offsetY;	Definir my
}	Fechar cláusula
curwall.fx = mx;	Alterar curwall.fx para mx
curwall.fy = my;	Alterar curwall.fy para my
drawall();	Desenhar everything (vai mostrar parede crescendo)
}	Fechar if inmotion
}	Fechar função
function finish(ev) {	Cabeçalho da função finish
inmotion = false;	Definir inmotion para false
walls.push(curwall);	Adicionar curwall para walls
}	Fechar função
function drawall() {	Cabeçalho da função drawall
ctx.clearRect(0,0,cwidth,cheight);	Apagar canvas inteiro
var i;	Índice
for (i=0;i<everything.length;i++) {	Iteração em everything
everything[i].draw();	Desenhar everything
}	Fechar iteração
}	Fechar função
function getkeyAndMove(event) {	Cabeçalho da função getkeyAndMove
var keyCode;	Guardar keyCode
if(event == null) {	Se evento for nulo
keyCode = window.event.keyCode;	Obter keyCode usando window.event
Window.event.preventDefault();	Parar ação default
}	Fechar cláusula
else {	Caso contrário
keyCode = event.keyCode;	Obter keyCode de event
event.preventDefault();	Parar ação default
}	Fechar cláusula
switch(keyCode) {	Comutar em keyCode
case 37:	Se seta da esquerda
mypent.moveit(-unit,0);	Mover para trás horizontalmente
break;	Interromper switch
case 38:	Se seta para cima
mypent.moveit(0,-unit);	Subir tela

Labirintos

Código	Explicação
break;	Interromper switch
case 39:	Se seta da direita
mypent.moveit(unit,0);	Mover para direita
break;	Interromper switch
case 40:	Se seta para baixo
mypent.moveit(0,unit);	Descer pela tela
break;	Interromper switch
Default:	Caso contrário
window.removeEventListener('keydown',↪ getkeyAndMove,false);	Parar de escutar teclas. Assumir que o jogador está tentando salvar no armazenamento local ou recuperar do armazenamento local.
}	Fechar switch
Drawall();	Desenhar everything
}	Fechar função
Function intersect(sx,sy,fx,fy,cx,cy,rad) {	Cabeçalho da função intersect
var dx;	Para valor intermediário
var dy;	Para valor intermediário
var t;	Para expressão dentro de t
var rt;	Para guardar distância ao quadrado
dx = fx-sx;	Definir diferença de x
dy = fy-sy;	Definir diferença de y
t =0.0-((sx-cx)*dx+(sy-cy)*dy)/Ê ((dx*dx)+(dy*dy));	Tomar a fórmula para a distância ao quadrado de cada ponto para cx,cy. Pegar a derivada e resolver para 0.
if (t<0.0) {	Se mais próximo estiver em t <0
t=0.0; }	Checar na posição 0 (isto ocorrerá posteriormente)
else if (t>1.0) {	Se mais próximo estiver em t>1
t = 1.0;	Checar na posição 1 (isto ocorrerá posteriormente)
}	Fechar cláusula
dx = (sx+t*(fx-sx))-cx;	Calcular diferença neste valor de t
dy = (sy +t*(fy-sy))-cy;	Calcular diferença neste valor de t
rt = (dx*dx) +(dy*dy);	Calcular distância ao quadrado
if (rt<(rad*rad)) {	Comparar com raio ao quadrado
Return true; }	Retornar true
else {	Caso contrário
Return false;}	Retornar false
}	Fechar função

Código	Explicação
function savewalls() {	Cabeçalho da função savewalls
var w = [];	Array temporário
var allw=[];	Array temporário
var sw;	Conter string final
var onewall;	Conter string intermediária
var i;	Índice
var lsname = document.sf.slname.value;	Extrair nome do jogador para armazenamento local
for (i=0;i<walls.length;i++) {	Fazer iteração para todas as paredes
w.push(walls[i].sx);	Adicionar sx ao array w
w.push(walls[i].sy);	Adicionar sy ao array w
w.push(walls[i].fx);	Adicionar fx ao array w
w.push(walls[i].fy);	Adicionar fy ao array w
onewall = w.join("+");	Criar uma string
allw.push(onewall);	Adicionar ao array allw
w = [];	Redefinir w para array vazio
}	Fechar iteração
sw = allw.join(";");	Agora criar allw para uma string
try {	Try
localStorage.setItem(lsname,sw);	Salvar localStorage
}	Fim de try
catch (e) {	Se houver um erro que possa ser agarrado
alert("data not saved,Ê error given: "+e);	Exibir mensagem
}	Finalizar cláusula catch
return false;	Retornar falso para evitar atualização de página
}	Fechar função
function getwalls() {	Cabeçalho da função getwalls
var swalls;	Armazenamento temporário
var sw;	Armazenamento temporário
var i;	Índice
var sx;	Guardar o valor de sw
var sy;	Guardar o valor de sy
var fx;	Guardar o valor de fx
var fy;	Guardar o valor de fy
var curwall;	Guardar paredes que estão sendo criadas

Labirintos 269

Código	Explicação
`var lsname = document.gf.glname.value;`	Extrair nome do jogador para armazenamento a ser recuperado
`swalls=localStorage.getItem(lsname);`	Obter o armazenamento
`if (swalls!=null) {`	Se alguma coisa for procurada
`wallstgs = swalls.split(";");`	Dividir para criar um array
`for (i=0;i<wallstgs.length;i++) {`	Iteração através deste array
`sw = wallstgs[i].split("+");`	Dividir item individual
`sx = Number(sw[0]);`	Extrair 0 ésimo valor e converter para número
`sy = Number(sw[1]);`	...1o
`fx = Number(sw[2]);`	...2o
`fy = Number(sw[3]);`	...3o
`curwall = new Wall(sx,sy,fx,fy,wallwidth, wallstyle);`	Criar novo `Wall` usando valores extraídos e fixos
`walls.push(curwall);`	Adicionar a array `walls`
`everything.push(curwall);`	Adicionar ao array `everything`
`}`	Fechar iteração
`drawall();`	Desenhar `everything`
`}`	Fechar se não for nulo
`Else {`	Era nulo
`alert("No data retrieved.");`	Nenhum dado
`}`	Fechar cláusula
`window.addEventListener('keydown',` ↪ `getkeyAndMove,false);`	Configurar ação de `keydown`
`return false;`	Retornar falso para impedir atualização de página
`}`	Fechar função
`</head>`	Finalizar elemento `head`
`<body onLoad="init();" >`	Iniciar body, configurar chamada para `init`
`<canvas id="canvas" width="900" height="350">`	Tag canvas
`Your browser doesn't support the HTML5 element canvas.`	Alerta para determinado navegador.
`</canvas>`	Fechar canvas
` `	Interrupção de linha
`Press mouse button down, drag`↪ `and release to make a wall.`	Instruções
`Use arrow keys to move token.  `	Instruções e interrupção de linha
`Pressing any other key will stop key`↪ `capture and allow you to save the`↪ `maze locally.`	Instruções

Código	Explicação
`<form name="sf" onSubmit="return savewalls()" >`	Tag form, configurar chamada para savewalls
To save your maze, enter in a name and⮐ click on the SAVE WALLS button. ` `	Instruções
Name: `<input name="slname" value="maze_name" type="text">`	Rótulo e campo de entrada
`<input type="submit" value="SAVE WALLS"/>`	Botão submit
`</form>`	Fechar formulário
`<form name="gf" onSubmit="return`⮐ `getwalls()" >`	Tag form, configurar chamada para getwalls
To add old walls, enter in the name and⮐ click on the GET SAVED WALLS button. ` `	Instruções
Name: `<input name="glname" value="maze_name" type="text">`	Rótulo e campo de entrada
`<input type="submit" value="GET`⮐ ` SAVED WALLS"/>`	Botão submit
`</form>`	Fechar formulário
`</body>`	Fechar body
`</html>`	Fechar html

Criando o Segundo Aplicativo do Labirinto

O dado localStorage pode ser acesado por um aplicativo diferente daquele que criou o dado, enquanto ele estiver no mesmo servidor. Este é um recurso de segurança, como mencionado anteriormente, restringindo os leitores do armazenamento local para scripts do mesmo servidor.

O segundo script é baseado neste recurso. A Tabela 7-4 mostra as funções chamando ou sendo chamadas; ele é um subconjunto do anterior.

Tabela 7-4. Funções dentro do Script da Viagem pelo Labirinto

Função	Invocada por / Chamada por	Chamadas
init	Invocada pela ação de onLoad dentro da tag body	drawall
drawall	Init startwall stretchwall getkeyAndMove getwalls	Método draw para Walls e para token: drawtoken e drawAline

Labirintos 271

Função	Invocada por / Chamada por	Chamadas
Token	Cláusula var declarando mypent	
Wall	Startwall	
drawtoken	drawall usando método draw para o objeto token dentro do array everything	
movetoken	getkeyAndMove usando o método moveit para mypent	intersect
drawAline	drawall usando método draw para objetos Wall dentro do array everything	
getkeyAndMove	Invocada pela ação de uma chamada de addEventListener dentro de init	movetoken usando o método moveit para mypent
getwalls	Invocada pela ação de onSubmit para o formulário gf	drawall

As funções são exatamente as mesmas dentro do script todos-em-um com uma exceção, a função getwall, portanto, eu só comentei os códigos novos ou os modificados. Este aplicativo também possui botões de rádio no lugar dos campos de entrada do formulário. A Tabela 7-5 mostra o código completo para o aplicativo da viagem pelo labirinto (travelmaze).

Tabela 7-5. Código Completo para o Script da Viagem pelo Labirinto

Código	Explicação
`<html>`	
`<head>`	
`<title>Travel maze</title>`	Viajar pelo labirinto
`<script type="text/javascript">`	
`var cwidth = 900;`	
`var cheight = 350;`	
`var ctx;`	
`var everything = [];`	
`var curwall;`	
`var wallwidth = 5;`	
`var wallstyle = "rgb(200,0,200)";`	
`var walls = [];`	
`var inmotion = false;`	
`var unit = 10;`	
`function Token(sx,sy,rad,stylestring,n) {`	
`this.sx = sx;`	

Código	Explicação
this.sy = sy;	
this.rad = rad;	
this.draw = drawtoken;	
this.n = n;	
this.angle = (2*Math.PI)/n	
this.moveit = movetoken;	
this.fillstyle = stylestring;	
}	
function drawtoken() {	
ctx.fillStyle=this.fillstyle;	
ctx.beginPath();	
var i;	
var rad = this.rad;	
ctx.beginPath();	
ctx.moveTo(this.sx+rad*Math.cos↪ (-.5*this.angle),this.sy+rad*Math.sin↪ (-.5*this.angle));	
for (i=1;i<this.n;i++) {	
ctx.lineTo(this.sx+rad*Math.cos↪ ((i-.5)*this.angle),this.sy+rad*Math.sin↪ ((i-.5)*this.angle));	
}	
ctx.fill();	
}	
function movetoken(dx,dy) {	
this.sx +=dx;	
this.sy +=dy;	
var i;	
var wall;	
for(i=0;i<walls.length;i++) {	
wall = walls[i];	

if (intersect(wall.sx,wall.sy,▯
wall.fx,wall.fy,this.sx,this.sy,
this.rad)) {	

this.sx -=dx;	
this.sy -=dy;	

Labirintos 273

Código	Explicação
`        break;`	
`    }`	
`  }`	
`}`	
`function Wall(sx,sy,fx,fy,width,stylestring) {`	
`  this.sx = sx;`	
`  this.sy = sy;`	
`  this.fx = fx;`	
`  this.fy = fy;`	
`  this.width = width;`	
`  this.draw = drawAline;`	
`  this.strokestyle = stylestring;`	
`}`	
`function drawAline() {`	
`  ctx.lineWidth = this.width;`	
`  ctx.strokeStyle = this.strokestyle;`	
`  ctx.beginPath();`	
`  ctx.moveTo(this.sx,this.sy);`	
`  ctx.lineTo(this.fx,this.fy);`	
`  ctx.stroke();`	
`}`	
`var mypent = new Token(100,100,20,"rgb(0,0,250)",5);`	
`everything.push(mypent);`	
`function init(){`	
`  ctx = document.getElementById('canvas')↪.getContext('2d');`	
`  window.addEventListener('keydown',↪getkeyAndMove,false);`	
`  drawall();`	
`}`	
`function drawall() {`	
`  ctx.clearRect(0,0,cwidth,cheight);`	
`  var i;`	
`  for (i=0;i<everything.length;i++) {`	
`    everything[i].draw();`	

Código	Explicação
`}`	
`}`	
`function getkeyAndMove(event) {`	
`var keyCode;`	
`if(event == null)`	
`{`	
`keyCode = window.event.keyCode;`	
`window.event.preventDefault();`	
`}`	
`else`	
`{`	
`keyCode = event.keyCode;`	
`event.preventDefault();`	
`}`	
`switch(keyCode)`	
`{`	
`case 37: //left arrow`	
`mypent.moveit(-unit,0);`	
`break;`	
`case 38: //up arrow`	
`mypent.moveit(0,-unit);`	
`break;`	
`case 39: //right arrow`	
`mypent.moveit(unit,0);`	
`break;`	
`case 40: //down arrow`	
`mypent.moveit(0,unit);`	
`break;`	
`default:`	
`window.removeEventListener↪('keydown',getkeyAndMove,false);`	
`}`	
`drawall();`	
`}`	

Labirintos **275**

Código	Explicação
function intersect(sx,sy,fx,fy,cx,cy,rad) {	
var dx;	
var dy;	
var t;	
var rt;	
dx = fx-sx;	
dy = fy-sy;	
t =0.0-((sx-cx)*dx+(sy-cy)*dy)/ ((dx*dx)+(dy*dy));	
if (t<0.0) {	
t=0.0; }	
else if (t>1.0) {	
t = 1.0;	
}	
dx = (sx+t*(fx-sx))-cx;	
dy = (sy +t*(fy-sy))-cy;	
rt = (dx*dx) +(dy*dy);	
if (rt<(rad*rad)) {	
return true; }	
else {	
return false;}	
}	
function getwalls() {	
var swalls;	
var sw;	
var i;	
var sx;	
var sy;	
var fx;	
var fy;	
var curwall;	
var lsname;	
for (i=0;i<document.gf.level.length;i++) {	Fazer iteração através dos botões de rádio dentro do formulário gf, nível grupo
if (document.gf.level[i].checked) {	Este botão de rádio é verificado?

276   O Guia Essencial do HTML5

Código	Explicação
lsname= document.gf.level[i].value+"maze";	Se for, construir o nome do armazenamento local usando o atributo de valor do elemento botão de rádio
break;	Sair da iteração for
}	Fechar if
}	Fechar for
swalls=localStorage.getItem(lsname);	Procurar este item do armazenamento local
if (swalls!=null) {	Se não for nulo, é um dado aceitável
wallstgs = swalls.split(";");	Extrair a string para cada parede
walls = [];	Remover qualquer parede antiga do array walls
everything = [];	Remover qualquer parede antiga do array everything
everything.push(mypent);	Adicionar token com formato de pentágono chamado mypent a everything
for (i=0;i<wallstgs.length;i++) {	Fazer a decodificação de cada parede. O código remanescente é o mesmo do aplicativo todos-em-um.
sw = wallstgs[i].split("+");	
sx = Number(sw[0]);	
sy = Number(sw[1]);	
fx = Number(sw[2]);	
fy = Number(sw[3]);	
curwall = new Wall(sx,sy,fx,fy,wallwidth, wallstyle);	
walls.push(curwall);	
everything.push(curwall);	
}	
drawall();	
}	
else {	
alert("No data retrieved.");	
}	
window.addEventListener('keydown',↪ getkeyAndMove,false);	
return false;	
}	
</script>	
</head>	
<body onLoad="init();" >	
<canvas id="canvas" width="900" height="350">	

Labirintos   277

Código	Explicação
Your browser doesn't support the HTML5 element canvas.	
</canvas>	
Choose level and click GET MAZE button to get a maze:	
<form name="gf" onSubmit="return getwalls()" >	
<input type="radio" value="hard" name="level" />Hard 	Configurar botão de rádio, nível comum, valor difícil
<input type="radio" value="moderate" name="level" />Moderate 	Configurar botão de rádio, nível comum, valor moderado
<input type="radio" value="easy" name="level" />Easy 	Configurar botão de rádio, nível comum, valor fácil
<input type="submit" value="GET maze"/> 	
</form>	
<p>	
	Use arrow keys to move token.
	</p>
	</body>
	</html>

Existe uma série de maneiras de você poder fazer modificações neste aplicativo.

Alguns aplicativos nos quais o usuário coloca objetos na tela por arraste limitam as possibilidades fazendo o que chamamos de estalar os pontos da extremidade com os pontos da grade, talvez até mesmo limitando as paredes para um labirinto ficar estritamente horizontal ou vertical.

O segundo aplicativo possui dois níveis de usuários: o criador dos labirintos e o jogador que tenta atravessar os labirintos. Você pode querer desenhar labirintos muito complexos, e para isso você iria precisar de um recurso de edição. Uma outra grande implementação seria um recurso de tempo. Olhe atrás no temporizador do Jogo da Memória do Capítulo 5 para maneiras de calcular o tempo decorrido.

Assim como adicionamos um tratamento de video para o Jogo de Perguntas do Capítulo 6, você poderia tocar um video quando alguém completa o labirinto.

A habilidade de salvar em armazenamento local é um recurso poderoso. Para isto, e para qualquer jogo ou atividade que leva uma boa quantidade de tempo, você pode querer adicionar a habilidade para salvar o estado corrente. Um outro uso comum para armazenamento local é salvar as melhores pontuações.

Procure entender que eu quis demonstrar o uso de armazenamento local para dados complexos, e estes aplicativos fizeram isso. Entretanto, você pode querer desenvolver programas com labirintos usando alguma coisa diferente do armazenamento local. Para construir sobre este aplicativo, você precisa definir a sequência de pontos de início e de paradas, quatro números ao todo, para cada parede, e definir as paredes apropriadamente. Olhe adiante para a lista de palavras implementadas como arquivo de script externo dentro do Jogo da Forca do Capítulo 9.

Este capítulo e o anterior demonstraram eventos e tratamentos de eventos para o mouse, teclas, e para o tempo. Novos dispositivos fornecem novos eventos, tais como agitar um telefone ou usar toques múltiplos sobre uma tela. Com o conhecimento e a experiência que você adquiriu aqui, você será capaz de juntar muitos aplicativos interativos diferentes.

Testando e Fazendo o Upload do Aplicativo

O primeiro aplicativo está completo dentro de um documento HTML, `buildmazesavelocally.html`. O segundo aplicativo utiliza dois arquivos, `buildmazes.html` e `travelmaze.html`. O `buildmazesavelocally.html` e `buildmaze.html` são idênticos, exceto para os títulos. Todos os três arquivos estão disponíveis no site Friends of ED. Por favor, note que `travelmaze.html` não irá funcionar até que você crie labirintos e os salve usando o armazenamento local em seu computador.

Para testar o recurso de salvamento e de recuperação, você precisa carregar o arquivo para um servidor para que ele funcione usando Firefox e, talvez, outros navegadores. Ele funciona localmente usando o Chrome.

Os dois documentos HTML para a versão de dois scripts devem, ambos, ser feitos o upload para um servidor para serem testados.

Algumas pessoas podem limitar o uso de armazenamento local e de cookies. Há diferenças entre essas construções. Para usar qualquer um destes dentro de um aplicativo de produção é necessário um trabalho considerável. Um último recurso é armazenar a informação no servidor usando uma linguagem tal como php.

Resumo

Neste capítulo, você aprendeu como implementar um programa para suportar a construção de um labirinto de paredes e armazená-lo no computador local. Você também aprendeu como criar um jogo de viagem pelo labirinto. Nós usamos as seguintes técnicas de programação e de recursos do HTML5:

- objetos definidos pelo programador
- captura de teclas; isto é, configurar tratamento de eventos para teclas pressionadas, e decifrar qual tecla foi pressionada
- `localStorage` para salvar o layout das paredes do labirinto sobre o computador do jogador
- `try` and `catch` para verificar se determinados códigos são aceitáveis
- o método `join` para arrays e o método `split` para strings
- eventos do mouse
- cálculos matemáticos para determinar colisões entre o símbolo do pentágono e as paredes do labirinto
- botões de rádio para apresentar uma opção para o jogador.

O uso de armazenamento local foi bem complexo para este aplicativo, requerendo a codificação e a decodificação da informação do labirinto. Um uso mais simples poderia ser armazenar a mais alta pontuação ou a pontuação corrente em qualquer jogo. Você pode voltar aos capítulos anteriores e ver se você pode incorporar este recurso. Lembre-se de que `localStorage` está amarrado ao navegador. No próximo capítulo, você aprenderá como implementar o jogo de Pedra-Papel-Tesoura, e como incorporar áudio ao seu aplicativo.

Capítulo 8

Pedra, Papel, Tesoura

Neste capítulo nós vamos abordar:

- Jogar contra um computador
- Criar gráficos para servir como botões
- Arrays de arrays para regras do jogo
- A propriedade font-family
- Definições de estilos herdadas
- Áudio

Introdução

Este capítulo combina técnicas de programação com recursos JavaScript do HTML5 para implementar o jogo familiar Jogo da Pedra-Papel-Tesoura. Na versão do pátio da escola deste jogo, cada jogador usa símbolos manuais para indicar uma das três possibilidades: pedra, papel ou tesoura. A terminologia é que um jogador lança uma das três opções. As regras do jogo são estabelecidas desta maneira:

- A pedra esmaga a tesoura.
- O papel cobre a pedra.
- A tesoura corta o papel.

De modo que cada símbolo derrota um outro símbolo: a pedra derrota a tesoura; o papel derrota a pedra; e a tesoura derrota o papel. Se os dois jogadores lançarem a mesma coisa, ocorre um empate.

Uma vez que este é um jogo para duas pessoas e o nosso jogador irá competir contra o computador, tivemos de criar os movimentos do computador. Iremos gerar movimentos aleatórios, e o jogador precisa confiar que o programa esteja fazendo isso, e não que seu movimento se baseie no que o jogador lançou. A apresentação deve reforçar esta confiança.

A primeira versão do nosso jogo utiliza as imagens que você verá aqui. A segunda versão adiciona áudio, quatro clips diferentes administrados por três eventos de vitória mais a opção do empate. Você pode usar os arquivos de som

fornecidos dentro do pacote do download no endereço www.friendsofed.com, ou os seus próprios sons. Note que você precisará mudar os nomes dos arquivos dentro do código para combinar os arquivos de som que irá utilizar.

Esta é uma situação na qual nós queremos usar gráficos especiais para os movimentos dos jogadores. A Figura 8-1 mostra a tela de abertura do aplicativo, constituída por três gráficos que servem como botões, bem como um campo rotulado com a string "Score:" que contém um valor inicial de zero.

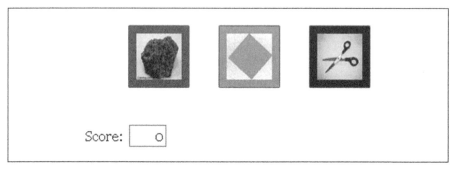

Figura 8-1. *Tela de Abertura do Jogo da Pedra, Papel e Tesoura*

O jogador faz um movimento clicando em um dos símbolos. Vamos olhar um exemplo com o jogador clicando sobre o ícone da pedra. Consideraremos que o computador escolheu a tesoura. Depois de uma curta sequência de animação na qual o símbolo da tesoura começa pequeno e cresce na tela, uma mensagem de texto aparece como mostrado na Figura 8-2. Na versão com o áudio adicionado, o clip de áudio tocaria um som correspondente a uma rocha esmagando uma tesoura. Note que a pontuação agora é 1.

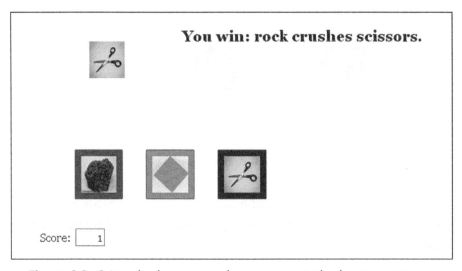

Figura 8-2. *O jogador lançou a pedra e o computador lançou a tesoura.*

Em seguida, no jogo, o jogador e o computador empatam, como mostrado na Figura 8-3. Não há alteração na pontuação quando ocorre um empate, portanto, a pontuação é ainda 1.

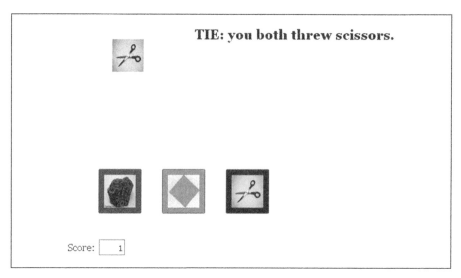

Figura 8-3. *Um empate.*

Mais tarde, o jogo está equilibrado, mas o jogador perde e a pontuação cai para 1 negativo, significando que o jogador ficou para trás, como a Figura 8-4 mostra.

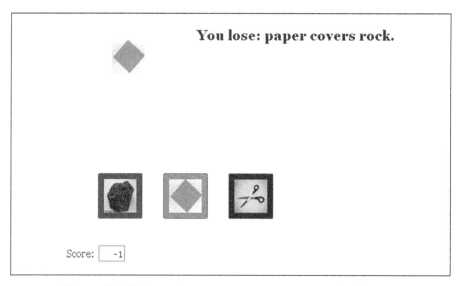

Figura 8-4. *Mais tarde, no jogo, um movimento de derrota.*

Este aplicativo, como todos os exemplos deste livro, é apenas um começo. Tanto a versão plana como a versão com áudio mantém uma pontuação corrente para o jogador na qual uma perda resulta em um decréscimo. Uma abordagem alternativa seria manter pontuações individuais para o jogador e o computador, com apenas vitórias computadas para ambos os lados. Você poderia exibir uma contagem separada para os jogos apresentados. Isto é preferível se você não quiser mostrar números negativos. Você também poderia salvar a pontuação do jogador usando localStorage, como descrito no jogo do labirinto do Capítulo 7.

Uma melhoria mais elaborada poderia apresentar videoclips (dê uma olhada no Capítulo 6) ou GIFs animados que mostrem a pedra esmagando a tesoura, o papel cobrindo a pedra, e a tesoura cortando o papel. Você também pode ver este como modelo para muitos jogos diferentes. Em todos os casos, você precisa determinar como capturar os movimentos do jogador e como gerar os movimentos do computador; você precisa representar e implementar as regras do jogo; e você precisa manter o estado do jogo e exibi-lo para o jogador. O Jogo da Pedra-Papel-Tesoura não possui informação de status exceto para pontuação corrente. Resumindo, um jogo consiste de uma única etapa. Isto é um contraste com o Jogo de Dados descrito no Capítulo 2 no qual um jogo pode envolver de um até qualquer número de lançamentos dos dados, ou o Jogo da Memória descrito no Capítulo 5 no qual uma etapa consiste em duas seleções de cartas e um jogo completado pode levar qualquer número de etapas com o mínimo igual à metade das cartas.

Nota: *Existem competições para Jogo da Pedra-Papel-Tesoura e também sistemas de computadores nos quais o computador faz movimentos baseado no histórico de movimentos do jogador. Você pode achar isso interessante e consultar a Sociedade Mundial de RPS (www.worldrps.com) e a Liga Americana de RPS (USA RPS League, www.usarps.com).*

Requisitos Críticos

A implementação do Jogo da Pedra-Papel-Tesoura faz uso de muitas construções do HTML5 e do JavaScript demonstradas nos capítulos anteriores, juntados aqui de diferentes maneiras. Programar é parecido com escrever. É colocar junto a representação de ideias dentro de alguma ordem lógica, assim como combinar palavras dentro de frases e frases dentro de parágrafos, e assim por diante. Ao ler este capítulo, reflita no que você aprendeu sobre desenhar retângulos, imagens, e textos sobre canvas, detectando onde o jogador clicou o mouse, configurando um evento de tempo usando setInterval para produzir animação, e usando arrays para guardar informações. Estes são os blocos de construção do aplicativo Jogo da Pedra-Papel-Tesoura .

Aos planejar este aplicativo, eu desejava que o nosso jogador clicasse nos botões, um botão para cada um dos tipos de lançamentos dentro do jogo. Uma vez que o jogador faz um lançamento, eu queria que o programa criasse seu próprio movimento, isto é, uma opção randômica, e tivesse uma imagem correspondente a esse movimento que aparecesse na tela. O programa então aplicaria as regras do jogo para exibir a saída. Um som seria tocado, correspondente às três situações possíveis nas quais um lançamento vence o outro, mais um gemido quando houvesse um empate.

Este aplicativo começa com a exibição de botões ou ícones sobre a tela. Estas são imagens em que o jogador pode clicar para criar um movimento. Há também uma caixa para a pontuação.

O aplicativo deve gerar o movimento do computador randomicamente e depois exibi-lo de um modo que apareça como se o computador e o jogador estivessem lançando seus movimentos ao mesmo tempo. A minha ideia para isto é fazer com que o símbolo apropriado começasse pequeno na tela e depois ficasse maior, aparentemente emergindo da tela como se o computador estivesse fazendo seu lançamento em direção ao jogador. Esta ação começa assim que o jogador clica em um dos três possíveis lançamentos, mas é rápido o bastante para dar a impressão de que os dois aconteceram ao mesmo tempo.

As regras do jogo devem ser obedecidas! Isto inclui tanto quem derrota como a mensagem popular exibida para explicá-la – "pedra esmaga tesoura", "papel cobre a pedra", e "tesoura corta o papel". A pontuação exibida sobe em um, desce em um, ou permanece a mesma dependendo se a rodada for uma vitória, uma derrota ou um empate.

A versão melhorada com áudio do jogo deve tocar um dos quatro audioclips dependendo da situação.

Recursos do HTML5, CSS e do JavaScript

Agora vamos dar uma olhada nos recursos específicos do HTML5, CSS e do JavaScript que fornecem o que precisamos para implementar o jogo. Com exceção das tags básicas do HTML, das funções e das variáveis, as explicações aqui estão completas. Se você leu os outros capítulos, observará que muito deste capítulo repete explicações dadas anteriormente.

Certamente nós poderíamos ter usado os tipos de botões demonstrados em outros capítulos, mas eu queria que estes botões se parecessem com os lançamentos que eles representam. Como você verá, a maneira como nós implementamos os botões é construída sobre os conceitos demonstrados nos capítulos anteriores. E novamente vamos usar o processamento pseudorrandômico do JavaScript para definir o movimento do computador, e setInterval para fazer a animação da exibição do movimento do computador.

O nosso jogo de Jogo da Pedra-Papel-Tesoura irá demonstrar o recurso de áudio original do HTML5. Iremos integrar os códigos para o áudio ao aplicar as regras do jogo.

Fornecendo Botões Gráficos para o Jogador

Existem dois aspectos para produzir botões ou ícones clicáveis sobre a tela: desenhar os gráficos sobre o canvas, e detectar quando o jogador movimentou o mouse sobre um botão e clicou o primeiro botão do mouse.

Os botões ou ícones que produziremos são constituídos pelo contorno (stroke) de um retângulo, um retângulo sólido, e depois uma imagem no topo do retângulo com uma margem horizontal e vertical. Uma vez que operações similares irão ocorrer para todos os três botões, podemos usar primeiro a abordagem apresentada nos jogos da bala de canhão e do estilingue do Capítulo 4. Configuraremos uma classe de objetos definida pelo programador escrevendo uma função chamada Throw. Lembre-se de que os objetos consistem de dados e de códigos agrupados juntos. A função, descrita como uma função constructor, será usada com o operador new para criar um objeto novo do tipo Throw. O termo this é usado dentro da função para definir os valores associados com cada objeto.

```
function Throw(sx,sy, smargin,swidth,sheight,rectcolor,picture) {
 this.sx = sx;
 this.sy = sy;
 this.swidth = swidth;
 this.bwidth = swidth + 2*smargin;
 this.bheight = sheight + 2*smargin;
 this.sheight = sheight;
 this.fillstyle = rectcolor;
 this.draw = drawThrow;
 this.img = new Image();
 this.img.src = picture;
 this.smargin = smargin;
}
```

Os parâmetros da função guardam toda informação. A seleção de nomes sx, sy, e assim por diante, evita termos embutidos, criando uma modificação simples: colocar s para armazenado (stored), na frente. A localização do botão está em sx, sy. A cor do retângulo é representada por rectcolor. O nome do arquivo para a imagem é guardada por picture. O que nós podemos pensar como larguras internas e externas e as alturas internas e externas é que elas são calculadas com base nas entradas de smargin, sheight, e swidth. O b em bheight e bwidth significa grande (big). O s significa pequeno (small) e armazenado (stored). Não se prenda muito ao nome próprio – tal coisa não existe. Quanto aos nomes, cabe a você se um nome funciona, significando que você se lembra dele.

O atributo img de um objeto Throw é um objeto Image. O src desse objeto de Imagem é o que aponta para o nome do arquivo que foi passado para a função dentro do parâmetro da imagem.

Note que o atributo this.draw é definido para ser drawThrow. Este configura a função drawThrow para ser usada como o método draw para todos os objetos do tipo Throw. A codificação é mais geral do que precisa ser: cada um dos três gráficos possui a mesma margem de largura e altura. Entretanto, não há prejuízo ao criar um código geral, e se você quiser construir sobre este aplicativo para criar um dentro dos quais os objetos que representam as opções do jogador sejam mais complexas, a maior parte deste código funcionaria.

Sugestão: *Não se preocupe se, ao escrever programas, você possui código tal como* this.draw = drawThrow; *e você não escreveu a função drawThrow ainda. Você terá isso. Algumas vezes é impossível evitar referenciar uma função ou uma variável antes de ela ter sido criada. O fator crítico é que toda esta codificação é feita antes de você tentar executar o programa.*

Eis aqui o método drawThrow:

```
function drawThrow() {
 ctx.strokeStyle = "rgb(0,0,0)";
 ctx.strokeRect(this.sx,this.sy,this.bwidth,this.bheight);
 ctx.fillStyle = this.fillstyle;
 ctx.fillRect(this.sx,this.sy,this.bwidth,this.bheight);
 ctx.drawImage(this.img,this.sx+this.smargin,this.sy+this.smargin, ↪
    this.swidth,this.sheight);
}
```

Como prometido, isto desenha um contorno de um retângulo usando cor preta RGB(0,0,0). Lembre-se de que ctx é a variável definida com a propriedade do elemento canvas que é usado para desenhar. Preto normalmente é a cor default, tornando esta linha desnecessária. Entretanto, nós a colocaremos apenas no caso de você reusar este código dentro de um aplicativo onde a cor foi alterada anteriormente. Em seguida, a função desenha um retângulo preenchido usando rectcolor que foi passado para este objeto particular. Por último, o código desenha uma imagem no topo do retângulo, deslocado pelo valor da margem horizontal e verticalmente. Os valores de bwidth e bheight são calculados para ser maiores do que swidth e sheight, respectivamente, em duas vezes o valor de smargin. Isto, com efeito, centraliza a imagem dentro do retângulo.

Os três botões são criados como objetos Throw através do uso das declarações var, nas quais a variável é inicializada usando o operador new, e uma chamada para a função do construtor de Throw. Para fazer isto funcionar, precisaremos de imagens de pedra, papel e tesoura, as quais eu adquiri de várias maneiras. Os três arquivos de imagens estão localizados na mesma pasta que o arquivo HTML.

```
var rockb = new Throw(rockbx,rockby,8,50,50,"rgb(250,0,0)","rock.jpg");
var paperb = new Throw(paperbx,paperby,8,50,50,"rgb(0,200,200)","paper.gif");
```

```
var scib = new Throw(scissorsbx,scissorsby,8,50,50,"rgb(0,0,200)","scissors.
jpg");
```

Como nos aplicativos anteriores, um array chamado everything é declarado e inicializado para o array vazio. Empurramos todas as três variáveis para o array everything para que possamos tratá-las sistematicamente.

```
everything.push(rockb);
everything.push(paperb);
everything.push(scib);
```

Por exemplo, para desenhar todos os botões, utilizamos uma função chamada drawall que faz a iteração sobre os elementos dentro do array everything.

```
function drawall() {
 ctx.clearRect(0,0,cwidth,cheight);
 var i;
 for (i=0;i<everything.length;i++) {
  everything[i].draw();
 }
}
```

Novamente, isto é mais geral do que o requerido, mas é útil, especialmente quando diz respeito a programação orientada a objetos, para manter as coisas tão gerais quanto possíveis.

Mas como fazer estes gráficos atuarem como botões clicáveis? Como eles foram desenhados sobre o canvas, o código precisa configurar o tratador de eventos de clique para o canvas inteiro e depois usar os códigos para verificar qual, se houver algum, botão foi clicado.

No Jogo do Estilingue descrito no Capítulo 4, você viu o código no qual a função que trata o evento mousedown para todo o canvas fez um cálculo para verificar se o cursor do mouse estava sobre a bola. No Jogo de Perguntas descrito no Capítulo 6, nós configuramos tratadores de eventos para cada bloco de país e capital. O mecanismo JavaScript embutido indicava qual objeto tinha recebido, assim dizendo, o evento do clique. Este aplicativo é como o estilingue.

Nós configuramos o tratador de eventos dentro da função init, que será explicada por inteiro na próxima seção. A tarefa é fazer com que o JavaScript escute o evento de clique do mouse e depois faça o que especificamos quando o clique acontece. O que nós queremos é que a função choose seja invocada. As duas linhas seguintes cumprem esta tarefa.

```
canvas1 = document.getElementById('canvas');
canvas1.addEventListener('click',choose,false);
```

> **Sugestão:** *O nosso código precisa distinguir entre o elemento com o id de canvas e a propriedade deste elemento retornada por* getContext('2d'). *É exatamente deste modo que a equipe do HTML5 decidiu fazê-lo. Não é algo que você pudesse ter deduzido por conta própria.*

A função choose possui as tarefas de determinar qual tipo de lançamento foi selecionado, gerando o movimento do computador, e configurando a exibição desse movimento, e aplicando as regras do jogo. Agora mesmo, vamos dar uma olhada no código que determina qual botão foi clicado.

O código começa tratando diferenças entre os navegadores. As funções que são invocadas como resultado de uma chamada para addEventListener são chamadas com um parâmetro que contém as informações sobre o evento. Este parâmetro, ev, como vamos chamá-lo dentro da função choose, é examinado para verificar quais atributos existem para ser usados. Esta complexidade é forçada em cima de nós porque os navegadores implementam tratadores de eventos usando termos diferentes.

```
function choose(ev) {
var mx;
var my;
if ( ev.layerX || ev.layerX == 0) {
 mx= ev.layerX;
 my = ev.layerY;
} else if (ev.offsetX || ev.offsetX == 0) {
 mx = ev.offsetX;
 my = ev.offsetY;
}
```

A meta desta porção do código é fazer com que as variáveis mx e my respectivamente guardem as coordenadas vertical e horizontal para o cursor do mouse, quando o botão do mouse for clicado. Certos navegadores guardam a informação do cursor dentro de propriedades do parâmetro ev chamadas layerX e layerY e outros utilizam offsetX e offsetY. Nós utilizaremos variáveis locais para nos certificarmos de rastrear a posição do cursor em todos os navegadores. A condição ev.layerX irá avaliar como falsa se ev.layerX não existir para este navegador ou se não existir e possuir o valor de 0. Portanto, para verificar se a propriedade existe, precisaremos usar a condição composta (ev.layerX || ev.layerX == 0) para nos assegurarmos de que o código funciona em todas as situações. A propósito, se o segundo teste de if falhar, nada acontece. Este código funciona para Chrome, Fire-Fox e Safari, mas presumivelmente irá funcionar eventualmente com todos os navegadores.

A próxima seção de código fará iteração sobre os elementos de everything (existem três elementos, mas isso não é mencionado explicitamente) para verificar se o cursor está em cima de algum dos retângulos. A variável ch guarda uma referência para um Throw e para todos os atributos de Throw, isto é, sx, sy, bwidth e bheight, podem ser usados dentro das declarações de comparação. Este é um resumo para todas as opções de lançamentos guardadas dentro do array everything.

```
var i;
for (i=0;i<everything.length;i++){
var ch = everything[i];
if ((mx>ch.sx)&&(mx<ch.sx+ch.bwidth)&&(my>ch.sy)&&(my<ch.sy+ch.bheight)) {
 ...
  break;
 }
}
```

Os ... indicam códigos que serão explicados posteriormente. A condição composta compara o ponto mx, my com o lado esquerdo, lado direito, topo, e fundo do retângulo externo de cada um dos três objetos que representam possíveis lançamentos do jogador. Cada uma destas quatro condições devem ser verdadeiras para que o ponto possa estar dentro do retângulo. Isto é indicado pelo operador &&. Embora longo, este é um modo padrão de verificar pontos dentro de retângulos e você irá se acostumar usando-o.

Portanto, é assim que os gráficos são desenhados sobre o canvas, e como eles servem como botões. Note que se o jogador clicar fora de qualquer botão, nada acontece. Algumas pessoas poderiam recomendar o fornecimento de feedback para o jogador neste ponto, tal como uma caixa de alerta dizendo:

```
Por favor, faça seu movimento clicando sobre a pedra, o papel ou a tesoura!
```

Outros diriam a você para evitar confusão na tela e iriam supor que o jogador irá saber o que fazer.

Gerando o Movimento do Computador

Gerar o movimento do computador é similar a gerar um lançamento de dados, como fizemos no Jogo de Dados do Capítulo 2. No Jogo da Pedra-Papel-Tesoura, queremos uma seleção randômica de três lançamentos possíveis em vez de seis faces de dados possíveis. Obtemos esse número com a linha:

```
var compch = Math.floor(Math.random()*3);
```

A chamada para o método embutido Math.random() produz um número de zero a, mas não incluindo 1. Multiplicando isto por 3, será produzido um número de 0 a, mas não incluindo 3. Aplicando Math.floor, um número inteiro não maior que seu argumento será produzido. Isso arredonda o número para baixo, removendo qualquer valor acima do maior inteiro arredondado. Portanto, a expressão à direita produz 0,1, ou 2, o que é exatamente o que queremos. O valor é atribuído a compch a qual é declarada como uma variável.

O código aceita o movimento do computador, um dos números, 0, 1 ou 2 escolhido pelo cálculo que envolve a função randômica, e o utiliza como índice para o array choices:

```
var choices = ["rock.jpg","paper.gif","scissors.jpg"];
```

Estes três elementos referenciam as mesmas três imagens usadas nos botões.

Neste momento, apenas no caso de você estar preocupado/a, a sequência pedra, papel, tesoura é arbitrária. Precisamos ser consistentes, mas a ordem não importa. Se, por alguma razão, criarmos a sequência papel, tesoura, pedra, tudo ainda iria funcionar. O jogador nunca vê os códigos de 0 para pedra, 1 para papel e 2 para tesoura.

As próximas linhas dentro da função choose extraem um dos nomes do arquivo e o atribui ao atributo src de uma variável de Image chamada compimg.

```
var compchn = choices[compch];
compimg.src = compchn;
```

O nome da variável local, compchn, significa computer choice name (nome de escolha do computador). A variável compimg é uma variável global que contém um objeto Image. O código define sua propriedade src para o nome de arquivo de imagem apropriado, o qual será usado para exibir o movimento do computador.

Para implementar as regras do jogo, eu configurei dois arrays:

```
var beats = [
  ["TIE: you both threw rock.","You win: paper covers rock.",
    "You lose: rock crushes scissors."],
  ["You lose: paper covers rock.","TIE: you both threw paper.",
    "You win: scissors cuts paper."],
  ["You win: rock crushes scissors.","You lose: scissors cuts paper.",
    "TIE: you both threw scissors"]];
```

E:

```
var points = [
  [0,1,-1],
  [-1,0,1],
  [1,-1,0]];
```

Cada um destes é um array de arrays. O primeiro guarda todas as mensagens e o segundo contém o valor a ser adicionado à pontuação do jogador.

Adicionando 1 aumenta a pontuação do jogador. Adicionando -1 diminui a pontuação do jogador em 1, o qual é o efeito que nós queremos quando o jogador perde uma etapa. Adicionar 0 deixa a pontuação como ela está. Agora, você pode pensar que seria mais fácil não fazer nada no caso de empates em vez de adicionar zero, mas tratar isso de modo uniforme é a abordagem mais fácil em termos de codificação, e adicionar zero normalmente leva menos tempo do que fazer um teste de if para constatar se houve um empate.

O primeiro índice dentro de cada array virá do movimento do computador, compch, e o segundo índice, i, que indica o elemento dentro do array interior, partirá do movimento do jogador. As derrotas e arrays de pontuação são chamadas de estruturas paralelas. O array de derrotas (beats) é para a mensagem de texto, e o array points é para a pontuação. Vamos checar se a informação está correta pegando um movimento do computador, como, por exemplo, a tesoura, a qual corresponde ao número 2, e pegando um movimento do jogador, como a pedra, que corresponde a 0. Dentro do array beats, o valor para o movimento do computador nos diz para ir para o array com índice com o valor 2. (Eu estou evitando dizer o segundo array, uma vez que arrays começam com índice 0, não com 1. O valor indicado por 2 é o terceiro elemento do array;) O elemento é:

```
["You win: rock crushes scissors.","You lose: scissors cuts paper.", ↵
  "TIE: you both threw scissors"]];
```

Agora use o valor do jogador, que é 0, para índice deste array. O resultado é "You win: rock crushes scissors." e isto é exatamente o que nós queremos. Fazer a mesma coisa com o array points, o elemento com índice 2 é

[1,-1,0]

e o valor com índice 0 para este array é 1, também exatamente o que nós queremos: a pontuação do jogador será ajustada em 1.

```
result = beats[compch][i];
…
newscore +=points[compch][i];
```

Lembre-se de que o operador += dentro de uma declaração

```
a += b;
```

é interpretado como segue:

Pegue o valor da variável a
Aplique o operador + para este valor e o valor da expressão b
Atribua o resultado de volta para a variável a

A segunda etapa é escrita de modo geral uma vez que isto poderia ser aplicado a + interpretado como adição de números bem como a concatenação de strings. Nesta situação particular, a segunda etapa é:

```
Adicione a e b
```

Este resultado é atribuído de volta à variável a.

As duas variáveis, result e newscore, são variáveis globais. Isto significa que elas estão disponíveis para as outras funções e é assim que nós as utilizamos: definidas em uma função e referenciadas para uso em outras.

A pontuação é apresentada usando um elemento form dentro do elemento body do documento HTML.

```
<form name="f">
Score: <input name="score" value="0" size="3"/>
</form>
```

Apenas para mostrar a você como estas coisas são feitas, utilizaremos estilos para o campo de pontuação. Nós configuramos dois estilos, um para o formulário, e um para o campo de entrada.

```
form {
 color: blue;
 font-family: Georgia, "Times New Roman", Times, serif;
 font-size:16px;
}
input {
 text-align:right;
 font:inherit;
 color:inherit;
}
```

Nós definimos a cor para o texto para azul dentro do formulário, e especificamos a fonte usando a propriedade font-family. Esta é uma maneira de especificar uma fonte particular e de dar suporte se essa fonte não existir no computador do cliente. Este é um recurso poderoso, porque significa que você pode ser tão específico quanto quiser em termos de fontes e, com trabalho, garantir ainda que todos possam ler o material.

Sugestão: *Você pode pesquisar online por fontes seguras da Web para ver quais fontes são amplamente seguras. Depois você pode pegar a sua fonte favorita como primeira opção, uma das fontes seguras da Web, e fazer como última escolha serif ou sans-serif. Você pode até mesmo especificar mais do que três opções se você quiser. Consulte o site http://en.wikipedia.org/wiki/Web_typography para ideias.*

Dentro deste estilo, nós especificamos a fonte chamada Georgia, depois "Times New Roman", e depois Times, e depois qualquer fonte padrão do grupo serif que estiver em seu computador. Serifs são flags extras pequenas sobre letras. As aspas ao redor de Times New Roman são necessárias porque o nome envolve múltiplos termos. As aspas não estariam erradas ao redor dos nomes das outras fontes, mas não são necessárias. Nós também especificamos o tamanho para 16 pixels. O campo de entrada herda a fonte, inclusive o tamanho, e a cor do elemento form, seu pai. Entretanto, como a pontuação é um número, nós usamos a propriedade text-align para indicar alinhamento à direita dentro do campo. O rótulo Score está dentro do elemento form. A pontuação real está dentro do elemento de entrada. Usar a configuração de herança para as propriedades de estilo para entrada faz com que os dois sejam exibidos dentro da mesma fonte, tamanho, e cor.

O valor do campo de entrada será extraído e definido usando seu nome, score. Por exemplo,

```
newscore = Number(document.f.score.value);
```

Number é requerido aqui para produzir o número representado pelo texto dentro do campo; esse é 0 em oposição ao caractere 0. Se deixarmos o valor como string e o código usasse um sinal de mais para adicionar um para a string, isto não seria uma adição; seria, em vez disso, uma concatenação de strings. (Isto é denominado sobrecarga do operador; a propósito, o sinal de mais indica diferentes operações dependendo do tipo de dado dos operandos.) Concatenar um "1" para um "0" iria produzir "01". Você poderia pensar que isto está ok, mas na próxima vez, nós obteríamos "011" ou "010" ou "01-1". Credo! Não é isso que queremos, portanto, escreveremos o código para nos assegurarmos de que o valor seja convertido para um número.

Para posicionar uma pontuação nova, ajustada de volta para o campo, o código é

```
document.f.score.value = String(newscore);
```

Agora, como digo frequentemente aos meus alunos, sou obrigada a dizer a verdade. De fato, String pode não ser necessário aqui. JavaScript algumas vezes faz estas conversões, também chamadas de casts, automaticamente. Contudo, algumas vezes ele não faz, portanto, é de boa prática deixá-la explícita.

O tamanho do campo é o máximo requerido para três caracteres. A fonte Georgia não é uma fonte monoespacial – todos os caracteres não são do mesmo tamanho – portanto, este é o maior espaço que poderia ser necessário. Você poderia observar diferentes quantidades de espaços deixados acima dependendo do texto dentro do campo.

Observação: JavaScript faz uso de parênteses, chaves e de colchetes. Eles não são intercambiáveis. Os parênteses são usados em cabeçalhos de funções e dentro de chamadas de função ou de métodos; dentro de cabeçalhos de declarações de `if`, `for`, `switch` e `while`; e para especificar a ordem de operações dentro de expressões complexas. As chaves são usadas para delimitar a definição de funções e das cláusulas de declarações de `if`, `for`, `switch` e `while`. Os colchetes são usados para definir arrays e retornar membros específicos de arrays. A linguagem das Folhas de Estilos em Cascata coloca chaves ao redor de cada estilo. A marcação HTML inclui < e > frequentemente chamados de colchetes pontudos ou angulares.

Exibindo Resultado com Uso de Animação

Você viu exemplos de animação dentro do aplicativo da bola saltitante do Capítulo 3 e da bala de canhão e do estilingue do Capítulo 4. Para recapitular, a animação é produzida mostrando um sequência de imagens paradas em uma sucessão rápida. As imagens individuais são chamadas de frames (quadros). Dentro do que chamamos de animação computadorizada, novas posições para os objetos sobre a tela são calculadas para cada frame sucessivo. Um modo de produzir animação é usar o comando setInterval para configurar um evento de intervalo, deste jeito:

```
tid = setInterval(flyin,100);
```

Isto faz com que a função flyin seja invocada a cada 100 milissegundos (10 vezes por segundo). A variável tid, que significa timer identifier (identificador do temporizador), é definida de modo que o código possa desligar o evento do intervalo. A função flyin irá criar objetos de Throw de tamanho crescente contendo a imagem apropriada. Quando um objeto atinge um tamanho projetado, o código exibe o resultado e ajusta a pontuação. É por isso que as variáveis result e newscore devem ser variáveis globais – elas são definidas dentro de choose e usadas dentro de flyin.

A função flyin também faz uso de uma variável global chamada size que começa com 15 e é incrementada em 5 cada vez que flyin é invocada. Quando size passa de 50, o evento temporizador é parado, a mensagem de result exibida, e a pontuação alterada.

```
function flyin() {
 ctx.drawImage(compimg, 70,100,size,size);
 size +=5;
 if (size>50) {
  clearInterval(tid);
  ctx.fillText(result,200,100,250);
  document.f.score.value = String(newscore);
 }
}
```

A propósito, eu tive de modificar o código para apanhar estes relances da tela. A Figura 85 é a tela depois da primeira invocação de flyin.

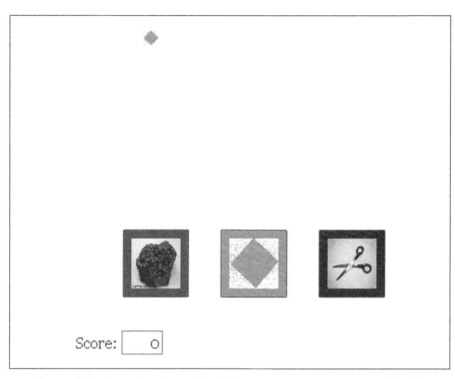

Figura 8-5. *Primeira chamada de flyin, com uma imagem minúscula representando o movimento do computador.*

Depois de uma modificação diferente do código, a Figura 8-6 mostra a animação parada em uma etapa posterior.

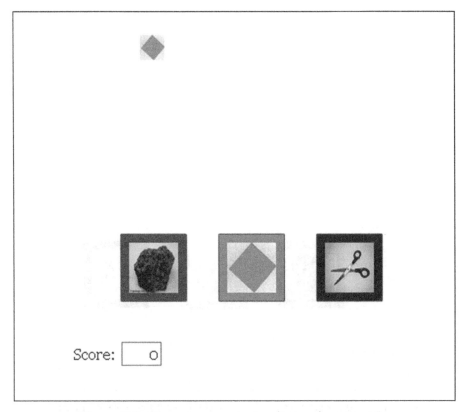

Figura 8-6. *Uma etapa posterior dentro da animação.*

A Figura 8-7 mostra a animação completada, mas um pouco antes das mensagens de texto com os resultados.

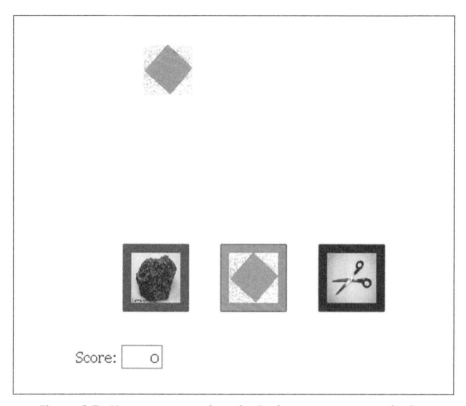

Figura 8-7. *Um pouco antes da exibição do texto com os resultados.*

Agora, vai aqui uma confissão que deve ser informativa. Você pode precisar pular ou esperar até que você leia todo o código para apreciá-lo. Quando eu criei este aplicativo pela primeira vez, eu tinha o código para exibir a mensagem e ajustar a pontuação dentro da função choose. Afinal de contas, é aí que o código determinava os valores. Entretanto, isto tinha um efeito muito ruim. O jogador via os resultados antes de ver o movimento de o computador emergir da tela dentro da animação. Parecia que o jogo era fixo! Quando eu percebi qual era o problema, eu alterei o código dentro de choose para armazenar o valor da mensagem e da nova pontuação dentro das variáveis globais e somente mostrava a mensagem e definia a pontuação atualizada dentro do campo de entrada do formulário depois que a animação tivesse terminada. Não presumo que você saiba tudo sobre o seu aplicativo antes de começar. Imagino que você encontrará problemas e será capaz de resolvê-los. As empresas possuem grupos inteiros dedicados exclusivamente à garantia da qualidade.

Processamento de Áudio e de DOM

A situação com áudio é bem similar à do vídeo (ver Capítulo 6). Novamente, a má notícia é que os navegadores não reconhecem os mesmos formatos. E novamente, a boa notícia é que o HTML5 fornece o elemento `<audio>`, e JavaScript fornece os recursos para tocar o áudio junto com maneiras de referenciar os diferentes formatos de áudio aceitos por diferentes navegadores. Além do mais, ferramentas estão disponíveis para converter de um formato para outro. Os dois formatos que eu uso para estes exemplos são MP3 e OGG, que parecem ser suficientes para Chrome, Firefox e Safari. Eu usei fontes livres para clipes de áudio e encontrei amostras aceitáveis em WAV e MP3. Depois, eu usei o conversor Miro do qual tinha feito o download para trabalhar com o vídeo e produzir MP3 e OGG para o arquivo WAV, e OGG para os outros. O nome Miro para o OGG era `theor.ogv` e eu o alterei só para tornar as coisas mais simples. O essencial aqui é que esta abordagem requer duas versões de cada arquivo de som.

> **Cuidado:** *A ordem que o arquivo de áudio referencia não deveria ser importante, mas eu encontrei avisos de que Firefox não irá funcionar se um MP3 for listado primeiro. Isto é, ele não irá continuar a tentar e funcionar com outro arquivo.*

O elemento `<audio>` possui atributos que eu não usei no jogo do Jogo da Pedra-Papel-Tesoura . O atributo `autoplay` começa a tocar imediatamente ao carregar, embora você não precise se lembrar de que com arquivos grandes o carregamento não é instantâneo. O atributo src especifica a origem. Entretanto, uma boa prática é não usar o atributo src dentro da tag `<audio>`, mas especificar múltiplas origens usando o elemento `<source>` como filho do elemento `<audio>`. O atributo `loop` especifica a iteração, isto é, a repetição do clip. O atributo controls coloca os controles sobre a tela. Isso pode ser uma coisa boa de fazer porque os clips podem ser muito altos. Para fazer do áudio uma surpresa, todavia, e não adicionar confusão à apresentação visual, preferi não fazer isso.

Eis aqui um exemplo simples para você tentar. Você irá precisar fazer o download do arquivo sword.mp3 da página de download do livro no endereço www.friendsofed.com ou encontrar seu próprio arquivo de áudio e referenciá-lo pelo nome aqui. Se você abrir o HTML seguinte dentro do Chrome

```
Audio example <br/>
<audio src="sword.mp3" autoplay controls>
Your browser doesn't recognize audio
</audio>
```

você verá o que é mostrado na Figura 88.

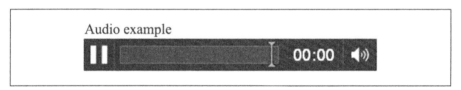

Figura 8.8. *Tag <audio> com controles.*

Lembre-se: para o nosso jogo, tocaremos um áudio para a pedra esmagando a tesoura, o papel cobrindo a pedra, e a tesoura cortando o papel, e um suspiro para eventual empate. Eis aqui os códigos para os quatros clipes de áudio dentro do Jogo da Pedra-Papel-Tesoura :

```
<audio autobuffer>
<source src="hithard.ogg" />
<source src="hithard.mp3" />
</audio>
<audio autobuffer>
<source src="inhale.ogg" />
<source src="inhale.mp3" />
</audio>
<audio autobuffer>
<source src="sword.ogg" />
<source src="sword.mp3" />
</audio>
<audio autobuffer>
```

```
<source src="crowdohh.ogg" />
<source src="crowdohh.mp3" />
</audio>
```

Isto poderia parecer razoável para descrever os quatro conjuntos de arquivos de áudio, mas você deve estar imaginando como o código sabe qual tocar. Poderíamos inserir atributos id dentro de cada tag `<audio>`. Entretanto, vamos fazer alguma coisa a mais para demonstrar mais JavaScript que é útil em muitas situações. Você já viu o método document.getElementById. Exite um método similar: document.getElementsByTagname. A linha:

```
musicelements = document.getElementsByTagName("audio");
```

extrai todos os elementos do nome da tag indicados pelo parâmetro e cria um array, o qual, nesta linha do código, atribui o array para uma variável chamada musicelements. Usamos esta linha dentro da função init, portanto, ela é executada bem no início do aplicativo. Construiremos um outro array de arrays, ao qual daremos o nome de music, e adicionaremos duas outras variáveis globais:

```
var music = [
[3,1,0],
[1,3,2],
[0,2,3]];
var musicelements;
var musicch;
```

Você pode verificar que music e beats são estruturas paralelas com 0 representando a pedra que esmaga a tesoura, 1 para o papel que cobre a pedra, 2 para a tesoura quer cortar o papel, e 3 para um empate. A função choose terá a linha extra:

```
musicch = music[compch][i];
```

A variável musicch — o nome significa música a ser escolhida (music for choice) — irá conter 0, 1, 2, ou 3. Isto define que alguma coisa vai acontecer dentro da função flyin quando a animação estiver completada.

Nós não tocamos o clip imediatamente, como explicado anteriormente, em minha confissão.

```
musicelements[musicch].play();
```

Os elementos de número zero, um, dois, e três dentro de musicelements são referenciados por indexação usando musicch, depois o seu método play é invocado e o clip é tocado.

Dando a Partida

O aplicativo começa configurando uma chamada para uma função dentro do atributo onLoad da tag <body>. Esta tem sido a prática nos outros jogos. A função init realiza diversas tarefas. Ela define o valor dos pontos iniciais para zero. Isto é necessário apenas no caso de o jogador recarregar o documento; é uma brincadeira do HTML pois dados do formulário podem não ser redefinidos pelo navegador. A função extrai valores do elemento canvas para ser usados para desenhar (ctx) e para tratamento de eventos (canvas1). Isto precisa acontecer depois que todo o documento for carregado porque até então o elemento canvas não existia. A função desenha os três botões e configura a fonte para o texto desenhado sobre o canvas e o estilo de preenchimento. Depois disso, nada acontece a menos que e até que o jogador clique o botão do mouse sobre um dos três símbolos.

Agora que nós examinamos os recursos específicos do HTML5 e do JavaScript usados para este jogo, junto com as mesma técnicas de programação, tal como o uso de arrays de arrays, vamos dar uma olhada mais detalhada no código.

Construindo o Aplicativo e Fazendo suas Modificações

Os aplicativos básicos do Jogo da Pedra-Papel-Tesoura utilizam estilos, variáveis globais, seis funções, e marcação HTML. As seis funções são descritas na Tabela 8-1. Eu sigo a convenção de que funções começam com letras minúsculas exceto se a função for um constructor para um objeto definido pelo programador. Eu apresento o aplicativo básico primeiro, e depois mostro as modificações necessárias para adicionar o áudio.

Tabela 8-1. Funções dentro do Aplicativo Básico do Jogo Pedra-Papel-Tesoura

Função	Invocada por / Chamada por	Chamadas
init	Invocada pela ação do onLoad dentro da tag <body>	drawall
drawall	init, choose	Invoca o método draw de cada objeto, o qual dentro deste aplicativo está sempre dentro da função drawThrow
Throw	Declarações var para variáveis globais	
drawThrow	drawall o método draw dos objetos Throw	
choose	Invocada pela ação da chamada de addEventListener dentro de init	drawall
flyin	Ação de setInterval dentro de choose	

Como você pode ver na tabela, a maior parte das invocações de funções é feita de modo implícito — através de tratamento de eventos, por exemplo — como o oposto a uma função que invoca uma outra. Depois que a função init faz a configuração, o trabalho principal é realizado pela função choose. A informação crítica para as regras dos jogos é mantida dentro dos dois arrays de arrays.

A Tabela 8-2 mostra o código para o aplicativo básico, com comentários para cada linha.

Tabela 8-2. Código Completo para o Aplicativo Pedra-Papel-Tesoura

Código	Explicação
<html>	Iniciando tag html
<head>	Iniciando tag head
<title>Rock Paper Scissors</title>	Elemento title completo
<style>	Iniciando seção de style
form {	Estilo especificado para todos os elementos do formulário. Existe apenas um dentro deste documento
color: blue;	Cor do texto definido para azul, uma das 16 cores conhecidas pelo nome

308 O Guia Essencial do HTML5

Código	Explicação
font-family: Georgia, "Times New↪ Roman", Times, serif;	Configurar as fontes para tentar usar
font-size:16px;	Definir tamanho dos caracteres
}	Fechar style
input {	Estilos especificados para todos os elementos de entrada. Existe apenas um
text-align:right;	Criar o alinhamento de texto à direita, apropriado para números
font:inherit;	Herdar qualquer informação de fonte do pai, isto é, do formulário
color:inherit;	Herdar cor do texto do pai, isto é, do formulário
}	Fechar estilo
</style>	Fechar elemento style
<script >	Iniciar elemento script
var cwidth = 600;	Largura do canvas, usada para limpar
var cheight = 400;	Altura do canvas, usada para limpar
var ctx;	Contexto do canvas, usada por todos os desenhos
var everything = [];	Contém os 3 gráficos
var rockbx = 50;	Posição horizontal do símbolo da pedra
var rockby = 300;	Posição vertical do símbolo da pedra
var paperbx = 150;	Posição horizontal do símbolo do papel
var paperby = 300;	Posição vertical do símbolo do papel
var scissorsbx = 250;	Posição horizontal do símbolo da tesoura
var scissorsby = 300;	Posição vertical do símbolo da tesoura
var canvas1;	Referência para configurar escuta para eventos de clique para canvas
var newscore;	Valor a ser definido para a nova pontuação
var size = 15;	Tamanho inicial para alterar a imagem para o movimento do computador
var result;	Valor a ser mostrado como mensagem do resultado
var choices = ["rock.jpg",↪ "paper.gif","scissors.jpg"];	Nomes para as imagens dos símbolos
var compimg = new Image();	Elemento Image usado para cada movimento do computador
var beats = [	Início de declaração do array contendo todas as mensagens

Código	Explicação
["TIE: you both threw↪ rock","You win: computer played rock",↪ "You lose: computer threw rock"],	O conjunto de mensagens quando o computador lança pedra
["You lose: computer↪ threw paper","TIE: you both threw paper",↪ "You win: computer threw paper"],	O conjunto de mensagens quando o computador lança papel
["You win: computer↪ threw scissors","You lose: computer↪ threw scissors","TIE: you both threw↪ scissors"]];	O conjunto de mensagens quando o computador lança tesoura
var points = [	Início da declaração do array que contém os incrementos para a pontuação: 0 para um empate, 1 para o jogador que ganha, -1 para o jogador que perde
[0,1,-1],	O conjunto de incrementos quando o computador lança pedra
[-1,0,1],	O conjunto de incrementos quando o computador lança papel
[1,-1,0]];	O conjunto de incrementos quando o computador lança tesoura
function Throw(sx,sy,smargin,swidth,↪ sheight,rectcolor,picture) {	Cabeçalho para a função do construtor a ser usado para os 3 símbolos do jogo. Os parâmetros incluem as coordenadas x e y, margem, largura e altura internas, cor do retângulo, e o arquivo de imagem
this.sx = sx;	Atribuir o atributo de sx
this.sy = sy;	... atributo de sy
this.swidth = swidth;	... atributo de swidth
this.bwidth = swidth + 2*smargin;	Calcular e atribuir a largura externa. Esta é a largura interna mais 2 vezes a margem.
this.bheight = sheight + 2*smargin;	Calcular e atribuir a altura externa. Esta é a altura interna mais 2 vezes a margem.
this.sheight = sheight;	Atribuir atributo de sheight
this.fillstyle = rectcolor;	Atribuir atributo de fillstyle
this.draw = drawThrow;	Atribuir o método draw com sendo drawThrow
this.img = new Image();	Criar um novo objeto Image
this.img.src = picture;	Definir seu src como sendo o arquivo de imagem
this.smargin = smargin;	Atribuir atributo de smargin. Ele ainda é necessário para desenhar.
}	Fechar função
function drawThrow() {	Cabeçalho para a função desenhar os símbolos

310 O Guia Essencial do HTML5

Código	Explicação
ctx.strokeStyle = "rgb(0,0,0)";	Definir o estilo para o contorno do retângulo para preto.
ctx.strokeRect(this.sx,this.sy,↪ this.bwidth,this.bheight);	Desenhar contorno do retângulo
ctx.fillStyle = this.fillstyle;	Definir o estilo para o retângulo preenchido
ctx.fillRect(this.sx,this.sy,↪ this.bwidth,this.bheight);	Desenhar retângulo
ctx.drawImage(this.img,this.sx+this.↪ smargin,this.sy+this.smargin,this.swidth,↪ this.sheight);	Desenhar o deslocamento da imagem dentro do retângulo.
}	Fechar função
function choose(ev) {	Cabeçalho para a função chamada com um evento de clique
var compch = Math.floor↪ (Math.random()*3);	Gerar movimento do computador baseado em um processamento aleatório
var compchn = choices[compch];	Separar a imagem do arquivo
compimg.src = compchn;	Definir o src do objeto de imagem que já foi criado
var mx;	Coordenada x do mouse
var my;	Coordenada y do mouse
if (ev.layerX || ev.layerX↪ == 0) {	Verificação com códigos é aplicada neste navegador
mx= ev.layerX;	Definir mx
my = ev.layerY;	Definir my
} else if (ev.offsetX ||↪ ev.offsetX == 0) {	Caso contrário verifique se estes códigos funcionam
mx = ev.offsetX;	Definir mx
my = ev.offsetY;	Definir my
}	Fechar cláusula
var i;	Usada para indexação sobre os diferentes símbolos
for (i=0;i<everything.length;i++){	Para header fazer a indexação sobre os elementos dentro do array everything, isto é, os três símbolos
var ch = everything[i];	Obter o i ésimo elemento
if ((mx>ch.sx)&&(mx<ch.sx+ch↪ .bwidth)&&(my>ch.sy)&&(my<ch.sy+ch.bheight)) {	Verificar se a posição mx, my está dentro dos limites (dos limites do retângulo externo) para este símbolo
drawall();	Se estiver, invocar a função drawall, a qual apagará everything e depois desenhará tudo dentro do array everything

Pedra, Papel, Tesoura 311

Código	Explicação
`size = 15;`	Tamanho inicial da imagem de movimento do computador
`tid = setInterval`↪ `(flyin,100);`	Configurar evento marcado
`result = beats`↪ `[compch][i];`	Ver a mensagem do resultado. Ver a seção abaixo da tabela para a adição do áudio
`newscore =`↪ `Number(document.f.score.value);`	Obtém a pontuação corrente, convertida para número
`newscore +=`↪ `points[compch][i];`	Adicionar o ajuste e salvar para ser mostrado mais tarde
`break;`	Interrupção da iteração for
`}`	Fim da cláusula if
`}`	Fim da iteração for
`}`	Fim da função
`function flyin() {`	Cabeçalho para a função que trata o evento de intervalo marcado
`ctx.drawImage(compimg, 70,`↪ `100,size,size);`	Desenhar a imagem de movimento do computador na tela no lugar indicado e com as dimensões indicadas
`size +=5;`	Alterar o valor das dimensões incrementando o tamanho
`if (size>50) {`	Usar a variável size para ver se o processo terminou há muito tempo
`clearInterval(tid);`	Parar evento temporizador
`ctx.fillText(result,`↪ `200,100,250);`	Exibir a mensagem
`document.f.score.value`↪ `= String(newscore);`	Exibir a nova pontuação. Veja a seção abaixo da tabela para adição do arquivo do audio
`}`	Fechamento da cláusula if true
`}`	Fechamento da função
`var rockb = new Throw(rockbx,rockby,8,50,`↪ `50,"rgb(250,0,0)","rock.jpg");`	Criar o objeto pedra
`var paperb = new Throw(paperbx,paperby,8,50,`↪ `50,"rgb(0,200,200)","paper.gif");`	Criar o objeto papel
`var scib = new Throw(scissorsbx,scissorsby,`↪ `8,50,50,"rgb(0,0,200)","scissors.jpg");`	Criar o objeto tesoura
`everything.push(rockb);`	Adicinar o objeto pedra ao array everything
`everything.push(paperb);`	Adicinar o objeto papel ao array everything
`everything.push(scib);`	Adicinar o objeto tesoura ao array everything

Código	Explicação
function init(){	Cabeçalho para função chamada com o carregamento do documento
document.f.score.value = "0";	Definir pontuação como zero. Eu também poderia usar
... = String(0);	
(e isso não é normalmente necessário uma vez que JavaScript irá converter um número para uma string dentro desta situação)	
ctx = document.getElementById↪ ('canvas').getContext('2d');	Definir a variável para ser usada por todos os desenhos
canvas1 = document.getElementById↪ ('canvas');	Definir a variável para ser usada pelo tratador do eventos do clique do mouse
canvas1.addEventListener↪ ('click',choose,false);	Configurar tratamento de eventos do clique
drawall();	Desenhar tudo
ctx.font="bold 16pt Georgia";	Definir a fonte para ser usada para as mensagens do resultado
ctx.fillStyle = "blue";	Definir a cor
}	Fechar a função
function drawall() {	Cabeçalho para a função
ctx.clearRect(0,0,cwidth,cheight);	Limpar o canvas
var i;	Variável para indexação
for (i=0;i<everything.length;i++) {	Fazer iteração em todo o array everything
everything[i].draw();	Desenhar os elementos individuais
}	Fechamento da iteração for
}	Fechar a função
</script>	Fechar o elemento script
</head>	Fechar o elemento head
<body onLoad="init();">	Iniciando tag body. Configurar chamada para a função init
<canvas id="canvas" width="600" height=↪ "400">	Iniciando tag canvas
Your browser doesn't support the HTML5↪ element canvas.	Mensagem para navegadores não compatíveis
</canvas>	Fechando tag
 	Interrupção de linha
<form name="f">	Iniciando tag para o formulário, dando um nome ao formulário

Código	Explicação
Score: <input name="score" value="0" size="3"/>	Rótulo e depois um campo de entrada, com valor e tamanho iniciais
</form>	Fechando tag form
</body>	Fechando tag body
</html>	Fechando tag para documento html

A versão melhorada com áudio requeria mais três variáveis globais junto com adições dentro das funções init, choose e flyin. As novas variáveis globais são

```
var music = [
  [3,1,0],
  [1,3,2],
  [0,2,3]];
var musicelements;
var musicch;
```

Eis aqui a cláusula dentro da função choose com a nova linha em destaque.

```
if ((mx>ch.sx)&&(mx<ch.sx+ch.bwidth)&&(my>ch.sy)&&(my<ch.sy+ch.bheight)) {
drawall();
size = 15;
tid = setInterval(flyin,100);
result = beats[compch][i];
musicch = music[compch][i];
newscore = Number(document.f.score.value);
newscore +=points[compch][i];
break;
}
```

De modo similar, eis aqui a função flyin completa com a nova linha em negrito:

```
function flyin() {
ctx.drawImage(compimg, 70,100,size,size);
size +=5;
if (size>50) {
  clearInterval(tid);
  ctx.fillText(result,200,100,250);
```

```
document.f.score.value = String(newscore);
musicelements[musicch].play();
 }
}
```

Adicionar a melhoria do áudio, como adicionar vídeo, fornece um exercício para examinar apenas o que precisamos para ser modificado e o que permanece o mesmo. Isso certamente faz sentido para desenvolver um aplicativo básico primeiro.

A minha ideia era criar sons para os quatro resultados. Você poderia também colocar aplausos para qualquer jogador que vencesse, vaias para quando o jogador perdesse, e algo intermediário para os empates.

Algumas pessoas gostam de incluir possíveis movimentos adicionais, com observações engraçadas descrevendo quem derrota quem, ou mesmo substituindo a pedra, o papel, e a tesoura por três ou mais outras possibilidades. Alguns alunos meus produziram este jogo usando um idioma diferente, tal como o Espanhol. A tarefa mais desafiadora é tornar este aplicativo multilíngue de uma maneira sistemática, isolando os componentes da linguagem falada. Uma abordagem envolveria modificar o array beats por um array de arrays de arrays, com o primeiro índice correspondendo à linguagem. O rótulo dentro da marcação que contém a palavra Score também precisaria mudar, a qual você poderia realizar tornando-a um campo de entrada e usando CSS para remover a sua borda. Preparar aplicativos para aquilo que chamamos de localização emergiu como uma área importante de desenvolvimento para a Web.

Testando e Fazendo o Upload do Aplicativo

Você precisa criar ou adquirir (um termo polido para encontrar alguma coisa e copiar o arquivo para o computador) as três imagens de pedra, papel e tesoura para apresentá-las. Se você decidir melhorar o aplicativo adicionando sons, precisará produzir ou encontrar clipes de áudio, converter estes para os dois formatos comuns, e fazer o upload de todos os sons: isto são 4 arquivos vezes 2 formatos para um total de 8 arquivos.

Como este aplicativo envolve um elemento randômico, faça um esforço concentrado para realizar todos os testes. Você quer testar um jogador lançando cada uma das três possibilidades versus cada um dos três movimentos do computador. Você também quer testar se a pontuação sobe e desce ou permanece a mesma como pede a situação. Normalmente, minha rotina de testes é fazer o lançamento da pedra repetidamente até eu ver todos os três movimentos do computador pelo menos duas vezes. Depois eu mudo para o papel, e depois a tesoura, e depois eu continuo modificando meu lançamento, digamos, papel, pedra, papel, tesoura.

Teste o programa básico e depois decida quais melhorias você gostaria de fazer para a apresentação e para a pontuação. As imagens e o documento HTML precisam que o upload seja feito depois que você testou o programa em seu computador local e decidiu fazer o upload para um servidor. Se você decidiu usar diferentes imagens para os movimentos do computador do que para os movimentos do jogador, você terá de encontrar e fazer o upload muito mais. Algumas pessoas gostam de colocar imagens e arquivos de áudio dentro de subpastas. Se você fizer isto, não se esqueça de usar os nomes corretos dentro do código.

Resumo

Neste capítulo, você aprendeu como implementar um jogo familiar usando os recursos do HTML5, JavaScript, e CSS, junto com técnicas gerais de programação. Isto incluiu

- estilos, em particular a propriedade font-family
- formulário e campos de entrada para exibição da pontuação
- tratamento de eventos usando addEventListener para o evento de clique do mouse
- animação usando setInterval e clearInterval
- elementos de áudio para sons e elementos source para trabalhar com diferentes navegadores
- getElementByTagname e play para controle específico de clipes de áudio

- objetos definidos pelo programador para desenhar botões criados pelo programador na tela, com lógica para determinar se o cursor do mouse foi clicado em um botão específico
- arrays de arrays para regras do jogo

O próximo capítulo descreve um outro jogo infantil e familiar: o Jogo da Forca. Ele combina técnicas de desenhar sobre canvas e a criação de elements HTML usando o código que você aprendeu nos capítulos anteriores junto com alguns recursos novos da CSS e do JavaScript.

Capítulo **9**

Jogo da Forca

Neste capítulo estaremos abordando:

- Estilos CSS
- Gerando marcação para botões do alfabeto
- Usando um array para um sequência de desenhos
- Usando uma sequência de caracteres para a palavra secreta
- Um arquivo de script externo para a lista de palavras
- Configurando e removendo tratamentos de eventos

Introdução

A meta para este capítulo é continuar demonstrando técnicas de programação e os recursos do HTML5, das Folhas de Estilos em Cascata (CSS), e do JavaScript, combinando criação dinâmica de marcação HTML junto com desenhos gráficos e textos sobre canvas. O exemplo para este capítulo é um outro jogo familiar – o jogo do papel e do lápis da Forca.

Apenas no caso de você precisar aperfeiçoar as regras, o jogo acontece como segue: Um jogador pensa em uma palavra secreta e escreve traços para permitir que o outro jogador saiba quantas letras existem nessa palavra. A outra pessoa sugere letras individuais. Se a letra aparecer na palavra, o jogador 1 substitui o traço que representa cada ocorrência da letra sugerida com a letra real. Se a letra não aparecer na palavra secreta, o primeiro jogador desenha a próxima etapa em uma progressão de desenhos com figura de varas de uma forca. Em meu exemplo mostrado na Figura 9-1, o patíbulo já está na tela. Em seguida vem a cabeça, depois o corpo, o braço esquerdo, o braço direito, a perna esquerda, a perna direita, e finalmente, a corda. Os jogadores podem chegar a um acordo sobre quantas etapas serão permitidas. O jogador 2 perde o jogo se a forca estiver completa antes que a palavra seja descoberta. Sim, este é um jogo macabro, mas ele é popular e até mesmo considerado educacional.

Em nosso jogo, o computador assume o papel do jogador 1 e seleciona a palavra secreta a partir de uma lista de palavras (neste caso, uma lista reconhecidamente muito curta). Você pode usar a minha lista. Quando você fizer o seu próprio jogo, utilize a sua. Faz sentido começar com uma lista pequena, e uma vez que você esteja feliz com o seu jogo, crie uma lista maior. A minha técnica de usar um arquivo externo para a lista de palavras vem dar sustentação a esta abordagem.

Para a interface do usuário, eu escolhi colocar blocos com cada letra do alfabeto na tela. O jogador escolhe uma letra clicando um bloco. Depois que uma letra é selecionada, o seu bloco desaparece. Esta decisão foi influenciada pelo fato de a maioria das pessoas brincarem com a versão de o lápis e o papel escrevem o alfabeto e cruzarem as letras à medida que elas são escolhidas.

A Figura 9-1 mostra a tela de abertura. O computador selecionou uma palavra com quatro letras. Note que em nosso programa, o patíbulo já aparece na tela. Alternativamente, você pode escolher e fazer que essa seja a primeira ou duas etapas da progressão de desenhos.

Uma vantagem de usar um banco pequeno de palavras é que eu sei qual é a palavra agora, mesmo que o meu código utilize um processo randômico para selecionar a palavra. Isto significa que eu posso desenvolver o jogo sem qualquer stress ao jogá-lo. Eu decidi selecionar um a primeiro. Como mostra a Figura 9-2, esta letra não aparece dentro da palavra secreta, portanto, uma forma oval para a cabeça é desenhada na tela, e o bloco para a letra a desaparece.

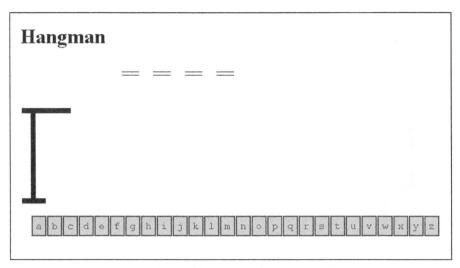

Figura 9-1. *Tela de abertura.*

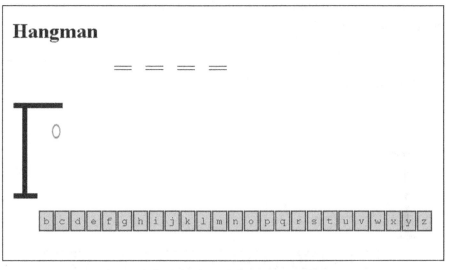

Figura 9-2. *Tela depois de sugerir a letra a.*

Trabalhando com todas as vogais, eu sugiro um e, com resultados mostrados na Figura 9-3.

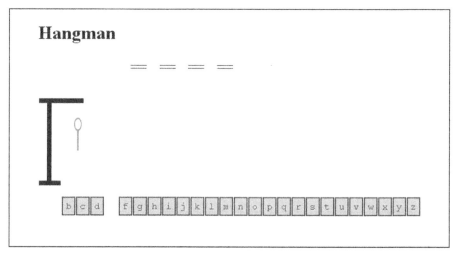

Figura 9-3. *O jogo depois de sugerir um e.*

Em seguida, eu sugiro um i, resultando em meu terceiro movimento errado, como mostrado na Figura 9-4.

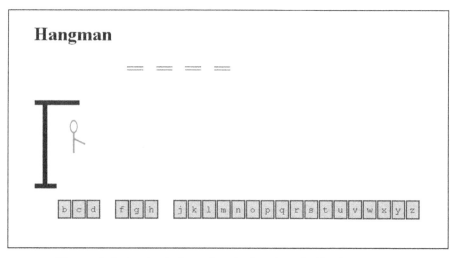

Figura 9-4. *A tela do jogo depois de três seleções incorretas.*

Agora, eu sugiro um o, e esta parece estar correta (eu sabia, porque eu tinha conhecimento da informação), e um o aparece como terceira letra dentro da palavra, como mostrado na Figura 9-5.

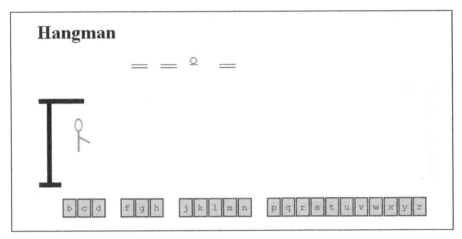

Figura 9-5. *Uma sugestão correta da letra o.*

Tento a próxima vogal, u, e isso é correto também, como indica a Figura 9-6.

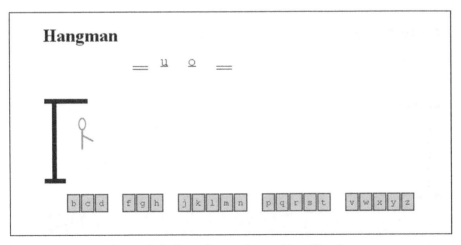

Figura 9-6. *Duas letras foram identificadas.*

Eu agora faço mais algumas adivinhações, primeiro um t, como mostrado na Figura 9-7.

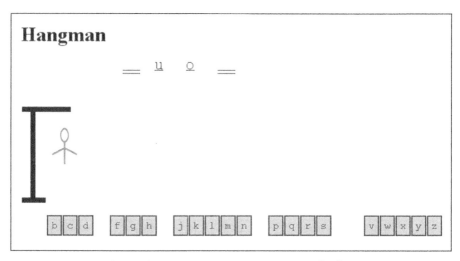

Figura 9-7. *Uma outra sugestão errada de t.*

Depois, dou outras sugestões erradas, desta vez, um s, como mostrado na Figura 9-8.

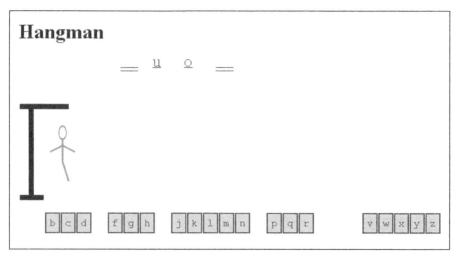

Figura 9-8. *Depois de uma sugestão errada de s.*

A Figura 9-9 mostra ainda uma outra sugestão errada.

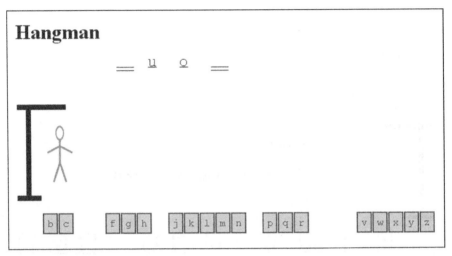

Figura 9-9. *Depois de uma sugestão errada de d.*

Eu decido fazer uma sugestão correta, que é a letra m. A Figura 9-10 mostra três letras identificadas e a maior parte da pessoa está desenhada na tela.

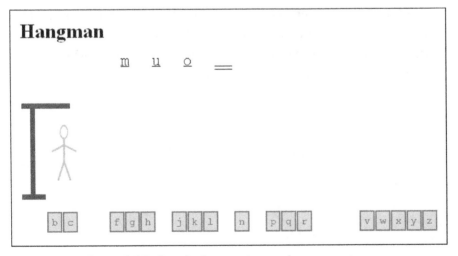

Figura 9-10. *Depois de sugerir uma letra correta m.*

Neste ponto, eu estou tentando perder, então eu sugiro b. Este resultado é o que é pintado na Figura 9-11.

Figura 9-11. *Jogo perdido.*

Note que o desenho mostra um nó; a palavra secreta completa é revelada; e uma mensagem aparece dizendo ao jogador que o jogo está perdido e para recarregar para tentar novamente.

A Figura 9-12 mostra a tela de outro jogo, e o computador respondeu a uma sugestão da letra e mostrando-a em duas posições. Tratar letras que aparecem mais de uma vez não é difícil, mas isso certamente não era óbvio para mim antes de eu começar a programação.

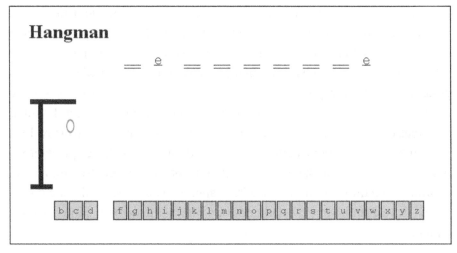

Figura 9-12. *Neste jogo, e aparece em duas posições.*

Faço outras sugestões e finalmente descubro esta palavra correta. Novamente, a lista a partir das quais as opções foram feitas não é muito longa, portanto, eu posso adivinhar as palavras a partir do número de letras. A Figura 9-13 mostra um momento da tela de um jogo com vitória. Note que existem dois e's e três f's na palavra secreta.

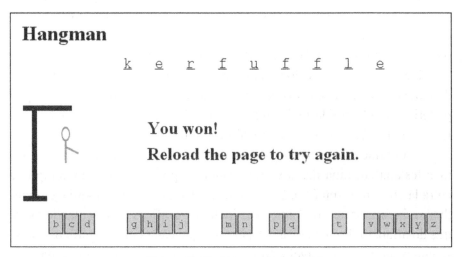

Figura 9-13. *Vencendo o jogo.*

As técnicas de programação e os recursos de linguagem incluem a manipulação de sequências de caracteres; utilizando um array que contém as letras do alfabeto Inglês; criando elementos de marcação para conter o alfabeto e os espaços que representam a palavra secreta, a qual pode ou não pode ser substituída por letras; tratamento de eventos para os blocos do alfabeto que foi criado; configurar um conjunto de funções para desenhar as etapas da forca; e colocar os nomes das funções dentro de um array. Esta implementação também demonstra o uso de arquivos de script externos para guardar a lista de palavras. Este jogo possui etapas dentro de jogo, ao contrário, digamos, do jogo da pedra, papel e tesoura, de modo que o programa deve administrar o estado do jogo internamente bem como exibi-lo na tela.

Requisitos Críticos

Como era verdadeira nos capítulos anteriores, a implementação deste jogo faz uso de muitas construções em HTML5 e JavaScript demonstrados nos capítulos anteriores, mas são juntados aqui de diferentes maneiras. Programar é como escrever. Em programação, você coloca junto várias construções, exatamente como escrever frases compostas de palavras que você conhece, e depois juntá-las em parágrafos, e assim por diante. Ao ler este capítulo, torne a pensar no que você aprendeu sobre desenhar linhas, arcos, e textos sobre canvas; criar nova marcação HTML; definir um evento para o clique do mouse na tela; e usar declarações `if` e `for`.

Para implementar o Jogo da Forca, precisamos ter acesso a uma lista de palavras. Criar e testar o programa não requer uma lista longa, a qual poderia ser substituída mais tarde. Eu decidi tornar uma exigência que a lista de palavras ficasse separado do programa.

A interface do usuário para os movimentos do jogador poderia ser manifestada em uma das diversas maneiras, por exemplo, um campo de entrada em um formulário. Entretanto, eu decidi que uma abordagem melhor seria fazer com que a interface incluísse gráficos representando as letras do alfabeto. Foi necessário fazer com que cada um dos gráficos atuasse como um botão clicável e fornecesse uma maneira com que cada letra desaparecesse depois de ter sido selecionada.

A versão em lápis e papel do jogo envolve uma progressão de desenhos resultando no final em uma figura feita de varetas com um nó ao redor do seu pescoço. O jogo do computador deve mostrar a mesma progressão de desenhos. Os desenhos podem ser linhas simples e ovais.

A palavra secreta deve ser representada na tela, inicialmente com espaços em branco e depois preenchidos com todas as letras identificadas corretamente. Eu preferi escolher linhas duplas como espaços em branco, porque eu queria que as letras identificadas fossem sublinhadas. Uma alternativa poderia ser os sinais de interrogação.

Por último, o programa deve monitorar o progresso do jogo e determinar corretamente quando o jogador perdeu e quando ganhou. O estado do jogo é visível para o jogador, mas o programa deve configurar e checar variáveis internas para criar a determinação de que o jogo foi ganho ou perdido.

Recursos do HTML5, CSS e do JavaScript

Vamos agora dar uma olhada nos recursos específicos do HTML5, CSS e do JavaScript que fornecem aquilo que precisamos para implementar o Jogo da Forca. Com exceção das tags básicas HTML, e dos funcionamentos de funções e variáveis, as explicações aqui estão completas. Contudo, muito deste capítulo repete explicações dadas em capítulos anteriores. Assim como antes, você pode escolher entre olhar todo o código na seção "Construindo o Aplicativo" primeiro e retornar para esta seção se você precisar de explicações dos recursos específicos.

Armazenando uma Lista de Palavras como um Array Definido dentro de um Arquivo de Script Externo

O Jogo da Forca requer o acesso a uma lista de palavras legais, as quais podem ser chamadas de banco de palavras. Eu poderia apostar e dizer que uma abordagem seria usar um array. O curto array que utilizaremos para este exemplo inicial é o seguinte:

```
var words = [
  "muon", "blight","kerfuffle","qat"
  ];
```

Note que as palavras são todas de tamanhos diferentes. Isso significa que podemos usar o código com processamento aleatório que iremos querer para a versão final e ainda saber que palavra foi selecionada quando estávamos testando. Teremos de nos assegurar que o código utiliza words. length de modo que quando você substituir por um array maior, o código ainda funcione.

Agora, a questão é como usar diferentes arrays para este propósito se quisermos trazer uma lista de palavras diferente. Certamente é possível alterar o documento HTML. Todavia, dentro do HTML5 (ou das versões anteriores de HTML), é possível incluir uma referência a um arquivo de script externo no lugar ou em adição a um elemento script dentro do documento HTML. Podemos pegar as três linhas que declaram e definem a variável words e colocá-las dentro de um arquivo chamado words1.js. Podemos incluir este arquivo com o resto do documento usando a seguinte linha de código:

```
<script src="words1.js" defer></script>
```

O método defer fará com que este arquivo seja carregado enquanto o navegador está continuando com o resto do documento base HTML. Não poderíamos carregar estes dois arquivos simultaneamente se o arquivo externo contivesse parte do corpo, mas isso funciona nesta situação.

Um programa mais elaborado poderia incluir arquivos múltiplos com código para o jogador selecionar dentre diferentes níveis ou linguagens.

Gerando e Posicionando Marcação HTML, depois Fazendo com que a Marcação seja Botões, e depois Desabilitando Botões

A criação do alfabeto de botões e dos traços da palavra secreta é feita com uma combinação de JavaScript e CSS.

Iremos escrever o código para criar marcação HTML para duas partes do programa: os ícones do alfabeto e os espaços em branco para a palavra secreta. (Você pode ir para o Jogo de Perguntas do Capítulo 6 para saber mais sobre a criação de marcação HTML.) Em cada caso, a marcação HTML é criada usando os seguintes métodos embutidos:

- `document.createElement(x)`: Cria uma marcação HTML para o novo elemento do tipo x
- `document.body.appendChild (d)`: Adiciona o elemento d como outro elemento filho do elemento `body`
- `document.getElementById(id)`: Extrai o elemento com id e o valor de id

O HTML foi criado para incluir um id único para cada elemento. O código envolve a definição de determinadas propriedades:

- `d.innerHTML` é definida para conter o HTML
- `thingelem.style.top` é definida para conter a posição vertical
- `thingelem.style.left` é definida para conter a posição horizontal

Com este segundo plano, eis aqui os códigos para configurar os botões do alfabeto. Primeiro nós declaramos uma variável global `alphabet`:

```
var alphabet = "abcdefghijklmnopqrstuvwxyz";
```

A função `setupgame` possui este código para criar os botões do alfabeto:

```
var i;
 var x;
 var y;
 var uniqueid;
 var an = alphabet.length;
 for(i=0;i<an;i++) {

  uniqueid = «a»+String(i);
  d = document.createElement('alphabet');
   d.innerHTML = (
    «<div class='letters' id='»+uniqueid+»'>»+alphabet[i]+»</div>»);
  document.body.appendChild(d);
  thingelem = document.getElementById(uniqueid);
  x = alphabetx + alphabetwidth*i;
  y = alphabety;
  thingelem.style.top = String(y)+»px»;
  thingelem.style.left = String(x)+»px»;
  thingelem.addEventListener('click',pickelement,false);
 }
```

A variável i é usada para fazer iteração sobre a string do alfabeto. A id única é a concatenada com o valor do índice, que vai de 0 a 25. O HTML inserido ao elemento criado é um div com texto contendo a letra. A string é cercada por aspas duplas, e os atributos dentro desta string são cercados por aspas simples. Os elementos são espaçados através da tela, começando na posição alphabetx, alphabety (cada variável global é declarada anteriormente dentro do documento), e incrementados horizontalmente por alphabetwidth. Os atributos top e left precisam ser definidos para strings e terminar com "px", significando pixels. A última etapa é configurar tratamento de eventos de modo que estes elementos atuem como botões.

A criação dos elementos para a palavra secreta é similar. Uma diferença é que cada um desses elementos possui dois sublinhados como conteúdo do seu texto. Na tela, estes dois sublinhados se parecem um longo sublinhado. A atribuição para ch (significando choice) é como o nosso programa seleciona a palavra secreta.

```
var ch = Math.floor(Math.random()* words.length);
  secret = words[ch];
  for (i=0;i<secret.length;i++) {
  uniqueid = "s"+String(i);
  d = document.createElement('secret');
    d.innerHTML = (
    "<div class='blanks' id='"+uniqueid+"'> __ </div>");
  document.body.appendChild(d);
  thingelem = document.getElementById(uniqueid);
  x = secretx + secretwidth*i;
  y = secrety;
  thingelem.style.top = String(y)+"px";
  thingelem.style.left = String(x)+"px";
  }
```

Neste ponto, você deve estar perguntando: como os ícones do alfabeto conseguiram ser letras dentro de blocos com bordas? A resposta é que eu usei CSS. A utilidade das CSS vai além de fontes e cores. Os estilos fornecem a aparência e o toque das partes críticas do jogo. Note que os elementos div do alfabeto possuem uma definição da classe de 'letters', e os elementos div das letras da palavra secreta possuem uma definição de 'blanks'. A seção de estilos contém os dois estilos seguintes:

```
<style>
.letters {position:absolute;left: 0px; top: 0px; border: 2px; border-style:
double;↵
 margin: 5px; padding: 5px; color:#F00; background-color:#0FC; font-
family:"Courier↵
New", Courier, monospace;
}
.blanks {position:absolute;left: 0px; top: 0px; border:none; margin: 5px; padding:↵
5px; color:#006; background-color:white; font-family:"Courier New", Courier,↵
monospace; text-decoration:underline; color: black; font-size:24px;
}
</style>
```

A designação de um ponto seguido por um nome significa que este estilo é aplicado a todos os elementos dessa classe. Isso vai de encontro a apenas um nome, tal como form do último capítulo, no qual um estilo era aplicado a todos os elementos do formulário, ou para um # seguido por um nome que referencia um elemento dentro do documento com um id desse nome. Note que o estilo para as letras inclui uma borda, uma cor, e uma cor de fundo. Especificar uma família de fontes é uma maneira de escolher a sua fonte favorita para a tarefa e depois especificar seguranças se a fonte não estiver disponível. Este recurso da CSS fornece uma ampla latitude para projetistas. As minhas opções aqui são "Courier New", com uma segunda opção de Courier, e uma terceira opção de qualquer fonte monospacial disponível (em uma fonte monospacial, todas as letras possuem a mesma largura). Eu decidi usar uma fonte monospacial para facilitar a criação de ícones que são os mesmos em tamanho e espaço perfeitamente distribuídos pela tela. O atributo margin define os espaços fora da borda, e padding se refere aos espaços entre o texto e a borda.

Queremos que os botões que representam as letras do alfabeto desapareçam depois que são clicados. O código dentro da função pickelement pode usar o termo this para referenciar o objeto clicado. Estas duas declarações (que poderiam ser comprimidas em uma) fazem isto acontecer definindo o atributo de exibição:

```
var id = this.id;
document.getElementById(id).style.display = "none";
```

Quando o jogo acabar, tanto com uma vitória como com uma derrota, nós removemos o tratador de eventos de clique para todas as letras fazendo uma iteração sobre todos os elementos:

```
for (j=0;j<alphabet.length;j++) {
  uniqueid = "a"+String(j);
  thingelem = document.getElementById(uniqueid);
  thingelem.removeEventListener('click',pickelement,false);
}
```

O evento `removeEventListener` faz o que ele promete: ele remove o tratador de eventos.

Criando Desenhos Progressivos sobre Canvas

Nos capítulos até agora, você tem lido sobre como desenhar retângulos, textos, imagens, e também caminhos. Os caminhos consistem de linhas e arcos. Para o Jogo da Forca, os desenhos são todos caminhos. Para este aplicativo, o código definiu a variável ctx para apontar para o contexto 2D do canvas. Desenhar um caminho envolve estabelecer uma largura da linha definindo ctx.linewidth para um valor numérico e definindo ctx.strokeStyle para uma cor. Utilizaremos diferentes larguras de linhas e cores para as várias partes do desenho.

A próxima linha dentro do código é ctx.beginPath();, e ela é seguida por uma sequência de operações para desenhar linhas ou arcos ou mover uma caneta virtual. O método ctx.moveTo move a caneta sem desenhar e ctx.lineTo especifica o desenho de uma linha da posição da caneta corrente para o ponto indicado. Por favor, tenha em mente que nada é desenhado até a chamada do método stroke. Os comando moveTo, lineTo e arc configuram o caminho que é desenhado sempre que os métodos stroke ou fill são invocados. Dentro de nossas funções de desenho, a próxima etapa é chamar ctx.stroke();, e a última etapa é chamar ctx.closePath(); para terminar o caminho. Por exemplo, o patíbulo é desenhado pela seguinte função:

```
function drawgallows() {
  ctx.lineWidth = 8;
  ctx.strokeStyle = gallowscolor;
```

```
ctx.beginPath();
ctx.moveTo(2,180);
ctx.lineTo(40,180);
ctx.moveTo(20,180);
ctx.lineTo(20,40);
ctx.moveTo(2,40);
ctx.lineTo(80,40);
ctx.stroke();
ctx.closePath();
}
```

A cabeça e o nó requerem formas ovais. As formas ovais serão baseadas em círculos, portanto, primeiro eu irei revisar como desenhar um círculo. Você também pode voltar ao Capítulo 2. Desenhar um arco circular é feito com o comando `ctx.arc` usando os seguintes parâmetros: coordenadas para o centro do círculo, um comprimento para o raio, o ângulo inicial em radianos, o ângulo final, e falso para sentido anti-horário ou verdadeiro para sentido horário. Radianos são medições intrínsecas no qual um círculo completo é `Math.PI*2`. A conversão de graus para radianos é dividir por `Math.PI` e multiplicar por 180, mas isso não é necessário para este exemplo porque nós estamos desenhando arcos completos.

Entretanto, queremos desenhar uma forma oval no lugar de um círculo para a cabeça (e mais tarde para uma parte do nó). A solução é usar `ctx.scale` para modificar o sistema de coordenadas. No Capítulo 4, nós alteramos o sistema de coordenadas para girar o retângulo, representando um canhão. Aqui, nós manipulamos o sistema de coordenadas para comprimir uma dimensão para criar uma forma oval a partir de um círculo. O que o nosso código faz é primeiro usar `ctx.save()` para salvar o sistema de coordenadas corrente. Depois para a cabeça, ele usa `ctx.scale(.6,1);` para encurtar o eixo de x para 60% do seu valor corrente e mantendo o eixo de y inalterado. Use o código para desenhar um arco e depois use `ctx.restore();` para restaurar o sistema de coordenadas original. A função para desenhar a cabeça é a seguinte:

```
function drawhead() {
  ctx.lineWidth = 3;
  ctx.strokeStyle = facecolor;
  ctx.save(); //before scaling of circle to be oval
```

```
ctx.scale(.6,1);
ctx.beginPath();
ctx.arc (bodycenterx/.6,80,10,0,Math.PI*2,false);
ctx.stroke();
ctx.closePath();
ctx.restore();
}
```

A função drawnoose faz uso da mesma técnica, exceto que, para o nó, a forma oval é larga em vez de estreita; isto é, o sentido vertical é comprimido e não o horizontal.

Cada etapa dentro da progressão de desenhos é representada por uma função, tal como drawhead e drawbody. Listamos todas elas dentro de um array chamado steps:

```
var steps = [
  drawgallows,
  drawhead,
  drawbody,
  drawrightarm,
  drawleftarm,
  drawrightleg,
  drawleftleg,
  drawnoose
];
```

Uma variável, cur, faz o rastreamento da etapa corrente, e quando o código confirma a condição de que cur é igual ao comprimento das etapas, o jogo acabou.

Depois de experimentar com estes, eu decidi que precisava desenhar a cabeça e um pescoço no topo do nó. Isto é feito inserindo dentro de chamadas para drawhead e drawneck dentro da função drawnoose. A ordem é importante.

Use as funções de draw como modelos para você criar seus próprios desenhos. Modifique cada uma dessas funções individuais. Você também pode adicionar ou remover funções. Isto significa que você estaria alterando o número de etapas dentro da progressão, isto é, o número de sugestões erradas que o jogador pode fazer antes de perder o jogo.

Sugestão: *Você não fez até agora (ou mesmo que você tenha feito) experimentos com desenhos. Crie um arquivo separado apenas para desenhar as etapas do Jogo da Forca. Experimente com linhas e arcos. Você também poderia incluir imagens.*

Mantendo o estado do jogo e determinando vitória ou perda

A exigência para codificar e manter o estado de um aplicativo é muito comum em uma programação. No Capítulo 2, o nosso programa fez o rastreamento para saber se o próximo movimento foi um primeiro lançamento ou um lançamento sequencial dos dados. O estado do Jogo da Forca inclui a identidade da palavra oculta, quais letras dentro da palavra foram sugeridas corretamente, e quais letras do alfabeto foram tentadas, e o estado da progressão do enforcamento.

A função pickelement, invocada quando o jogador clica em um bloco do alfabeto, é onde a ação crítica acontece, e ela realiza as seguintes tarefas:

- Verificar se as sugestões do jogador, mantidas dentro da variável picked, combinam com alguma das letras dentro da palavra secreta guardada dentro da variável secret. Para cada combinação, a letra correspondente dentro dos elementos em branco é revelada definindo textContent para essa letra.
- Fazer o rastreamento de quantas letras foram sugeridas, usando a variável lettersguessed.
- Verificar se o jogo foi vencido comparando lettersguessed com secret.length. Se o jogo tiver vencido, remova o tratador de eventos para os botões do alfabeto e mostre as mensagens apropriadas.
- Se a letra selecionada não combinar com qualquer uma das letras dentro da palavra secreta (se a variável ainda não for verdadeira), avance o enforcamento usando a variável cur para um índice dentro da variável do array steps.
- Verificar se o jogo foi perdido comparando cur para steps.length. Se os dois valores forem iguais, revele todas as letras, remova o tratador de eventos, e mostre as mensagens apropriadas.

- Quer tenha havido ou não uma combinação, faça com que o botão do alfabeto clicado desapareça definindo o atributo `display` para `none`.

Estas tarefas são realizadas usando as declarações if e for. A verificação se o jogo foi vencido é feita depois de determinar se uma letra foi sugerida corretamente. De modo similar, a verificação se o jogo foi perdido é feita somente quando é determinado que uma letra não foi corretamente identificada e o enforcamento teve prosseguimento. O estado do jogo é representado dentro do código pelas variáveis `secret`, `lettersguessed` e `cur`. O jogador vê os sublinhados e as letras preenchidas da palavra secreta e os blocos restantes do alfabeto.

O código para todo o documento HTML com comentários linha a linha está na seção "Construindo o Aplicativo". A próxima seção descreve a primeira tarefa crítica ao tratar uma sugestão do jogador. Uma tática geral para se ter em mente é que diversas tarefas são realizadas fazendo alguma coisa para cada membro de um array mesmo que isso não seja necessário para determinados elementos do array. Por exemplo, quando a tarefa é revelar todas as letras dentro da palavra secreta, todas têm o `textContent` modificado mesmo que algumas delas já tenham sido reveladas. De modo similar, a variável não pode ser definida para falso múltiplas vezes.

Verificando uma Sugestão e Revelando Letras dentro da Palavra Secreta Definindo `textContent`

O jogador faz um movimento clicando uma letra. A função `pickelement` é configurada como tratador de eventos para cada ícone de letra. Portanto, dentro da função, nós podemos usar o termo `this` para referenciar o objeto que recebeu (escutou e ouviu) o evento do clique. Consequentemente, a expressão `this.textContent` irá conter a letra selecionada. Portanto, a declaração

```
var picked = this.textContent;
```

atribui à variável local `picked` a letra específica do alfabeto que o jogador está sugerindo. O código então faz iteração sobre todas as letras da palavra secreta guardada dentro da variável secret e compara cada letra com a sugerida pelo jogador. A marcação de inicialização criada, sendo os duplos sublinhados corresponde às letras da palavra secreta, portanto, quando houver uma sugestão correta, o elemento correspondente será alterado; isto é, o seu textContent será definido para a letra sugerida pelo jogador, a qual está contida dentro de picked:

```
for (i=0;i<secret.length;i++) {
  if (picked==secret[i]) {
    id = "s"+String(i);
    document.getElementById(id).textContent = picked;
      not = false;
      lettersguessed++;
      ...
```

A iteração não para quando uma sugestão está correta; ela continua andando. Isto significa que todas as instâncias de qualquer letra serão descobertas e reveladas. A variável not é definida para falsa cada vez que houver uma combinação. Se houvesse duas ou mais instâncias da mesma letra, esta variável é definida mais de uma vez, o que não é um problema. Eu incluí a palavra kerfuffle para assegurar que letras repetidas fossem tratadas corretamente (além do fato de que eu gosto da palavra). Você pode examinar todo o código na próxima seção.

Criando o Aplicativo e Fazendo suas Modificações

O aplicativo do Jogo da Forca faz uso dos estilos da CSS, marcação HTML criada pelo JavaScript, e códigos em JavaScript. Existem duas funções de inicialização e de configuração (init e setupgame) e a função que faz a maior parte do trabalho (pickelement), mais oito funções que desenham as etapas dentro da forca. As funções são descritas na Tabela 9-1.

Tabela 9-1. Funções Invocadas ou Chamadas por Chamadas

Função	Invocada por / Chamada por	Chamadas
init	Invocada pela ação de onLoad dentro da tag <body>	setupgame
Function	Invoked / Called By	Calls
setupgame	Init	A primeira das funções de desenhos, isto é, drawgallows
pickelement	Invocada pela ação das chamadas de addEventListener dentro de setupgame	Uma das funções de desenho através da chamada de steps[cur]()
drawgallows	Chamada de steps[cur]() dentro de pickelement	
drawhead	Chamada de steps[cur]() dentro de pickelement, drawnoose	
drawbody	Chamada de steps[cur]() dentro de pickelement	
drawrightarm	Chamada de steps[cur]() dentro de pickelement	
drawleftarm	Chamada de steps[cur]() dentro de pickelement	
drawrightleg	Chamada de steps[cur]() dentro de pickelement	
drawleftleg	Chamada de steps[cur]() dentro de pickelement	
drawnoose	Chamada de steps[cur]() dentro de pickelement	drawhead, drawnoose
drawneck	Drawnoose	

Observe o modelo indireto da maioria das chamadas de função. Este modelo fornece flexibilidade considerável se você decidir alterar a progressão do enforcamento. Observe também que você pode remover mesmo a primeira chamada dentro da função setupgame se você quiser que o jogador comece com uma página em branco e não com a representação do patíbulo com vigas de madeira.

A Implementação completa do Jogo da Forca mostrado na Tabela 9-2.

Tabela 9-2. A Implementação completa do Jogo da Forca

Código	Explicação
<html>	Abrindo tag
<head>	Abrindo tag
<title>Hangman</title>	Elemento title completo
<style>	Abre o elemento style

Jogo da Forca 339

Código	Explicação
.letters {position:absolute;left: 0px;↵ top: 0px; border: 2px; border-style: double;↵ margin: 5px; padding: 5px; color:#F00;↵ background-color:#0FC; font-family:↵ "Courier New", Courier, monospace;	Especifica estilos para qualquer elemento com letras da classe projetadas, incluindo a borda, cores, e fonte
}	Fechando diretivas de estilos
.blanks {position:absolute;left: 0px;↵ top: 0px; border:none; margin: 5px;↵ padding: 5px; color:#006; background-color:↵ white; font-family:"Courier New", Courier,↵ monospace; text-decoration:underline; color: black;	Especifica estilos para qualquer elemento com espaços em branco da classe projetada, incluindo a borda, espaçamentos, cor, e fonte, e coloca sublinhado
}	Fechando diretivas de estilos
</style>	Fecha o elemento style
<script src="words1.js" defer></script>	Chamada do elemento para inclusão de arquivo externo, com diretiva para carregar o arquivo ao mesmo tempo que o resto deste documento
<script >	Abrindo tag para o elemento script
var ctx;	Variável usada para todos os desenhos
var thingelem;	Variável usada para os elementos criados
var alphabet = "abcdefghijklmnopqrstuvwxyz";	Define a letra do alfabeto, usada para botões do alfabeto
var alphabety = 300;	Posição vertical para todos os botões do alfabeto
var alphabetx = 20;	Iniciando posição horizontal do alfabeto
var alphabetwidth = 25;	Largura alocada para os elementos do alfabeto
var secret;	Que irá conter a palavra secreta
var lettersguessed = 0;	Contém o número de letras sugeridas
var secretx = 160;	Posição inicial horizontal para a palavra secreta
var secrety = 50;	Posição vertical para a palavra secreta
var secretwidth = 50;	Largura alocada para cada letra para exibição da palavra secreta
var gallowscolor = "brown";	Cor do patíbulo
var facecolor = "tan";	Cor da face
var bodycolor = "tan";	Cor do corpo
var noosecolor = "#F60";	Cor do nó
var bodycenterx = 70;	Posição horizontal para o corpo
var steps = [	Contém as funções que constituem a sequência de desenhos para a progressão em direção ao enforcamento

340 O Guia Essencial do HTML5

Código	Explicação
drawgallows,	Desenha o patíbulo
drawhead,	Desenha a cabeça
drawbody,	Desenha o corpo
drawrightarm,	Desenha o braço direito
drawleftarm,	Desenha o braço esquerdo
drawrightleg,	Desenha a perna direita
drawleftleg,	Desenha a perna esquerda
drawnoose	Desenha o nó
];	Finaliza as etapas do array
var cur = 0;	Aponta para o próximo desenho dentro de steps
function drawgallows() {	Cabeçalho para a função que desenha o patíbulo
ctx.lineWidth = 8;	Define a largura da linha
ctx.strokeStyle = gallowscolor;	Define a cor
ctx.beginPath();	Inicia o caminho do desenho
ctx.moveTo(2,180);	Move para a primeira posição
ctx.lineTo(40,180);	Desenha uma linha
ctx.moveTo(20,180);	Move para a próxima posição
ctx.lineTo(20,40);	Desenha uma linha
ctx.moveTo(2,40);	Move para a próxima posição
ctx.lineTo(80,40);	Desenha a linha
ctx.stroke();	Normalmente desenha todo o caminho
ctx.closePath();	Fecha o caminho
}	Fecha a função
function drawhead() {	Cabeçalho para a função que desenha a cabeça da vítima
ctx.lineWidth = 3;	Define a largura da linha
ctx.strokeStyle = facecolor;	Define a cor
ctx.save();	Salva a etapa corrente do sistema de coordenadas
ctx.scale(.6,1);	Aplica escalas, isto é, comprime o eixo de x
ctx.beginPath();	Inicia um caminho
ctx.arc (bodycenterx/.6,80,10,0,↩ Math.PI*2,false);	Desenha um arco. Note que a coordenada x é modificada para funcionar com o sistema de coordenadas com escalas. O arco completo será uma forma oval.
ctx.stroke();	Normalmente faz o desenho
ctx.closePath();	Fecha o caminho

Jogo da Forca 341

Código	Explicação
ctx.restore();	Restaura as coordenadas antes das escalas
}	Fecha função
function drawbody() {	Cabeçalho para a função que desenha o corpo, uma linha simples
ctx.strokeStyle = bodycolor;	Define a cor
ctx.beginPath();	Inicia o caminho
ctx.moveTo(bodycenterx,90);	Move para a posição (bem abaixo da cabeça)
ctx.lineTo(bodycenterx,125);	Desenha a linha
ctx.stroke();	Normalmente desenha o caminho
ctx.closePath();	Fecha o caminho
}	Fecha a função
function drawrightarm() {	Cabeçalho para a função que desenha o braço direito
ctx.beginPath();	Inicia o caminho
ctx.moveTo(bodycenterx,100);	Move para a posição
ctx.lineTo(bodycenterx+20,110);	Desenha a linha
ctx.stroke();	Normalmente desenha o caminho
ctx.closePath();	Fecha o caminho
}	Fecha a função
function drawleftarm() {	Cabeçalho para a função que desenha o braço esquerdo
ctx.beginPath();	Inicia o caminho
ctx.moveTo(bodycenterx,100);	Move para a posição
ctx.lineTo(bodycenterx-20,110);	Desenha a linha
ctx.stroke();	Normalmente desenha o caminho
ctx.closePath();	Fecha o caminho
}	Fecha a função
function drawrightleg() {	Cabeçalho para a função que desenha o perna direita
ctx.beginPath();	Inicia o caminho
ctx.moveTo(bodycenterx,125);	Move para a posição
ctx.lineTo(bodycenterx+10,155);	Desenha a linha
ctx.stroke();	Normalmente desenha o caminho
ctx.closePath();	Fecha o caminho
}	Fecha a função
function drawleftleg() {	Cabeçalho para a função que desenha o perna esquerda
ctx.beginPath();	Inicia o caminho

Código	Explicação
ctx.moveTo(bodycenterx,125);	Move para a posição
ctx.lineTo(bodycenterx-10,155);	Desenha a linha
ctx.stroke();	Normalmente desenha o caminho
ctx.closePath();	Fecha o caminho
}	Fecha a função
function drawnoose() {	Cabeçalho para a função que desenha o nó
ctx.strokeStyle = noosecolor;	Define a cor
ctx.beginPath();	Inicia o caminho
ctx.moveTo(bodycenterx-10,40);	Move para a posição
ctx.lineTo(bodycenterx-5,95);	Desenha a linha
ctx.stroke();	Normalmente desenha o caminho
ctx.closePath();	Fecha o caminho
ctx.save();	Salva o sistema de coordenadas
ctx.scale(1,.3);	Realiza as escalas, as quais comprimem a imagem verticalmente (sobre o eixo de y)
ctx.beginPath();	Inicia o caminho
ctx.arc(bodycenterx,95/.3,8,0,Math.↪PI*2,false);	Desenha um círculo (o qual será uma forma oval)
ctx.stroke();	Normalmente desenha o caminho
ctx.closePath();	Fecha o caminho
ctx.restore();	Restaura o sistema de coordenadas salvo
drawneck();	Desenha o pescoço no topo do nó
drawhead();	Desenha a cabeça no topo do nó
}	Fecha a função
function drawneck() {	Cabeçalho para a função que desenha o pescoço
ctx.strokeStyle=bodycolor;	Define a cor
ctx.beginPath();	Inicia o caminho
ctx.moveTo(bodycenterx,90);	Move para a posição
ctx.lineTo(bodycenterx,95);	Desenha a linha
ctx.stroke();	Normalmente desenha o caminho
ctx.closePath();	Fecha o caminho
}	Fecha a função
function init(){	Cabeçalho para a função chamada durante o carregamento do documento
ctx = document.getElementById↪('canvas').getContext('2d');	Configura a variável para todos os desenhos sobre o canvas

Jogo da Forca

Código	Explicação
setupgame();	Invoca a função que configura o jogo
ctx.font="bold 20pt Ariel";	Define a fonte
}	Fecha a função
function setupgame() {	Cabeçalho para a função que configura os botões do alfabeto e a palavra secreta
var i;	Cria a variável para iterações
var x;	Cria a variável para a posição
var y;	Cria a variável para a posição
var uniqueid;	Cria a variável para cada um dos conjuntos de elementos HTML criados
var an = alphabet.length;	Que serão 26
for(i=0;i<an;i++) {	Faz iteração para criar botões do alfabeto
uniqueid = "a"+String(i);	Cria um identificador único
d = document.createElement('alphabet');	Cria um elemento do tipo alphabet
d.innerHTML = (	Define os conteúdos como especificados na próxima linha
"<div class='letters' ↪ id='"+uniqueid+"'>"+alphabet[i]+"</div>");	Especifica um div da classe letters com identificador único e conteúdo de texto, o qual é a i ésima letra do alfabeto
document.body.appendChild(d);	Adiciona a body
thingelem = document.getElementById↪ (uniqueid);	Obtém o elemento com o id
x = alphabetx + alphabetwidth*i;	Calcula a sua posição horizontal
y = alphabety;	Define a posição vertical
thingelem.style.top = String(y)+"px";	Usando o estilo top, define a posição vertical
thingelem.style.left = String(x)+"px";	Usando o estilo left, define a posição horizontal
thingelem.addEventListener('click',↪ pickelement,false);	Configura tratamento de eventos para eventos de clique do mouse
}	Fecha a iteração for
var ch = Math.floor(Math.random()*↪ words.length);	Escolhe, randomicamente, um índice para uma das palavras
secret = words[ch];	Define a variável global como sendo esta palavra
for (i=0;i<secret.length;i++) {	Faz iteração para o comprimento da palavra secreta
uniqueid = "s"+String(i);	Cria um identificador único para a palavra
d = document.createElement('secret');	Cria um elemento para a palavra
d.innerHTML = "<div class='blanks' id='"↪ +uniqueid+"'> _ </div>");	Define o conteúdo com sendo div da classe blanks, com o id da palavra que uniqueid acabou de criar. O conteúdo do texto estará sublinhado.

344 O Guia Essencial do HTML5

Código	Explicação
document.body.appendChild(d);	Anexa o elemento criado como filho de body
thingelem = document.getElementById↵(uniqueid);	Obtém o elemento criado
x = secretx + secretwidth*i;	Calcula a posição horizontal do elemento
y = secrety;	Define a sua posição vertical
thingelem.style.top = String(y)+"px";	Usando o estilo top, define a posição vertical
thingelem.style.left = String(x)+"px";	Usando o estilo left, define a posição horizontal
}	Fecha a iteração for
steps[cur]();	Desenha a primeira função dentro da lista de steps, o patíbulo
cur++;	Incrementa cur
return false;	Retorna falso para impedir qualquer atualização da página HTML
}	Fecha a função
function pickelement(ev) {	Cabeçalho para a função invocada como resultado de um clique
var not = true;	Define not para true, que pode ou não ser alterado
var picked = this.textContent;	Extrai conteúdo do texto, isto é, a letra, que o objeto this referencia
var i;	Faz iteração
var j;	Faz iteração
var uniqueid;	Usada para criar identificadores únicos para elementos
var thingelem;	Contém o elemento
var out;	Exibe uma mensagem
for (i=0;i<secret.length;i++) {	Faz iteração sobre as letras dentro da palavra secreta
if (picked==secret[i]) {	Diz, "Se a letra sugerida pelo jogador for igual a esta letra dentro da palavra..."
id = "s"+String(i);	Constrói o identificador para esta letra
document.getElementById(id).↵textContent = picked;	Modifica o conteúdo do texto como sendo a letra
not = false;	Define not para falso
lettersguessed++;	Incrementa o número de letras identificadas corretamente
if (lettersguessed==secret.length) {	Diz, "Se toda a palavra secreta foi adivinhada..."
ctx.fillStyle=gallowscolor;	Define a cor, a qual usa marrom para o patíbulo, mas poderia ser qualquer outra
out = "You won!";	Define a mensagem

Jogo da Forca **345**

Código	Explicação
`ctx.fillText(out,200,80);`	Exibe a mensagem
`ctx.fillText("Re-load the page to`↪ `try again.",200,120);`	Exibe uma outra mensagem
`for (j=0;j<alphabet.length;j++) {`	Faz iteração sobre todo o alfabeto
`uniqueid = "a"+String(j);`	Constrói o identificador
`thingelem = document.getElementById`↪ `(uniqueid);`	Obtém o elemento
`thingelem.removeEventListener('click',`↪ `pickelement,false);`	Remove o tratador de eventos
`}`	Fecha a iteração para j
`}`	Fechar se (lettersguessed....), isto é, o teste de que tudo está terminado
`}`	Fecha a cláusula se (picked==secret[i]) for verdadeiro
`}`	Fecha a iteração for sobre as letras dentro da iteração da palavra secreta
`if (not) {`	Verifica se nenhuma letra foi identificada
`steps[cur]();`	Realiza a próxima etapa da iteração do enforcamento
`cur++;`	Incrementa o contador
`if (cur>=steps.length) {`	Verifica se todas as steps foram terminadas
`for (i=0;i<secret.length;i++) {`	Inicia uma nova iteração sobre as letras dentro da palavra secreta para revelar todas as letras
`id = "s"+String(i);`	Constrói o identificador
`document.getElementById(id).textContent`↪ `= secret[i];`	Obtém uma referência para o elemento e o define para essa letra dentro da palavra secreta
`}`	Fecha a iteração
`ctx.fillStyle=gallowscolor;`	Define a cor
`out = "You lost!";`	Define a mensagem
`ctx.fillText(out,200,80);`	Exibe a mensagem
`ctx.fillText("Re-load the`↪ `page to try again.",200,120);`	Exibe mensagem de recarregamento
`for (j=0;j<alphabet.length;j++) {`	Faz iteração sobre todas as letras do alfabeto
`uniqueid = "a"+String(j);`	Constrói o identificador único
`thingelem = document.getElementById`↪ `(uniqueid);`	Obtém o elemento
`thingelem.removeEventListener('click',`↪ `pickelement,false);`	Remove o tratador de eventos para este elemento
`}`	Fecha a iteração j

Código	Explicação
}	Fecha o teste de cur para determinar se o enforcamento está completo
}	Fecha o teste if (not) (sugestão errada feita pelo jogador)
var id = this.id;	Extrai o identificador para este elemento
document.getElementById(id).style.display↵ = "none";	Faz este botão particular do alfabeto desaparecer
}	Fecha a função
</script>	Fecha o script
</head>	Fecha a tag head
<body onLoad="init();">	Abrindo tag que configura uma chamada para init
<h1>Hangman</h1>	Coloca o nome do jogo em letras grandes
<p>	Abrindo a tag para parágrafo
<canvas id="canvas" width="600" height="400">	Abrindo tag para o elemento canvas. Incluindo dimensões.
Your browser doesn't support the HTML5↵ element canvas.	Mensagem para as pessoas que utilizam navegadores que não reconhecem canvas
</canvas>	Fechando tag para canvas
</body>	Fecha o body
</html>	Fecha o documento

Uma variação do Jogo da Forca utiliza ditos populares no lugar de palavras. Construir sobre este jogo para criar esse outro é um desafio para você. As etapas críticas são o tratamento dos espaços em branco entre as palavras e a pontuação. Você provavelmente quer revelar cada instância dos espaços em branco entre palavras e períodos, vírgulas, e pontos de interrogação imediatamente, tornando estas coisas sugestões para o jogador. Isto significa que você precisa assegurar que lettersguessed tenha início com a pontuação correta. Não fique preocupado que as letras selecionadas sejam comparadas com espaços em branco ou pontuação.

Uma outra variação seria mudar o alfabeto. Eu cuidadosamente substituí todas as instâncias de 26 por alphabet.length. Você também precisaria modificar a linguagem para as mensagens de vitória ou derrota.

Uma melhoria aceitável do jogo é criar um botão New Word. Para fazer isso, você precisa dividir os trabalhos do botão setupgame para duas funções: Uma função cria os ícones do novo alfabeto e as posições para a palavra secreta mais longa possível. A outra assegura que todos os ícones do alfabeto sejam visíveis e façam a configuração para o tratamento de eventos e depois selecione e configure os espaços em branco para a palavra secreta, assegurando que o número apropriado seja visível. Se você fizer isto, poderá querer incluir a exibição dos pontos e um número de jogos.

Continuando com a ideia educacional e supondo que use palavras incomuns, você pode querer incluir definições. A definição pode ser revelada no final, escrevendo o texto sobre o canvas. Ou você pode criar um botão para clicar para revelar a definição como uma sugestão para o jogador. Alternativamente, você poderia criar um link para um site tal como Dictionary.com.

Testando e Fazendo o Upload para o Aplicativo

Para testar este aplicativo, você poder fazer o download da minha lista de palavras ou criar a sua própria. Se você criar a sua própria, comece com uma lista curta de palavras preparadas como textos planos, dando a ela o nome words1.js. Quando testar, não sugira sempre dentro do mesmo modelo, tal como escolher as vogais em ordem. Seja mal comportado e tente manter a sugestão depois que o jogo acabou. Quando você estiver satisfeito com o código, crie uma lista mais longa de palavras, e salve-a com o nome words1.js. Tanto o HTML como o arquivo words1.js precisam que o upload seja feito em seu servidor.

Resumo

Neste capítulo, você aprendeu como implementar um jogo familiar usando recursos do HTML5, JavaScript, e da CSS junto com técnicas gerais de programação, a qual incluía o seguinte:
- Usar o método scale para modificar o sistema de coordenadas para desenhar uma forma oval, em oposição a um círculo, salvando e restaurando antes e depois
- Criar marcação HTML dinamicamente

- Configurar e remover tratamentos de eventos usando addEventListener e removeEventListener para elementos individuais
- Usar estilos para remover elementos de exibição
- Usar arrays de nomes de função para configurar uma progressão de desenhos
- Manipular variáveis para manter o estado do jogo, com cálculos para determinar se há uma vitória ou uma derrota
- Criar um arquivo de script externo para guardar a lista de palavras para aumentar a flexibilidade
- Usar CSS, incluindo font-family para a seleção de fontes, cor, e exibição

O próximo e último capítulo deste livro irá descrever a implementação do Jogo de Cartas, blackjack, também chamado de 21. Ele será construído sobre o que você já aprendeu e descreverá algumas técnicas novas em programaçao, elementos que foram adicionados ao HTML5, e mais CSS.

Capítulo 10

Jogo do 21

Neste capítulo estaremos abordando:

- As tags footer e header, que são novas para o HTML5
- Capturando pressões de teclas
- Objetos definidos pelo programador
- Gerando elementos Image usando um grupo de arquivos de imagens externas
- Embaralhando um maço de cartas

Introdução

O objetivo deste capítulo é combinar técnicas de programação e recursos do HTML5 e JavaScript para implementar o Jogo de Cartas blackjack, também conhecido como 21. A implementação utilizará as novas tags introduzidas no HTML5, isto é, footer e header. Faremos uso da footer para dar crédito para a origem das imagens das cartas e do site web que nós estamos usando para algoritmo de embaralhamento. As cartas são criadas usando objetos definidos pelo programador e objetos Image, com código para gerar os nomes dos arquivos de imagens. O jogador faz movimentos usando pressões de teclas.

As regras do vinte e um são as seguintes: O jogador joga contra aquele que dá as cartas (também conhecido como casa). O jogador e o que distribui as cartas cada um recebe duas cartas. A primeira carta daquele que distribui é escondida do jogador, mas a outra é visível. O valor de uma carta é o valor de sua face para as cartas numeradas, 10 para o valete, rainha, ou rei, e tanto 1 como 11 para o ás. O valor de uma mão é a soma das cartas. O objetivo do jogo é ter uma mão com um valor tão próximo de 21 quanto possível sem passar e possuir um valor maior que o da outra pessoa. Assim um ás e uma carta com rosto (dama, rei ou valete) fazem 21, uma mão de vitória. As ações são requerer outra carta, ou manter.

Uma vez que este é um jogo para duas pessoas, o nosso jogador irá jogar contra o computador — foi o caso do Jogo da Pedra-Papel-Tesoura —, então, nós temos a tarefa de gerar os movimentos do computador. Entretanto, somos guiados pela prática dos cassinos – aquele que distribui as cartas (a casa) irá usar uma estratégia fixa. A nossa casa irá requisitar outra carta, e se o valor da mão for abaixo de 17 (a estratégia do jogo em cassinos pode ser ligeiramente mais complicada e pode ser dependente da presença de ases. De modo similar, o nosso jogo declara um empate se o jogador e cada um dos jogadores possuírem o mesmo total, e se o total for abaixo de 21; alguns cassinos podem ter uma prática diferente.

Uma tela de abertura é mostrada na Figura 10-1.

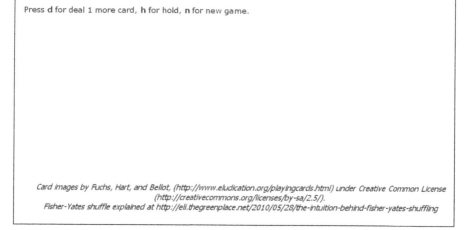

Figura 10-1. *Tela de abertura do jogo 21*

Depois que o usuário pressionar a tecla n, a próxima tela se pareceria com a Figura 10-2. Lembre-se de que existem processos aleatórios envolvidos, portanto, não é garantido que este mesmo conjunto de cartas apareça todas as vezes.

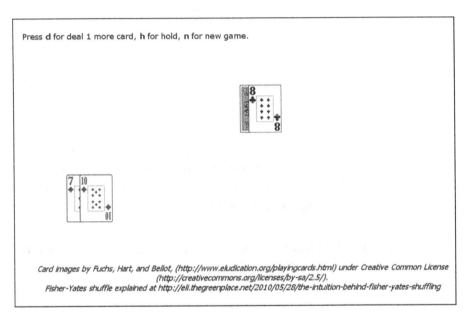

Figura 10-2. *Cartas distribuídas.*

A Figura 10-2 mostra o que o jogador enxerga: todas as cartas de sua própria mão e todas, menos a do durão do que distribuiu as cartas. O distribuidor virtual não tem conhecimento da mão do jogador. Nesta situação, a mão do jogador possui um valor de 7 mais 10 para um total de 17. O que dá as cartas está mostrando um 8. O jogador provavelmente deve manter, mas vamos ser ousados e pressionar d para mais uma carta. A Figura 10-3 mostra o resultado.

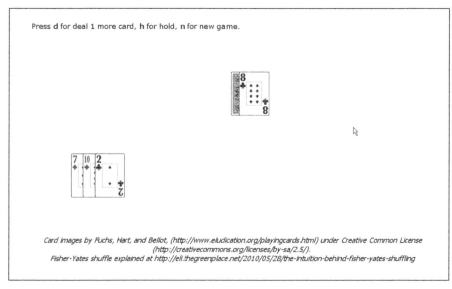

Figura 10-3. *Jogador com 19.*

Agora, o jogador clica h para ver o que tem aquele que deu as cartas. O resultado é mostrado na Figura 10-4.

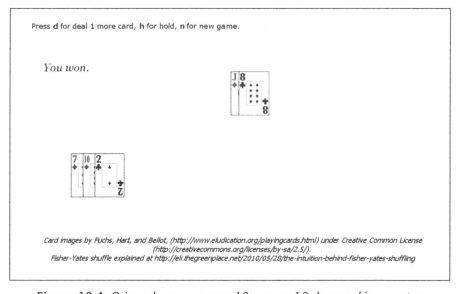

Figura 10-4. *O jogador vence com 19 versus 18 do que dá as cartas*

O jogador vence, uma vez que 19 está mais próximo de 21 do que o 18.

O jogador pode começar um novo jogo pressionando a tecla n ou recarregando o documento. Recarregar o documento significa começar com um Jogo de Cartas completo e recentemente embaralhado. Pressionar a tecla n continua com o baralho corrente. Qualquer um que quiser fazer contagem de cartas, como um modo de rastrear o que ainda está no baralho e variar o seu jogo adequadamente, deve optar pela tecla n.

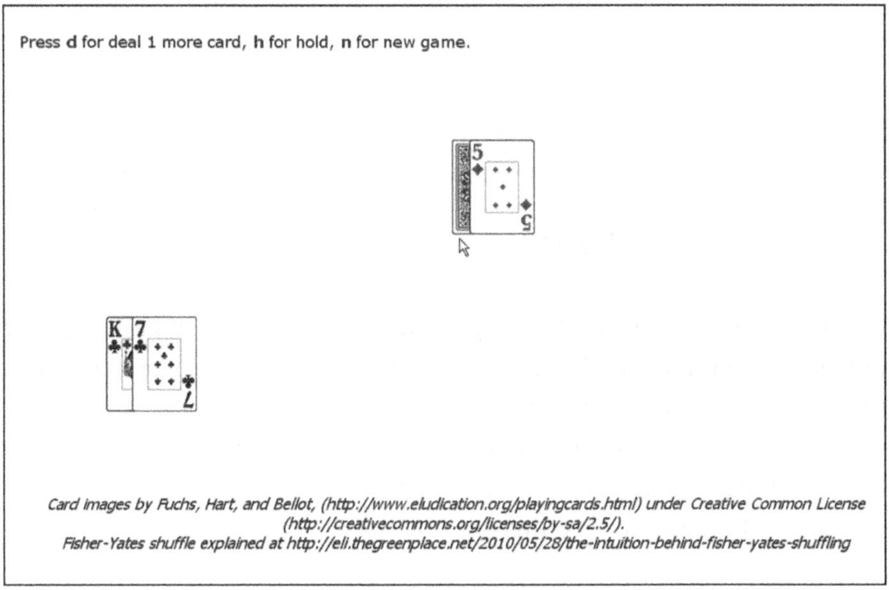

Figura 10-5. *Um novo jogo*

Desta vez, o jogador pressiona h para manter, e a Figura 10-6 mostra o resultado.

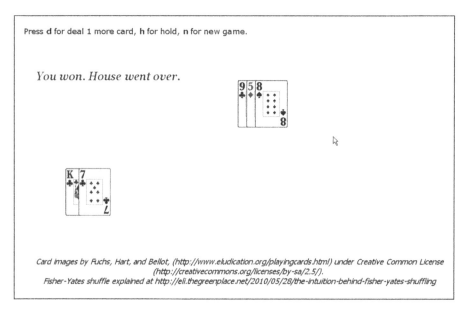

Figura 10-6. *O jogador vence.*

O que deu as cartas estava segurando 9 e mais 5 para um total de 14 e puxou uma outra carta. A carta desenhada, um 8, levou a mão para cima (de 21), portanto, o jogador ganhou.

A Figura 10-7 mostra o jogador sendo conservador segurando o 16. O que distribui puxou uma carta para adicionar ao 10 (para o rei) e 6, e depois parou com 19, derrotando o jogador.

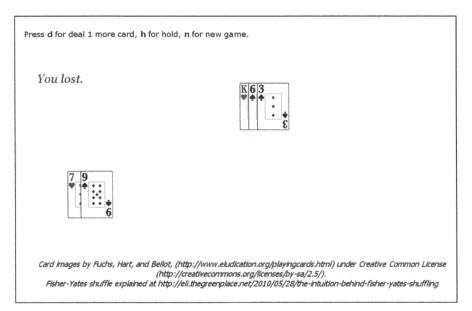

Figura 10-7. *A casa (aquele que distribui as cartas) ganha.*

As práticas atuais dos distribuidores de cartas em cassinos podem ser diferentes desta. Esta é uma oportunidade de pesquisar! O jogador também pode blefar a casa que ultrapassou e não revelá-lo. Isto pode levar a casa a solicitar uma outra carta e também ultrapassar. O jogo é decidido se e somente o jogador clicar a tecla h para manter, e assim parar de puxar cartas.

Você pode querer fornecer feedback para o jogador quando uma tecla que não é d, h, ou n é pressionada, como mostrado na Figura 10-8.

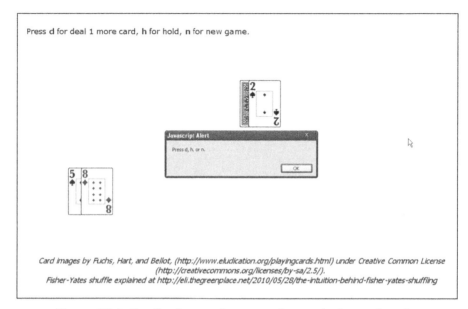

Figura 10-8. *Feedback quando uma tecla errada é pressionada.*

Requisitos Críticos

O jogo de 21 fará uso de muitos dos recursos do HTML5, CSS e do JavaScript descritos para os jogos anteriores.

O primeiro problema que eu tive ao começar a implementação foi encontrar a fonte das imagens para as faces das cartas. Eu sei que poderia criar os meus próprios desenhos, mas preferi algo mais refinado do que eu poderia produzir.

O próximo desafio foi desenhar cada carta, programar termos para que eu pudesse implementar a distribuição das cartas, mostrando o verso ou a face. Eu também queria pesquisar como baralhar o Jogo de Cartas.

Outro desafio foi implementar o modo que o jogador iria utilizar o jogo. Eu preferi usar as pressões de teclas: d para distribuir, h para manter, e n para começar um novo jogo. Existem, naturalmente, alternativas, por exemplo, exibir botões com palavras ou gráficos ou usar outras teclas, tais como as teclas de direção. A ausência de uma interface clara e intuitiva tornou necessário exibir as direções na tela.

Os últimos desafios são os gerais, para manter o estado do jogo, a exibição visível, e uma informação interna; gerando os movimentos do computador, e obedecer às regras.

Os Recursos do HTML5, CSS e do JavaScript

Vamos dar uma olhada nos recursos específicos do HTML5, CSS e do JavaScript que fornecem aquilo que precisamos para implementar o Jogo de Cartas do 21. Com exceção das tags básicas, das funções e das variáveis do HTML, as explicações aqui estão completas. Se você leu os outros capítulos, vai observar que muitas das explicações dadas anteriormente se repetem. Lembre-se de que você pode pular adiante para a seção "Construindo o Aplicativo" para ver o código completo do jogo com comentários e depois retornar para esta seção para maiores explicações.

Fonte para Imagens das Faces das Cartas e Configurando os Objetos Image

Eu encontrei uma fonte excelente para a face das cartas: www.eludication.org/playingcards.html. Este site usa algo chamado the Creative Common License, e as regras da Creative Common License são descritas no site http://creativecommons.org/licenses/by-sa/2.5/. Ele requer qualquer usuário para dar crédito, e eu vou demonstrar como escolhi fazer isto.

Depois de copiar os arquivos para o seu computador, precisaremos de uma maneira para acessar os 53 (52 cartas mais uma imagem para o verso) arquivos de imagem sem escrever 53 diferentes nomes de arquivos. Isto pode ser feito porque os nomes dos arquivos obedecem a um modelo. A função builddeck (para construir o baralho) é a seguinte:

```
function builddeck() {
 var n;
 var si;
 var suitnames= ["clubs","hearts","spades","diamonds"];
 var i;
 i=0;
 var picname;
```

```
var nums=["a","2","3","4","5","6","7","8","9","10","j","q","k"];
for (si=0;si<4;si++) {
 for (n=0;n<13;n++) {
  picname=suitnames[si]+"-"+nums[n]+"-75.png";
  deck[i]=new MCard(n+1,suitnames[si],picname);
  i++;
 }
 }
}
```

Observe as iterações aninhadas. Uma declaração for é uma maneira de programar o código para se repetir, geralmente referenciado como uma iteração, para um número especificado de vezes. As três partes dentro do parênteses especificam uma declaração inicial, uma condição para continuar, e uma ação de incremento. Estes podem ser quaisquer expressões, mas, tipicamente, eles referenciam uma variável única, chamada de iteração ou variável do índice. A primeira declaração inicializa a variável; a segunda indica uma operação de comparação; e a terceira é uma expressão de incremento ou decremento. Declarações for são comuns quando lidamos com arrays.

Nesta função, a iteração externa gerencia os naipes e a iteração interna das cartas gerencia dentro de cada naipe. A variável picname será definida para os nomes dos arquivos dos quais fizemos o download a partir da fonte. A função MCard é a função constructor para criar um objeto MCard, isto é, objetos da classe que nós definimos como a classe de objetos definida pelo programador. n+1 será usada como valor da carta, e haverá algum ajuste para as cartas da face.

Observação: *As três declarações dentro das iterações for aninhadas poderiam ser combinadas em* deck[i++]=new MCard(n+1,suitnames[si], suitnames[si]+"-"+nums[n]+"-75. png");. *Isto ocorre porque o operador da iteração ++ assume a posição depois que o valor foi gerado para indexação do array* deck. *Entretanto, recomendo que neste exemplo do aprendizado você não faça isso". Usar três declarações é muito mais fácil de escrever e de entender.*

Criando o Objeto Definido pelo Programador para as Cartas

JavaScript fornece uma maneira de os programadores criarem objetos definidos pelo programador para agrupamento de dados; e as peças diferentes de dados chamadas de atributos ou propriedades, e estaremos usando notação de pontos para chegar a diferentes atributos. É também possível empacotar códigos em métodos, mas não precisaremos fazer isto neste exemplo (lembre-se de que já fizemos isto em outros aplicativos, tais como na bala de canhão e no estilingue do Capítulo 4). A função que configura o novo objeto é chamada função constructor. Para as cartas, eu defini MCard, a qual foi mostrada em uso na seção anterior dentro da função builddeck. A definição desta função é a seguinte:

```
function MCard(n, s, picname){
  this.num = n;
  if (n>10) n = 10;
  this.value = n;
  this.suit = s;
  this.picture = new Image();
  this.picture.src = picname;
  this.dealt = 0;
}
```

A linha da função

```
if (n>10) n = 10;
```

será disparada pelas cartas com face (valete, dama e rei); lembre-se, o valor de cada uma é 10. Esta linha corrije o valor como sendo 10 nestes casos.

Note que esta declaração if é estruturalmente diferente das declarações if anteriores. Não existe nenhuma chave de abertura e chave de fechamento partindo da cláusula if-true. A cláusula de declaração única é uma forma legítima da declaração if. Geralmente eu evito esta forma porque, se eu decidir mais tarde adicionar uma outra declaração, irei precisar inserir as chaves. Entretanto, ela cai bem para esta situação. Você verá ambas as variações quando examinar o código. Note que não é feito nada de especial quando n é igual a 1. A regra para dois possíveis valores para um ás é tratada em outra parte do programa.

As propriedades dos objetos MCard incluem um objeto Image recentemente criado com seu atributo src definido para picname passado interiormente. O último atributo, dealt, inicializado para 0, será definido para 1 ou 2 dependendo da carta ir para o jogador ou para o distribuidor.

Distribuindo as Cartas

A função builddeck constrói o array deck dos objetos MCard. A mão do jogador é mantida em um array chamado playerhand com *pi* contendo o índice da próxima posição. De modo similar, a mão do distribuidor é contida em um array chamado househand com *hi* contendo o índice da próxima posição. Um exemplo mostrando a sintaxe (pontuação) para referenciar um atributo de um objeto MCard quando o objeto é um elemento de um array é playerhand[pi].picture.

A função dealstart tem a tarefa de distribuir as quatro primeiras cartas: duas para o jogador e duas para o distribuidor. Uma das cartas do distribuidor não é mostrada; isto é, o verso da carta é mostrado. A função deal é invocada quando o jogador requer uma nova carta (veja mais tarde nesta seção). A função deal irá lidar com a carta do jogador e ver se o distribuidor vai obter uma nova carta. Tanto dealstart como deal realizam a distribuição real invocando a função dealfromdeck, adicionando as cartas aos arrays playerhand e househand, e desenhando as cartas sobre o canvas. Formalmente, dealfromdeck é uma função que retorna um valor do tipo MCard. A sua chamada aparece do lado direito das declarações de atribuição. Se o verso da carta vai ser mostrado, o objeto Image é aquele contido dentro da variável back.

Eis aqui a função dealstart. Observe os quatro conjuntos similares de declarações: obter a carta, desenhar a imagem, incrementar a posição de x para a próxima vez, e aumentar a variável de indexação, *pi* ou *hi*.

```
function dealstart() {
 playerhand[pi] = dealfromdeck(1);
 ctx.drawImage(playerhand[pi].picture,playerxp,playeryp,cardw,cardh);
 playerxp = playerxp+30;
 pi++;
 househand[hi] = dealfromdeck(2);
 ctx.drawImage(back,housexp,houseyp,cardw,cardh);
```

```
  housexp = housexp+20;
  hi++;
  playerhand[pi] = dealfromdeck(1);
  ctx.drawImage(playerhand[pi].picture,playerxp,playeryp,cardw,cardh);
  playerxp = playerxp+30;
  pi++;
  househand[hi] = dealfromdeck(2);
  ctx.drawImage(househand[hi].picture,housexp,houseyp,cardw,cardh);
  housexp = housexp+20;
  hi++;
}
```

A função `deal` é similar. Uma carta é adicionada à mão do jogador e à da casa se `more_to_house` retornar verdadeiro.

```
function deal() {
  playerhand[pi] = dealfromdeck(1);
  ctx.drawImage(playerhand[pi].picture,playerxp,playeryp,cardw,cardh);
  playerxp = playerxp+30;
  pi++;
  if (more_to_house()) {
    househand[hi] = dealfromdeck(2);
    ctx.drawImage(househand[hi].picture,housexp,houseyp,cardw,cardh);
    housexp = housexp+20;
    hi++;
  }
}
```

Note que `more_to_house` é uma função que gera um valor verdadeiro ou falso. Este valor será baseado em um cálculo do total do distribuidor. Se o total for 17 ou maior, o valor retornado será falso; caso contrário, ele será verdadeiro. A chamada da função é usada como condição de uma declaração `if`, portanto, se `more_to_house` retornar verdadeiro, as declarações dentro da cláusula `if` serão executadas. O código de `more_to_house` poderiam ser inseridos dentro da função `deal`, mas dividir grandes tarefas em tarefas menores é uma boa prática. Isso significa que eu poderia continuar trabalhando com a função `deal` e adiar temporariamente ter de escrever a função `more_to_house`. Se você quiser refinar o cálculo de `more_to_house`, você sabe exatamente como fazer isso.

Determinar se a carta específica do baralho é a tarefa da função `dealfromdeck`. Novamente, eu crio para esta tarefa bem definida a sua própria função. O parâmetro é o recipiente da carta. Não precisamos fazer o rastreamento de qual recipiente deste aplicativo, mas guardaremos essa função dentro do código interno para preparar a construção das outras cartas. O crítico é que a carta foi distribuída para alguém. O atributo dealt é alterado a partir de 0. Observe a carta de retorno da linha;, a qual faz a tarefa de fazer com que um objeto MCard seja o resultado da invocação da função.

```
function dealfromdeck(who) {
 var card;
 var ch = 0;
 while ((deck[ch].dealt>0)&&(ch<51)) {
  ch++;
 }
 if (ch>=51) {
  ctx.fillText("NO MORE CARDS IN DECK. Reload. ",200,200);
  ch = 51;
 }
 deck[ch].dealt = who;
 card = deck[ch];
 return card;
}
```

Tenha em mente que o array deck é indexado de 0 a 51. Uma declaração while é um outro tipo de construção de iteração. Na maioria das linguagens de programação para computadores, uma iteração while é uma declaração de fluxo do controle que permite que o código seja executado repetidamente baseado em um condição booleana fornecida; a iteração while pode ser imaginada como uma declaração if repetitiva. As declarações dentro das chaves serão executadas enquanto a condição dentro do parênteses permanecer verdadeira. Cabe ao programador assegurar que isto irá ocorrer – que a iteração não vá continuar para sempre. A iteração while do nosso aplicativo para quando uma carta é identificada como não tendo sido distribuída, isto é, o seu atributo dealt for 0. Esta função dirá que não existem mais cartas quando a última, a quinquagésima primeira carta, estiver disponível e distribuída. Se o jogador ignorar a mensagem e pedir uma outra carta novamente, a última carta será distribuída novamente.

Um problema a parte é quando o distribuidor escolhe juntar as cartas usadas ou ir para um novo baralho; isso é significativo para os pontos das cartas que tentam imaginar quais cartas permanecem. Em muitos cassinos, os distribuidores utilizam múltiplos baralhos de cartas para impedir as contagens das cartas. Meu programa não fornece à casa essa capacidade. Você pode modificar a construção deste programa simulando estes efeitos se você quiser que um programa pratique essa contagem de cartas. Você pode colocar o número de baralhos sob o controle do jogador, usar processamento randômico, ou esperar até que a contagem das cartas restantes esteja sob um valor fixo, ou talvez alguma outra coisa.

O distribuidor poder requisitar outra carta quando o jogador solicitar ou quando o jogador decidir manter. Como mencionado anteriormente, a função que avalia se o distribuidor pede outra carta é more_to_house. O cálculo é adicionado aos valores da mão. Se houver algum ás, a função adiciona 10 pontos extras, se isso for fazer o total de 21 ou menos – isto é, faz com que um ás seja contado como 11. Depois, ele avalia se a soma é menor que 17. Se for, ela retorna verdadeira, e diz para a função de chamada requisitar uma nova carta. Se o valor exceder a 17, ela retorna falsa.

```
function more_to_house(){
 var ac = 0;
 var i;
 var sumup = 0;
  for (i=0;i<hi;i++) {
  sumup += househand[i].value;
  if (househand[i].value==1) {ac++;}
 }
 if (ac>0) {
  if ((sumup+10)<=21) {
    sumup += 10;
  }
 }
 housetotal = sumup;
  if (sumup<17) {
  return true;
 }
 else {
  return false;
 }
}
```

Se você quiser experimentar uma estratégia diferente para a casa, more_to_house é a função que você deve alterar.

Iniciar um novo jogo pode ser um desafio para os programadores. Antes de tudo, é necessário entender o que significa começar de novo. Para esta implementação do Jogo do 21, eu forneço uma opção para o jogador começar uma nova mão, o que significa continuar com o mesmo baralho. Para começar com um baralho novo com cartas que ainda não foram distribuídas, o jogador deve recarregar o documento. Meu nome para a função que é invocada quando o jogador pressiona a tecla n é newgame. As ações requeridas vão limpar o canvas e redefir os ponteiros para as mãos do jogador e do distribuidor, bem como as variáveis que contêm a posição horizontal para a próxima carta. Esta função é fechada com uma chamada dealstart.

```
function newgame() {
ctx.clearRect(0,0,cwidth,cheight);
pi=0;
hi=0;
playerxp = 100;
housexp= 500;
dealstart();
}
```

Embaralhando o Maço de Cartas

A técnica para embaralhar apresentada no Jogo da Memória (veja o Capítulo 5) representava uma implementação do que os meus filhos e eu fizemos ao utilizar o jogo: nós espalhamos as cartas e arrumamos os pares e permutamos seus lugares. Para o Jogo do 21, um amigo me indicou o site web de Eli Bendersky (http://eli.thegreenplace.net/2010/05/28/the-intuition-behind-fisher-yates-shuffling/) explicando o algoritmo de Fisher-Yates. A estratégia deste algoritmo é fazer uma determinação randômica para cada posição dentro do baralho, começando do fim e trabalhando em direção ao início. O cálculo determina uma posição randômica dentro do baralho de 0 até e incluindo a posição corrente e faz uma permuta. A função shuffle principal é a seguinte:

```
function shuffle() {
var i = deck.length - 1;
var s;
while (i>0) {
  s = Math.floor(Math.random()*(i+1));
```

```
    swapindeck(s,i);
    i--;
  }
}
```

Lembre-se de que Math.random() * N retorna um número de zero a, mas não incluindo N. Tomando Math.floor do resultado retorna um inteiro de zero até N. Portanto, se quisermos um número de 0 a i, precisaremos escrever Math.floor(Math.random()*(i+1)). Para tornar a função shuffle mais fácil de ser lida, eu criei uma função separada chamada swapindeck que permuta as duas cartas que estão localizadas nas posições indicadas pelos parâmetros para a função. Para fazer uma permuta, um lugar extra é necessário e esta é a variável hold. Este lugar extra é necessário porque as duas declarações de atribuição não podem ser executadas ao mesmo tempo.

```
function swapindeck(j,k) {
  var hold = new MCard(deck[j].num,deck[j].suit,deck[j].picture.src);
  deck[j] = deck[k];
  deck[k] = hold;
}
```

Capturando Pressões de Teclas

O uso das teclas de direção foi descrito no jogo do labirinto do Capítulo 7. Esta essencialmente é uma repetição daquela explicação.

Detectar se uma tecla foi pressionada e qual é essa tecla é chamado de captura de toques de teclas. O código deve configurar a resposta para um evento de tecla e é análogo a configurar uma resposta para um evento do mouse. O código começa invocando o método addEventListener, desta vez para a janela deste aplicativo.

```
window.addEventListener('keydown',getkey,false);
```

Isto significa que a função getKey será invocada se e quando uma tecla for pressionada.

> **Observação:** *Existem também os eventos* keyup *e* keypress. *O* keydown *e* keyup *são disparados imediatamente. O evento* keypress *irá ocorrer novamente depois de algum espaço de tempo se o jogador pressionar uma tecla para baixo.*

Agora, como você pode esperar neste momento, veremos os códigos para se obter a informação relativa à tecla que envolve o código para diferentes navegadores. O código seguinte tem duas maneiras de se obter o número correspondente à tecla, e funciona para Chrome, Firefox e Safari:

```
if(event == null)
{
 keyCode = window.event.keyCode;
 window.event.preventDefault();
}
else
{
 keyCode = event.keyCode;
 event.preventDefault();
}
```

A função `preventDefault` faz o que promete: ela evita qualquer ação default, tal como ações de atalhos especiais associadas a teclas particulares. As únicas teclas de interesse deste aplicativo são as três teclas d, h e n. A seguinte declaração switch determina qual tecla é pressionada e invoca a função correta: `deal`, `playerdone`, ou `newgame`. Uma declaração `switch` compara o valor dentro dos parênteses com os valores depois do termo `case` e começa a executar as declarações com a primeira que combina. A declaração `break` causa interrupção para saltar fora da declaração `switch`. A cláusula `default` é o que ela diz. Não é necessária, mas se ela estiver presente, a declaração ou declarações que seguem default: são executadas se não houver nenhuma combinação fornecida pelos valores do caso.

```
switch(keyCode)d
{
 case 68: //d
  deal();
  break;
 case 72: //h
  playerdone();
  break;
 case 78: //n
```

```
    newgame();
    break;
default:
    alert("Press d, h, or n.");
}
```

Lembre-se de que você pode determinar o código de qualquer tecla alterando toda a declaração switch para conter apenas a linha seguinte dentro do caso default:

```
alert(" You just pressed keycode "+keyCode);
```

Cuidado: *Se, como eu faço algumas vezes, você se mover entre diferentes janelas em seu computador, poderá achar que quando você volta para o seu Jogo do 21 e pressiona uma tecla, o programa não responde. Você precisará clicar o mouse na janela que contém o documento do Jogo do 21. Isto faz com que o sistema de operações restaure o foco sobre o documento do Jogo do 21, de modo que a escuta da pressão das teclas possa ocorrer.*

Usando Tipos de Elementos Header e Footer

O HTML5 adicionou alguns novos tipos de elementos embutidos que incluem header e footer. A lógica atrás deste e de outros novos elementos (por exemplo, article e nav) foi fornecer elementos que atendam aos propósitos padrão de modo que os mecanismos de busca e os outros programas saberiam como tratar o material, embora seja ainda necessário especificar a formatação. Estes são os estilos que utilizaremos neste exemplo:

```
footer {
  display:block;
  font-family:Tahoma, Geneva, sans-serif;
  text-align: center;
  font-style:oblique;
}
header {
  width:100%;
  display:block;
}
```

A definição da exibição pode ser block ou inline. Configurá-los para block força uma quebra de linha. Note que forçar a quebra de linha pode não ser necessário para alguns navegadores, mas usá-la não causa nenhum dano. O atributo font-family é uma maneira de especificar as opções de fontes. Se Tahoma estiver disponível no computador do usuário, ela será usada. A próxima fonte tentará ser Geneva. Se nenhuma delas estiver presente, o navegador utilizará a fonte sans-serif configurada como default. As definições text-align e font-style são o que elas prometem ser. A definição da largura faz com que este elemento seja a largura total do elemento de contenção, neste caso o corpo. Fique à vontade para experimentar!

Note que você não pode assumir que o rodapé esteja no fundo da tela ou ao redor do elemento, nem o cabeçalho no topo. Eu fiz isso acontecer usando o posicionamento dentro do documento HTML.

Eu usei o rodapé para exibir os fontes das imagens das cartas e do algoritmo de shuffle. Fornecer crédito, mostrar o direito autoral, exibindo informações de contacto são todos usos típicos dos elementos do rodapé, mas não existem restrições de como você deve usar estes novos elementos ou de quando você os coloca dentro do documento HTML e de como você os formata.

Construindo o Aplicativo e Fazendo suas Modificações

As funções usadas neste jogo estão descritas na Tabela 10-1.

Tabela 10-1. As funções do Jogo do 21

Função	Invocada por / Chamada por	Chamada
init	Invocada pela função onLoad dentro da tag <body>	builddeck, shuffle e dealstart
getkey	Invocada pela chamada de windowaddEventListener dentro de init	deal, playerdone e newgame
dealstart	Init	
deal	getkey	Duas chamadas para dealfromdeck e uma chamada para more_to_house
more_to_house	deal	
dealfromdeck	deal e dealstart	

Jogo do 21   **369**

Função	Invocada por / Chamada por	Chamada
builddeck	init	MCard
MCard	builddeck	
add_up_player	playerdone	
playerdone	getkey	more_to_house, showhouse e add_up_player
newgame	getkey	dealstart
showhouse	playerdone	
shuffle	init	swapindeck
swapindeck	shuffle	

As funções deste exemplo apresentam um modelo de chamadas procedurais com apenas init e getkey invocadas como resultado de eventos. Por favor, considere o fato de que existem muitas maneiras de programar um aplicativo, incluindo a definição de funções. Geralmente, é uma boa prática dividir o código em pequenas funções, mas isso não é necessário. Existem muitos lugares onde linhas similares de códigos são repetidas, portanto, existe uma oportunidade de definir mais funções. A listagem do documento é a seguinte da Tabela 10-2.

Tabela 10-2. Listagem do Código para o Jogo do 21

Código	Explicação
<html>	Abertura de tag
<head>	Abertura de tag
<title>Black Jack</title>	Elemento título completo
<style>	Abertura de tag
body {	Especifica o estilo para o elemento body
background-color:white;	Define a cor do segundo plano
color: black;	Define a cor do texto
font-size:18px;	Define o tamanho da fonte
font-family:Verdana, Geneva, sans-serif;	Define a família de fontes
}	Fecha o estilo
footer {	Especifica o estilo para o rodapé
display:block;	Trata este elemento como um bloco
font-family:Tahoma, Geneva, sans-serif;	Define a família de fontes
text-align: center;	Alinha o texto dentro do centro

370 O Guia Essencial do HTML5

Código	Explicação
`font-style:oblique;`	Faz o texto ficar inclinado
`}`	Fecha o estilo
`header {`	Especifica o estilo para o cabeçalho
`width:100%;`	Faz com que ele ocupe toda a janela
`display:block;`	Trata-o como um bloco
`}`	Fechar estilo
`</style>`	Fechar elemento de estilo
`<script>`	Inicia o elemento de script
`var cwidth = 800;`	Define a largura do canvas; usada ao limpar o canvas
`var cheight = 600;`	Define a altura do canvas; usada ao limpar o canvas
`var cardw = 75;`	Define a largura de cada carta
`var cardh = 107;`	Define a altura de cada carta
`var playerxp = 100;`	Define a posição horizontal inicial para as cartas na mão do jogador
`var playeryp = 300;`	Define a posição vertical inicial para as cartas na mão do jogador
`var housexp = 500;`	Define a posição horizontal inicial para as cartas na mão do distribuidor
`var houseyp = 100;`	Define a posição vertical inicial para as cartas na mão do distribuidor
`var housetotal;`	Para o valor total da mão do distribuidor
`var playertotal;`	Para o valor total da mão do jogador
`var pi = 0;`	Índice para a próxima carta na mão do jogador
`var hi = 0;`	Índice para a próxima carta na mão do distribuidor
`var deck = [];`	Contém todas as cartas
`var playerhand = [];`	Contém as cartas do jogador
`var househand = [];`	Contém as cartas do distribuidor
`var back = new Image();`	Usada para o verso da carta
`function init() {`	Função chamada por onLoad dentro de body para executar tarefas de inicialização
`ctx = document.getElementById('canvas').`↪`getContext('2d');`	Define a variável usada para todos os desenhos
`ctx.font="italic 20pt Georgia";`	Define a fonte
`ctx.fillStyle = "blue";`	Define a cor
`builddeck();`	Invoca a função para construir o baralho
`back.src ="cardback.png";`	Especifica a imagem para o verso da carta (note que só um verso aparece: a carta oculta do distribuidor)

Jogo do 21 **371**

Código	Explicação
canvas1 = document.getElementById('canvas');	Define a variável para tratamento de eventos
window.addEventListener('keydown',getkey,false);	Configura tratamento de eventos para pressões de keydown.
shuffle();	Invoca a função para embaralhar
dealstart();	Invoca a função para distribuir as quatro primeiras cartas
}	Fecha a função
function getkey(event) {	Função para responder a eventos de pressão das teclas
var keyCode;	Contém o código que representa a tecla
if(event == null)	Código específico do navegador para determinar se o evento é nulo
{	Abrir cláusula
keyCode = window.event.keyCode;	Obtém o código da tecla do window.event.keyCode
window.event.preventDefault();	Parar outras respostas de teclas
}	Fechar cláusula
else {	Cláusula else
keyCode = event.keyCode;	Apanha o código da tecla de even.keyCode
event.preventDefault();	Parar outras respostas de teclas
}	Fechar cláusula
switch(keyCode) {	Cabeçalho para a declaração switch baseada em keyCode
case 68:	Tecla d foi pressionada
deal();	Dá outra carta para o jogador e talvez para o distribuidor
break;	Interrompe a permuta
case 72:	Tecla h foi pressionada
playerdone();	Invoca a função playerdone
break;	Interrompe a permuta
case 78:	Tecla n foi pressionada
newgame();	Invoca a função newgame
break;	Interrompe a permuta
default:	Opção default, a qual pode ser apropriada para ser removida se você não sentir necessidade de fornecer resposta aos jogadores, se eles utilizarem uma tecla não reconhecida
alert("Press d, h, or n.");	Mensagem de retorno

372 O Guia Essencial do HTML5

Código	Explicação
`}`	Fechar `switch`
`}`	Fecha a função
`function dealstart() {`	Cabeçalho para a função para as cartas que são distribuídas inicialmente
`playerhand[pi] = dealfromdeck(1);`	Obtém a primeira carta para o jogador
`ctx.drawImage(playerhand[pi].picture,` ↪ `playerxp,playeryp,cardw,cardh);`	Desenha sobre o canvas
`playerxp = playerxp+30;`	Ajusta o ponteiro horizontal
`pi++;`	Aumenta a contagem de cartas para o jogador
`househand[hi] = dealfromdeck(2);`	Obtém a primeira carta para o distribuidor
`ctx.drawImage(back,housexp,houseyp,cardw,cardh);`	Desenha o verso de uma carta sobre o canvas
`housexp = housexp+20;`	Ajusta o ponteiro horizontal
`hi++;`	Aumenta a contagem de cartas para o distribuidor
`playerhand[pi] = dealfromdeck(1);`	Dá uma segunda carta para o jogador
`ctx.drawImage(playerhand[pi].picture,` ↪ `playerxp,playeryp,cardw,cardh);`	Desenha sobre canvas
`playerxp = playerxp+30;`	Ajusta o ponteiro horizontal
`pi++;`	Aumenta a contagem de cartas para o jogador
`househand[hi] = dealfromdeck(2);`	Dá uma segunda carta para o distribuidor
`ctx.drawImage(househand[hi].picture,` ↪ `housexp,houseyp,cardw,cardh);`	Desenha sobre canvas
`housexp = housexp+20;`	Ajusta o ponteiro horizontal
`hi++;`	Aumenta a contagem de cartas para a casa
`}`	Fechar função
`function deal() {`	Cabeçalho para a função para a distribuição de cartas durante o jogo
`playerhand[pi] = dealfromdeck(1);`	Dá uma carta para o jogador
`ctx.drawImage(playerhand[pi].picture,` ↪ `playerxp,playeryp,cardw,cardh);`	Desenha sobre canvas
`playerxp = playerxp+30;`	Ajusta o ponteiro horizontal
`pi++;`	Aumenta a contagem de cartas para o jogador
`if (more_to_house()) {`	Função if para dizer que deveria haver mais cartas para o distribuir
`househand[hi] = dealfromdeck(2);`	Distribui uma carta para o casa
`ctx.drawImage(househand[hi].picture,` ↪ `housexp,houseyp,cardw,cardh);`	Desenha uma carta sobre canvas

Código	Explicação
`housexp = housexp+20;`	Ajusta o ponteiro horizontal
`hi++;`	Aumenta a contagem de cartas para o distribuidor
`}`	Fecha a cláusula `if-true`
`}`	Fechar função
`function more_to_house(){`	Cabeçalho para a função que determina os movimentos do distribuidor
`var ac = 0;`	Variável para conter a contagem de ases
`var i;`	Variável para iteração
`var sumup = 0;`	Inicializa a variável para a soma
`for (i=0;i<hi;i++) {`	Faz iteração sobre todas as cartas
`sumup += househand[i].value;`	Adiciona valor de cartas na mão do distribuidor
`if (househand[i].value==1) {ac++;}`	Faz rastreamento do número de ases
`}`	Fecha a iteração for
`if (ac>0) {`	Declaração `if` para determinar se há algum ás
`if ((sumup+10)<=21) {`	Se houver, perguntar se um dos ases assumir o valor de 11 ainda perfaz um total menor que 21
`sumup +=10;`	Se perfizer, some
`}`	Fecha `if` interna
`}`	Fecha `if` externa
`housetotal = sumup;`	Define a variável global como sendo a soma
`if (sumup<17) {`	Pergunta se a soma é menor que 17
`return true;`	Se for, retorna verdadeira, significando que se pode pegar mais uma carta
`}`	Fecha cláusula
`else {`	Inicia cláusula `else`
`return false;`	Retorna falsa, significando que o distribuidor não quer pegar uma outra carta
`}`	Fecha a cláusula `else`
`}`	Fecha a função
`function dealfromdeck(who) {`	Cabeçalho para a função lidar com o baralho
`var card;`	Contém a carta
`var ch = 0;`	Contém o índice para a próxima carta que ainda não foi distribuída
`while ((deck[ch].dealt>0)&&(ch<51)) {`	Pergunta se esta carta foi distribuída
`ch++;`	Aumenta ch para continuar para a próxima carta

Código	Explicação
}	Fecha a iteração while
if (ch>=51) {	Pergunta se nenhuma carta foi distribuída
ctx.fillText("NO MORE CARDS IN↵ DECK. Reload. ",200,250);	Exibe uma mensagem
ch = 51;	Define ch para 51 para fazer com que esta função funcione
}	Fecha a cláusula if-true
deck[ch].dealt = who;	Armazena who, um valor diferente de zero, de modo que esta carta seja marcada como tendo sido distribuída
card = deck[ch];	Define uma carta
return card;	Retorna uma carta
}	Fecha a função
function builddeck() {	Cabeçalho para a função que constrói os objetos Mcard
var n;	Variável usada para iteração interna
var si;	Variável usada para iteração externa, sobre os naipes
var suitnames= ["clubs","hearts",↵ "spades","diamonds"];	Nomes dos naipes
var i;	Faz rastreamento dos elementos colocados dentro do array deck
i=0;	Inicializa o array para 0
var picname;	Simplifica o código
var nums=["a","2","3","4","5","6","7",↵ "8","9","10","j","q","k"];	Os nomes para todas as cartas
for (si=0;si<4;si++) {	Faz iteração sobre os naipes
for (n=0;n<13;n++) {	Faz iteração sobre as cartas dentro de um naipe
picname=suitnames[si]+"-"+nums[n]+↵ "-75.png";	Constrói o nome de um arquivo
deck[i]=new MCard(n+1,suitnames[si],↵ picname);	Construir um MCard com os valores indicados
i++;	Incrementa i
}	Fecha iteração for interna
}	Fecha iteração for externa
}	Fecha a função
function MCard(n, s, picname){	Cabeçalho para a função para criar objetos
this.num = n;	Define o valor de num
if (n>10) n = 10;	Faz um ajuste dentro dos casos das cartas com figura

Jogo do 21 **375**

Código	Explicação
`this.value = n;`	Definir o valor
`this.suit = s;`	Definir naipe
`this.picture = new Image();`	Cria um novo objeto Image e o associa a um atributo
`this.picture.src = picname;`	Definir o atributo `src` deste objeto `Image` para o nome do arquivo da imagem
`this.dealt = 0;`	Inicializa o atributo `dealt` para 0
`}`	Fecha a função
`function add_up_player() {`	Cabeçalho para a função que determina o valor da mão do jogador
`var ac = 0;`	Contém a contagem dos ases
`var i;`	Iteração `for`
`var sumup = 0;`	Inicializa a soma
`for (i=0;i<pi;i++) {`	Faz iteração sobre as cartas na mão do jogador
`sumup += playerhand[i].value;`	Incrementa o valor da mão do jogador
`if (playerhand[i].value==1)`	Pergunta se a carta é um ás
`{ac++;`	Incrementa a contagem de ases
`}`	Fecha a declaração `if`
`}`	Fecha a iteração `for`
`if (ac>0) {`	Pergunta se havia algum ás
`if ((sumup+10)<=21) {`	Se isto não fizer a soma ultrapassar
`sumup +=10;`	Faz do ás um 11
`}`	Fecha a `if` interna
`}`	Fecha a `if` externa
`return sumup;`	Retorna o total
`}`	Fecha a função
`function playerdone() {`	Cabeçalho para a função invocada quando o jogador diz para manter
`while(more_to_house()) {`	Com a função `more_to_house` indica que o distribuidor deveria pegar outra carta
`househand[hi] = dealfromdeck(2);`	Dá uma carta para o distribuidor
`ctx.drawImage(back,housexp,houseyp, cardw,cardh);`	Desenha a carta sobre o canvas
`housexp = housexp+20;`	Ajusta o ponteiro horizontal
`hi++;`	Aumenta o índice para a mão do distribuidor
`}`	Fecha a iteração `while`
`showhouse();`	Revela a mão do distribuidor

Código	Explicação
playertotal = add_up_player();	Determina o total do player
if (playertotal>21){	Pergunta se o jogador terminou
if (housetotal>21) {	Pergunta se o casa terminou
ctx.fillText("You and house both↪ went over.",30,100);	Exibe uma mensagem
}	Fecha a declaração if interna
else {	Inicia cláusula else
ctx.fillText("You went over and lost."↪ ,30,100);	Exibe uma mensagem
}	Fecha cláusula else
}	Fecha cláusula exterior (jogador terminou)
else	Caso contrário o jogador não terminou
if (housetotal>21) {	Pergunta se o distribuidor terminou
ctx.fillText("You won. House went↪ over.",30,100);	Exibe uma mensagem
}	Fechar a cláusula
else	Caso contrário
if (playertotal>=housetotal) {	Compara os dois valores
if (playertotal>housetotal) {	Executa uma comparação mais específica
ctx.fillText("You won. ",30,100);	Exibe a mensagem do vencedor
}	Fecha a cláusula interna
else {	Inicia cláusula else
ctx.fillText("TIE!",30,100);	Exibe uma mensagem
}	Fecha a cláusula else
}	Fecha a cláusula externa
else	Caso contrário
if (housetotal<=21) {	Verifica se o distribuidor está abaixo
ctx.fillText("You lost. ", 30,100);	Exibe uma mensagem
}	Fecha a cláusula
else {	Inicia cláusula else
ctx.filltext("You won because↪ house went over.");	Exibe uma mensagem (jogador abaixo, casa acima)
}	Fecha a cláusula
}	Fecha uma função
function newgame() {	Cabeçalho para a função para um novo jogo
ctx.clearRect(0,0,cwidth,cheight);	Limpa o canvas

Jogo do 21 **377**

Código	Explicação
`pi=0;`	Redefine o índice para o jogador
`hi=0;`	Redefine o índice para o distribuidor
`playerxp = 100;`	Redefine a posição horizontal para a primeira carta da mão do jogador
`housexp= 500;`	Redefine a posição horizontal da mão do distribuidor
`dealstart();`	Chama a função para inicialmente distribuir as cartas
`}`	Fecha a função
`function showhouse() {`	Cabeçalho para a função para revelar a mão do distribuidor
`var i;`	Iteração for
`housexp= 500;`	Redefine a posição horizontal
`for (i=0;i<hi;i++) {`	Iteração for sobre a mão
`ctx.drawImage(househand[i].picture,` ↪ `housexp,houseyp,cardw,cardh);`	Desenha a carta
`housexp = housexp+20;`	Ajusta o ponteiro
`}`	Fecha a iteração for
`}`	Fecha a função
`function shuffle() {`	Cabeçalho para o embaralhamento
`var i = deck.length - 1;`	Define o valor inicial para a variável `i` apontar para a última carta
`var s;`	Variável usada para a opção aleatória
`while (i>0) {`	Enquanto i for maior que zero
`s = Math.floor(Math.random()*(i+1));`	Faz uma seleção randômica
`swapindeck(s,i);`	Permuta com a carta dentro da posição `i`
`i--;`	Decrementar
`}`	Fecha a iteração while
`}`	Fecha a função
`function swapindeck(j,k) {`	Função auxiliar para a permuta
`var hold = new MCard(deck[j].num,deck[j].` ↪ `suit,deck[j].picture.src);`	Salva a carta dentro da posição `j`
`deck[j] = deck[k];`	Atribui a carta dentro da posição k para a posição j
`deck[k] = hold;`	Atribui a manutenção da carta dentro da posição de k
`}`	Fecha a função
`</script>`	Fecha o elemento de script
`</head>`	Fecha o elemento head
`<body onLoad="init();">`	Tag de abertura para definir a chamada para init

Código	Explicação
`<header>Press d for deal 1 more card,↵ h for hold, n for new game.</header>`	Elemento header contendo instruções
`<canvas id="canvas" width="800" height="500">`	Abridor de canvas
`Your browser doesn't support the HTML5↵ element canvas.`	Alerta para navegadores não compatíveis
`</canvas>`	Fecha o elemento
`<footer>Card images from http://www.` `eludication↵` `.org/playingcards.html, Creative Common` `License↵` `(http://creativecommons.org/↵` `licenses/by-sa/2.5/).  `	Abre o elemento footer, o qual contém o crédito para as imagens das cartas e um link para a Creative Common License
`Fisher-Yates shuffle explained at↵` `http://eli.thegreenplace.net↵` `/2010/05/28/the-intuition-behind-↵` `fisher-yates-shuffling`	Adiciona o crédito para o artigo no algoritmo shuffle
`</footer>`	Fecha o rodapé
`</body>`	Fecha o corpo
`</html>`	Fecha o arquivo HTML

Você pode modificar a aparência e o toque deste jogo em muitos aspectos, e ainda oferecer diversas maneiras para que o jogador requisite distribuição de nova carta, para manter a mão corrente, ou para requisitar uma nova mão. Você pode criar ou adquirir o seu próprio conjunto de imagens para as cartas. Manter a pontuação de mão em mão, talvez incluindo algum tipo de aposta, seria uma ótima melhoria. Alterar as regras para o jogo do distribuidor é possível.

Testando e Fazendo o Upload do Aplicativo

Este programa requer testes consideráveis. Lembre-se de que os testes ainda não acabaram quando você, atuando como testador, vencer. Ele termina quando você percorrer muitos cenários diferentes. Eu fiz o meu primeiro teste do jogo com um baralho sem embaralhar. Depois eu inseri o embaralhamento e fiz o rastreamento dos casos que os testes revelaram. Pressionei a tecla d para distribuir mais uma carta, a h para manter, e a n para um novo jogo em diferentes circunstâncias. Esta é definitivamente a ocasião para você convidar outras pessoas para testar o seu aplicativo.

Fazer o upload do aplicativo requer fazer o upload de todas as imagens. Você irá precisar modificar a função builddeck para construir os nomes apropriados para os arquivos, se usar alguma coisa diferente do que eu demonstrei aqui.

Resumo

Neste capítulo, você aprendeu como implementar um Jogo de Cartas usando os recursos do HTML5, JavaScript, e CSS junto com técnicas gerais de programação. Isto incluiu
- Gerar um conjunto de objetos Image baseados em nomes de arquivos externos
- Projetar um objeto definido pelo programador para cartas, incorporando as imagens
- Desenhar imagens e textos na tela
- Fazer uso de for, while e if para implementar a lógica do Jogo do 21
- Usar cálculos e lógica para gerar os movimentos do computador
- Estabelecer tratamentos de eventos para o evento keydown de modo que o jogador pudesse indicar uma solicitação para distribuir uma nova carta, manter, ou iniciar um novo jogo e usar switch para fazer distinção entre as teclas
- Usar os elementos header e footer, novos para o HTML5, para direções e dar crédito às fontes

Este é o último capítulo deste livro. Espero que você aproveite o que você aprendeu e produza versões melhoradas destes jogos e dos jogos que você inventou. Bom proveito!

Índice

Símbolos

+= operator 296

A

absolute URL 23
add_up_player function, for blackjack game sample 369
Adobe Flash Professional 12
Adobe Photoshop 12, 213
allw array 258
âncora (anchor) 7
aparecimento de imagens 6
arquivos de imagens XXI, 6, 23, 24, 42, 74, 76, 119, 148, 157, 168, 187, 204, 289, 349
audio
    for rock-paper-scissors game sample- ENDRG 306

B

Barack Obama 33
beats array, rock-paper-scissors game sample and 314
body element
    rock-paper-scissors game sample score and 296
botão reload/refresh 37
builddeck function, for blackjack game sample 357, 369

C

cabeçalho, seção e rodapé 2
captura de toques de teclas 365
Card function
    for memory game sample 179, 186
change function
    for bouncing ball sample 100
checked attribute 260
Chrome XX, 2, 8, 24, 98, 99, 132, 177, 250, 254, 259, 278, 292, 303, 304, 366, 381
Chrome, Firefox e Safari 303, 366
códigos hexadecimais 12
colors
    quiz sample and 225
Como desenhar dentro de canvas 27
compchn variable 294
compimg variable 294
construir uma página Web 4

Corel Paint Shop Pro 12, 213
Creative Common License 357
curwall variable 260

D

Date function
  measuring elapsed time and 257
dealfromdeck function, for blackjack game sample 368
deal function, for blackjack game sample 368
dealing cards, in blackjack game sampleENDRG 364
dealstart function, for blackjack game sample 360, 368
declaração if 37, 75, 178, 359, 361, 362, 375, 376
declaração while 362
Declarações de atribuição 35
diretivas text-align 12
documento HTML 1, 3, 5, 6, 11, 14, 15, 16, 37, 39, 41, 43, 63, 83, 84, 85, 86, 93, 112, 121, 172, 186, 206, 208, 211, 242, 258, 278, 296, 315, 328, 336, 368
documentos HTML XXI, 5, 7, 24, 112, 166, 235, 258, 279
drawall function
  for rock-paper-scissors game sample 307
drawall function, for mazes sample 261, 270
  for memory game sample 179
drawThrow function, for rock-paper-scissors game sample 307
drawtoken function, for mazes sample 262, 271
dx variable 63

E

elemento canvas 25, 41, 42, 43, 47, 52, 53, 62, 68, 82, 83, 84, 103, 121, 131, 166, 171, 177, 185, 195, 204, 210, 242, 245, 289, 306, 346

elemento html 5, 141, 221
elemento HTML 5, 77, 208
elemento img 6, 8, 23, 24, 25, 85
elementos embutidos 367
elementos HTML 10, 85, 194, 195, 203, 204, 210, 242, 343
elemento style XXI, 11, 25, 101, 137, 180, 211, 212, 219, 308, 338, 339
erro de sintaxe 16
Estados Unidos 33
everything array
  curwall variable and 260

F

Firefox 2, 6, 24, 98, 132, 177, 250, 254, 259, 278, 303, 366, 381
flyin function, for rock-paper-scissors game sample 305
Folha de Estilos em Cascata (CSS) 1
font-family property 297
font-style property 368
for loop
  preventing cheating and 178
  radio buttons and 260
form element
  rock-paper-scissors game sample score and 296
função throwdice 37, 64, 68, 69, 70, 75
functions
  for two-die throws, in craps game sample 63

G

George W. Bush 33
getElementsByTagname method 305
getTime function 257
global variables,
  craps game sample and 68
gradients
  bouncing ball sample andENDRG 108

H

holderinfo variable 176
hold variable 365
htaccess file 231
HTML5, video and 231
HTML básico 2

I

if statement
　craps game sample and 68
image files 23
img element 23
informações de estilo 11
init function
　for bouncing ball sample 100
input validation
　for bouncing ball sampleBEGINRG 111
iteração while 362, 374, 375, 377

J

JavaScript 1, 2, 3, 4, 5, 10, 14, 15, 16, 22, 25, 27, 30, 31, 32, 33, 34, 35, 36, 37, 38, 39, 40, 41, 42, 44, 46, 53, 54, 75, 77, 83, 84, 89, 90, 91, 93, 96, 121, 122, 125, 128, 129, 131, 166, 167, 169, 170, 173, 176, 196, 203, 204, 205, 206, 208, 209, 210, 211, 213, 214, 217, 233, 234, 235, 242, 243, 244, 246, 252, 253, 254, 255, 257, 281, 285, 287, 290, 291, 298, 303, 305, 306, 312, 315, 316, 317, 326, 327, 328, 337, 347, 349, 356, 357, 359, 379
Jogo de Dados V, VIII, 27, 28, 30, 31, 32, 35, 37, 39, 40, 53, 54, 68, 74, 76, 77, 82, 285, 293
join method 258

L

level array
　radio buttons and 260

Linguagem de Marcação de Hipertextos (HTML) 1
Localizador de Recursos Universais 8
local storage 278
　measuring elapsed time and 257
localStorage.setItem method 259
logos 23
lsname variable 259

M

makedeck function
　for memory game sample 179, 186
Math.floor method
　blackjack game sample and 365
Math.random method
　blackjack game sample and 365
mazes sample
　difficulty levels and 260
　versions of 270
MCard function, for blackjack game sample 369
método document.write 15
método write 15, 16, 122
more_to_house function, for blackjack game sample 368
more_to_house function, for blackjack game sampleBEGINRG 361
moveandcheck (sample) function 97, 100
moveball (sample) function 100
movetoken function, for mazes sample 262, 271
musicch variable 305

N

newgame function, for blackjack game sample 369
new round feature, for games 231
newscore variable, rock-paper-scissors game sample and 296
número inteiro 32, 33, 293
número randômico 32

O

objeto document 15, 122
objetos Date 15, 166, 194
onLoad method
    mazes sample and 261

P

Paint Shop Pro 12, 51, 213
palavra-chave 36, 122
playerdone function, for blackjack game sample 369
play method 306
Polycard function
    for memory game sample 179
preventDefault method 366
Produzir hyperlinks 7
pseudocódigo 39, 131, 207

Q

quebra de linha 9, 22, 23, 140, 368
quiz (sample)
    second version ofBEGINRG 225

R

radio buttons
    for mazes 258
resources for further reading
    CSS styles 211
result variable, rock-paper-scissors game sample and 296
RGB (vermelho, verde, azul) 12
rock-paper-scissors game (sample)
    customizing 314

S

setTimeout command 225
setupgame function
    for Hangman game sample 338
showhouse function, for blackjack game sample 369
shuffle function
    for blackjack game sample 369
    for memory game sample 179, 186
slingshot (sample)
    buildingENDRG 157
split method 259
src attribute 23
steps array, for Hangman game sample 334
swalls variable 259
swapindeck function, for blackjack game sample 365, 369
switch statement
    craps game sample and 68
sw string variable 259
sx property
    intersection and 258

T

tag body 19, 21, 22, 23, 37, 61, 68, 100, 136, 141, 149, 179, 186, 223, 257, 261, 270, 312, 313
tag canvas 28, 42, 68, 312
tags para canvas 41
TextPad 17, 24, 47, 57, 77
TextWrangler 17, 47, 57
throwdice function
    for complete craps game sample \ 68
throw function
    for rock-paper-scissors game sample 307
token function, for mazes sample 261, 271
trabalhar com canvas 41
try… catch statement
    errors and 259

U

upload do aplicativo 76, 379
URL, Localizador de Recursos Universais 8
utilização de tags 1

V

variável global 42, 95, 133, 244, 294, 299, 329, 330, 343, 373
video
   in quiz sample 225, 231

video element
   for quiz sample 212

W

wall function, for mazes sample 261, 271

Impressão e Acabamento
Gráfica Editora Ciência Moderna Ltda.
Tel.: (21) 2201-6662